Das Buch

Markus Frick hat es geschafft: Auf seinem Weg vom Bäckerlehrling zum Millionär erreichte er das, wovon viele träumen: ein sorgenfreies Leben – beruflich, privat und vor allem finanziell. In diesem Buch erklärt er, wie auch Sie diesem Ziel innerhalb eines Monats ein großes Stück näher kommen können. Geld vermehrt sich durch Sparen, Planen, Arbeit, Freunde, ja sogar durch ein gesundes Leben – es liegt sprichwörtlich auf der Straße und Frick zeigt, dass man es nur aufheben muss. Wer sein 30-Tage-Programm mitmacht, legt ein solides Fundament für persönliches und finanzielles Glück. Jeder kann es schaffen, wenn er nur will!

Der Autor

Markus Frick, Jahrgang 1972, fing klein an und ist heute Multimillionär. Mit 14 kaufte er seine erste Aktie, mit 26 hatte der gelernte Bäckermeister seine erste Million. Innerhalb kürzester Zeit machte er sich einen Namen als erfolgreicher Finanzmotivator. Er ist Bestsellerautor, häufiger Gast in Talkshows und gibt sein Wissen und seine Erfahrungen in Vorträgen weiter.

In unserem Hause ist von Markus Frick bereits erschienen:

Ich mache Sie REICH
So macht Geld glücklich

Markus Frick

Das Geld liegt auf der Straße

Das 30-Tage-Programm für mehr Erfolg und Gewinn

Ullstein

Besuchen Sie uns im Internet:
www.ullstein-taschenbuch.de

Umwelthinweis:
Dieses Buch wurde auf chlor- und säurefreiem Papier gedruckt.

Ungekürzte Ausgabe im Ullstein Taschenbuch
1. Auflage Juli 2004
2. Auflage 2006

Umschlaggestaltung: Petra Soeltzer, Düsseldorf
Titelabbildung: privat
Satz: Schaber Satz- und Datentechnik, Wels
Druck und Bindearbeiten: Ebner & Spiegel, Ulm
Printed in Germany
ISBN-13: 978-3-548-36580-0
ISBN-10: 3-548-36580-9

Ich habe Zeiten erlebt mit Geld.
Und ich habe Zeiten erlebt ohne Geld.

Und Sie können mir glauben:
Mit Geld lebt es sich bedeutend besser!

Markus Frick

Inhalt

Inhalt

Einleitung

Auch Sie besitzen bestimmt schon heute viel mehr Geld, als Sie ahnen: Gespart auf zahlreichen Konten, die wenig Zinsen einbringen, investiert in hochgepriesene Geldanlagen, deren Wert nur leider beständig fällt, versteckt in alltäglichen Ausgaben, über die sich keiner mehr Gedanken macht – so liegt ein Großteil unseres Geldes ungenutzt herum!

Seit dem Erscheinen meines ersten Buches »Ich mache Sie reich« werde ich immer wieder gefragt, wie man eigentlich an das erste Startkapital für die Börse kommt. Viele Menschen sprechen mich an und wollen von mir wissen, wie sie am besten und schnellsten reich werden können.

Für Sie alle habe ich dieses Buch geschrieben. Denn die Antwort auf diese Frage ist ganz einfach: Machen Sie sich auf den Weg und sammeln Sie das Geld von der Straße auf! Denn dort liegt es – Sie sind bislang bloß achtlos daran vorbeigegangen. Und das werde ich Ihnen im Lauf meines 30-Tage-Programms für mehr Geld und Gewinn beweisen! Ich verspreche Ihnen: Dieses Buch ist genau das richtige Fitnessprogramm, um Ihr Vermögen zu vermehren! Vorausgesetzt, Sie halten sich an die Vorschläge, die Sie von mir ab heute Tag für Tag bekommen.

Am besten nehmen Sie sich die Zeit, täglich in Ruhe ein Kapitel zu lesen. Sie werden an jedem einzelnen der folgenden 30 Tage wertvolle Ratschläge und Anregungen erhalten, mit denen Sie Ihren Kontostand auf Dauer verbessern können.

Denn hier können Sie viele Einsparmöglichkeiten für sich entdecken! Um Ihnen zu zeigen, wie viel Geld auf der Straße liegt, habe ich eine Trainingskasse eingerichtet. Jeden Tag landet dort ein Betrag, den jemand aus meinem Freundes- oder Bekanntenkreis oder einer meiner Leser oder Seminarteilnehmer konkret eingespart hat. Geld, das auch Sie bisher vermutlich gedankenlos ausgegeben haben! Sie werden sich wundern, wie groß die Summe ist, die sich in nur 30 Tagen ansammelt. Nehmen Sie meine Tipps ernst und auch Ihr Sparschwein wird sich füllen, vielleicht mehr, vielleicht weniger als bei mir – das liegt allein an Ihnen.

So wie beim echten Fitnesstraining ist natürlich auch beim Training für den Geldbeutel einiges an Disziplin und Durchhaltevermögen gefordert. Und Sie können mir glauben: Vieles von dem, was Sie in den nächsten Tagen lesen werden, wird Ihnen erst einmal nicht so gut gefallen.

Ich werde Sie an manchen Tagen dazu auffordern, endlich die Dinge zu tun, die Sie wahrscheinlich schon ewig vor sich herschieben. An anderen werde ich Ihnen sagen, dass Sie Ihre Lebensgewohnheiten ändern müssen, wenn Sie zu mehr Geld kommen möchten. Und wieder an anderen Tagen werden Sie feststellen, dass Geldverdienen harte Arbeit ist – denn um das Geld von der Straße aufzuheben, müssen Sie sich danach bücken!

Doch glauben Sie mir: Ihr Einsatz wird sich lohnen! Denn mit dem Geldverdienen ist es wie beim Sport: Was anfangs noch eine ziemliche Quälerei ist, wird mit der Zeit immer leichter und macht schließlich sogar Spaß.

Also: Halten Sie durch! Lesen Sie dieses Buch bis zum Ende und stecken Sie Ihren täglichen Sparbetrag in die Trainingskasse. Denn entscheidend auf Ihrem Weg zum Reichtum ist vor allem eines: dass Sie den Willen haben, Ihre Einstellung zu Geld zu verändern und dass Sie ab heute ganz bewusst mit Ihren Finanzen umgehen! Dann werden Sie es schaffen. Das kann ich Ihnen aus eigener Erfahrung versprechen.

Und denken Sie daran: Geld ist nicht das Wichtigste im Leben – aber ohne Geld lebt es sich nun einmal schlechter als mit Geld.

Blicken Sie Ihrer finanziellen Situation ins Auge!

TAG 1

Der eine wartet, bis die Zeit sich wandelt,
der andere packt sie kräftig an
und handelt.

Dante Alighieri (italienischer Dichter)

Ich begrüße Sie herzlich zum Start in ein neues Leben. Und ich beglückwünsche Sie zu Ihrem Entschluss, Ihre finanzielle Situation aus eigener Kraft zu verbessern. Denn Reichtum ist kein Zufall. Das weiß ich aus eigener Erfahrung.

Wie Sie vielleicht wissen, stamme ich selbst aus ganz normalen Verhältnissen. Meine Eltern besitzen eine Bäckerei, in der sie von frühmorgens bis spätabends arbeiten, sechs Tage die Woche.

Mit zwölf Jahren bekam ich nicht einmal Taschengeld, wie das sonst bei den meisten meiner Schulkameraden üblich war. Doch meinen Eltern war es wichtig, dass ich verstand, was es heißt, hart für sein Geld zu arbeiten. Sie wollten erreichen, dass ich schon in jungen Jahren den Wert des Geldes erkannte.

Sie können sich sicher denken, dass ich damals natürlich nicht besonders begeistert war. Heute bin ich allerdings überzeugt davon, dass meine Eltern mit dieser Erziehung den Grundstein für meinen Erfolg gelegt haben. Also habe ich die Zähne zusammengebissen und erst einmal ganz klein angefangen. Während meine Klassenkameraden in den Supermärkten ihr Taschengeld für Cola und Chips ausgaben, habe ich in den gleichen Supermärkten Kartons für meinen Vater eingesammelt, die ich dann auf meinem Fahrrad nach Hause balanciert habe. Waren die abgeladen, schrubbte ich die verkrusteten Backbleche oder wischte am Nachmittag den Boden in der Backstube. Auf diese Art verdiente ich mein erstes eigenes Geld. Ein Jahr später, als ich 13 war, eröffneten meine Eltern eine Filiale, in der sie auch eine Eistruhe aufstellten. Ich wollte unbedingt dieses Eis verkaufen. Ich liebte es, dort zu arbeiten und zu sehen, wie das Eis für eine Mark über die Theke wanderte. Das war damals für mich unglaublich viel Geld. Und je heißer der Sommer wurde, desto mehr Eis konnte ich verkaufen und desto schneller und einfacher lief das Geschäft. Eisverkäufer wurde in diesem Jahr zu meinem absoluten Wunschberuf.

Das brachte mich auf meine nächste Idee: Mit einem mobilen Eisstand wollte ich mehr Geld verdienen. Aber den konnte ich mir damals natürlich noch nicht selbst leisten. Also sprach ich mit meinen Eltern und diskutierte so lange mit ihnen, bis sie meinem Vorschlag nachgaben. Von da an zog ich jeden Samstag und Sonntag in das große Auto- und Technikmuseum unserer Stadt. Sommer wie Winter verbrachte ich dort die Wochenenden und verkaufte je acht Stunden lang stolz mein Eis. Mein Vater gab mir dafür einen Stundenlohn von zwei Mark. Und dieses Geld trug ich dann zur Bank und legte es auf mein Sparbuch.

Jeder fängt mal klein an. Wenn Sie ab heute Ihre finanzielle Zukunft selbst in die Hand nehmen, werden Sie dabei natürlich auch einiges an Durchhaltevermögen brauchen. Aber lassen Sie sich davon nicht entmutigen, sondern legen Sie los! Am besten noch heute. Sie können nur gewinnen!

Der erste Schritt: Räumen Sie auf!

Der erste Schritt in Richtung Reichtum klingt wenig spektakulär, doch ich bin zutiefst davon überzeugt, dass er absolut notwendig ist: Schaffen Sie Ordnung in Ihren Geldangelegenheiten!

Machen Sie sich auf Heller und Pfennig klar, wie viel Geld Sie eigentlich besitzen. Oder auch, mit wie vielen Euro Sie bei wem in der Kreide stehen. Diese erste Bestandsaufnahme ist deshalb so wichtig, weil Sie damit den Grundstein für Ihre zukünftige Vermögensplanung legen.

Doch leider muss ich immer wieder feststellen, dass viele Menschen zögern, diesen so wichtigen ersten Schritt zu tun. »Ach weißt du, Markus, ich komme doch immer ganz gut über die Runden, ist das wirklich notwendig? Eigentlich will ich doch gar nicht so genau wissen, wie viele offene Rechnungen ich noch habe, ich werde sie schon noch bezahlen können, das hat ja bisher auch immer ganz gut geklappt ...« Sie glauben gar nicht, wie oft ich solche Sätze höre.

Und ich kann dieses Zögern sehr gut verstehen. Denn Aufräumen ist zunächst einmal eine ziemlich mühsame Arbeit, die natürlich auch einiges an Zeit kostet.

Wissen Sie, was Sie besitzen?

Aufräumen bedeutet Arbeit und viele Menschen verunsichert die Vorstellung, die eigenen Finanzen genau zu kennen. Aber genau darum geht es ja: um eine größere Sicherheit nämlich! Denn das Nichtwissen und die Unordnung machen unsicher. Wer über seine Finanzlage im Detail Bescheid weiß, hat in der Regel keine schlaflosen Nächte. Aber das sind leider die wenigsten. Die anderen verdrängen oder vertagen alles, was mit diesem vermeintlich lästigen Thema zu tun hat.

Oder können Sie mir auf Anhieb sagen, wie viel Geld Sie in diesem Moment auf Ihrem Sparbuch haben? Wie der aktuelle Stand Ihres Girokontos ist? Wo Ihre Aktien stehen? Oder wie hoch die nächste Ratenzahlung für Ihren neuen Fernseher ist, und wann genau sie fällig sein wird? Wissen Sie, wie viele Rechnungen sonst noch offen sind, und wann mit welchen Einnahmen zu rechnen ist? Oder auch einfach, wie viel Bargeld Sie im Moment in Ihrem Geldbeutel haben?

Nehmen Sie sich Zeit für Ihr Geld

Am besten ist es, wenn Sie sich für diese Arbeit einen Termin setzen. Nehmen Sie sich einen ganzen Tag Zeit!

Halten Sie diesen Termin ein und lassen Sie sich unter keinen Umständen davon abhalten. Auch dann nicht, wenn die Sonne scheint, der Partner eigentlich viel lieber mit Ihnen ins Grüne fahren möchte, oder die Kinder unbedingt mit Ihnen in den Freizeitpark wollen. Schließlich geht es hier um Ihre finanzielle Zukunft.

Stellen Sie also erst einmal in aller Ruhe sämtliche Unterlagen zusammen, die auch nur entfernt mit Ihren Finanzen zu tun haben. Holen Sie alle Ordner aus den Regalen, schauen Sie in Schubladen und Ablagekörben nach. Gehen Sie Schritt für Schritt all die versteckten Plätze in Ihrer Wohnung oder Ihrem Haus durch, wo Sie gern die ungeliebten Papiere sammeln, um sie niemals abzuheften, weil Sie nicht so genau wissen, wohin sie eigentlich gehören.

Ordnung ist die halbe Miete

Sie werden sicherlich auf so interessante Dinge stoßen wie Versicherungspolicen, Kontoauszüge, Reiseschecks vom letzten Urlaub, Sparverträge über vermögenswirksame Leistungen, Gehaltsabrechnungen, Sparbücher und Telefonrechnungen.

Als Nächstes sollten Sie eine sinnvolle Ordnung in diese Unterlagen bringen. Jeder Mensch hat sein eigenes Ordnungssystem. Ich kann Ihnen deshalb an dieser Stelle keine Vorschriften machen, sondern ich möchte Ihnen nur raten, Ihre Unterlagen und Papiere erst einmal ganz grob zu sortieren, um nach und nach kleinteiliger zu werden.

Ordnen Sie zunächst thematisch: alles, was mit Versicherungen zu tun hat, auf einen Stapel, alles, was mit der Bank zu tun hat, auf den nächsten, daneben die Gehaltsabrechnungen, die Unterlagen fürs und vom Finanzamt und so weiter.

Glauben Sie mir, ich habe mich früher gern vor dieser Arbeit gedrückt. Auch ich hielt das lange Zeit für nichts weiter als maßlos übertrieben und pingelig. Doch ich habe eines Tages begriffen, wie viel Geld ich eigentlich mit meiner Unordnung verschleudert habe.

Machen Sie Schluss mit unnötigen Ausgaben

Als ich vor Jahren mal Evelyn, einer Bekannten von mir, beim Sortieren Ihrer Papiere half, entdeckte ich dabei eine Bestätigung über das Abonnement einer Kochzeitschrift. Die hatte Evelyn vor Jahren bestellt – eigentlich mehr aus Mitleid als aus echtem Interesse.

Der Hintergrund ist schnell erzählt: Eines Tages klingelte ein junges Mädchen aus einer Drückerkolonne bei Evelyn an der Tür. Sie erzählte eine herzzerreißende Geschichte: wie sie in jungen Jahren straffällig geworden war, ihre Strafe abgesessen hatte, sich gerade in der Wiedereingliederungsphase befindet und nun versucht, sich das Geld für ihre weitere Ausbildung durch den Verkauf von Zeitschriftenabonnements zu verdienen.

Bei der großherzigen Evelyn war sie damit genau an der richtigen Adresse. Seit diesem Tag flatterte die Zeitschrift mit den tollen Kochtipps einmal pro Monat in Evelyns Briefkasten. Vier Jahre lang! Für einen Preis von 80 Euro pro Jahr! Und Evelyn legte sie Monat für Monat beiseite, um irgendwann in Ruhe die Rezepte auszuprobieren.

Wirklich gelesen hat Evelyn das Magazin allerdings selten. Dafür hat sie sich jeden Monat aufs Neue vorgenommen, das Abonnement zu kündigen. Bei diesem Vorsatz ist es geblieben, weil sie die erforderlichen Unterlagen nicht griffbereit hatte. Und bis zum nächsten Morgen hatte sie die Sache dann schon wieder vergessen. Mittlerweile stehen bei Evelyn ungefähr 50 Ausgaben der Kochzeitschrift im Küchenregal. Für die sie in vier Jahren ganze 320 Euro bezahlt hat.

Ordnung halten ist ganz einfach

Sie können mir eines glauben: Seit mir klar geworden ist, wie viel Geld man allein dadurch einsparen kann, dass einem bewusst ist, in welche Kanäle es fließt, sortiere ich meine Finanzunterlagen regelmäßig.

Mit der Zeit – das werden Sie auch bald merken – macht Aufräumen sogar Spaß. Denn Ordnung halten ist ganz einfach. Es ist nur das erste Ordnungschaffen, das etwas Mühe macht. Überstürzen Sie nichts. Sie müssen nicht alles am ersten Tag bis ins Kleinste aufgeräumt haben. Vielleicht waren Sie bislang ein Finanz-Chaot und hielten sich insgeheim für ein Finanz-Genie, da Sie das Chaos so souverän beherrscht haben. Dann wird es Ihnen schwer fallen, in wenigen Stunden Ihre finanzielle Situation so zu ordnen, dass Sie wirklich den Durchblick haben.

Aber einen groben Überblick sollten Sie sich jetzt verschafft haben. An den nächsten Tagen gehen Sie dann ins Detail: Ich werde Ihnen zeigen, wie Sie nach und nach Ihre Ausgaben in den Griff bekommen.

Zählen Sie Ihr Geld

Nun ist es nur noch ein kleiner Schritt, bis Sie Ihrer finanziellen Situation geradeheraus ins Auge blicken können! Um jetzt herauszufinden, wie reich oder arm Sie wirklich sind, müssen Sie nur noch das tun, was in der Finanzsprache eine »Aufstellung der Aktiva und Passiva« genannt wird. Und das ist äußerst simpel:

Sie addieren zunächst alles, was Ihnen gehört oder was Ihnen andere noch schulden. Das sind Ihre so genannten »Aktiva« oder Vermögenswerte.

Dazu zählt das Guthaben auf Ihrem Girokonto genauso wie das auf Ihrem Sparbuch, der Hunderter, den Sie letzte Woche Ihrer Freundin geliehen haben, der Inhalt der Haushaltskasse und die 20 Dollar, die Sie von Ihrer letzten Reise mitgebracht haben.

Aber es geht bei dieser Zusammenstellung nicht nur um Ihr Bargeld oder Ihr Guthaben bei der Bank. Hinzu kommen die tagesaktuellen Werte in Ihrem Depot, der derzeitige Wert Ihrer Lebens- und Rentenversicherung sowie Ihrer Immobilien, falls Sie welche besitzen. Lassen Sie bei der Aufstellung Ihrer Aktiva nichts aus, was zu Ihrem Vermögen zählt!

Eine solche Aufstellung ist natürlich sehr individuell und hängt stark von der Situation ab, in der Sie sich befinden. In den Grundzügen könnte sie jedoch etwa so aussehen:

Vermögenswerte (Aktiva)	**Betrag in Euro**
Bargeld	
Girokonten	
Sparkonten	
sonstige Geldanlagen (festverzinsliche Wertpapiere, Sparbriefe usw.)	
Aktiendepot	
Rentenfonds	
sonstige Investmentfonds	
Bausparverträge (Guthabenkonto)	
Summe A	

Vorsicht vor der Schuldenfalle

Die Zusammenstellung Ihrer so genannten Passiva macht Ihnen sicher weniger Spaß, denn dabei handelt es sich um all die Geldbeträge, die Sie anderen noch schulden – sei es der Bank, dem Vermieter oder dem Autohaus.

Umso wichtiger ist es, dass Sie hierbei sorgfältig vorgehen. Welche Konten haben Sie wie weit ins Minus gerissen? Ist das Auto in Ihrer Garage vielleicht doch wesentlich weniger wert, als Sie dachten, weil Sie möglicherweise erst ein Drittel davon bezahlt haben?

Wie viel wird Ihr Haus noch kosten, bis es abbezahlt ist? Oder ist da vielleicht sogar noch eine Hypothek drauf? Und bleiben Sie ehrlich, ist das Geld für den schicken neuen Anzug, den Sie sich letzte Woche per Kreditkarte gekauft haben, schon von Ihrem Konto abgebucht worden?

Die Aufstellung Ihrer Schulden könnte also in etwa so aussehen:

Schulden (Passiva)	**Betrag in Euro**
Kontoüberziehung	
Kleinkredite »Bank«	
Ratenkredite »Händler« (z. B. Hi-Fi, Auto usw.)	
Hypothekendarlehen	
Bauspardarlehen	
private Darlehen (in Anspruch genommen)	
Summe B	

Bestimmen Sie Ihren aktuellen Finanzstatus

Addieren Sie nun Ihre Schulden (Summe B) und ziehen diesen Betrag von der Summe A der zuerst berechneten Aktiva ab. Das Ergebnis ist Ihr heutiges, aktuelles Vermögen.

Tageslohn

An diesem ersten Tag unseres 30-Tage-Programms haben Sie die wichtigste Hürde genommen, denn:

- Sie haben sich – wahrscheinlich seit langem mal wieder – sehr intensiv mit Ihren Finanzen beschäftigt.
- Sie haben aufgeräumt und das Ordnungssystem für Ihre Papiere dabei entweder erst entwickelt oder schon weiter verbessert.

■ Sie haben Ihren Vermögensstatus ermittelt und wissen jetzt, welche Vermögenswerte und welche finanziellen Verpflichtungen Sie haben.

Den ersten Tageslohn für meine Trainingskasse hole ich mir von Evelyn, die durch die Kündigung des Abonnements der Zeitschrift, die sie sowieso nicht mehr liest, im Jahr 80 Euro gespart hat.

TAGESLOHN **EURO 80,00**

!

TAG 2

Machen Sie sich Ihre regelmäßigen Ausgaben bewusst!

Es ist oft sinnvoller, einen Tag lang über sein Geld nachzudenken, als einen Monat dafür hart zu arbeiten.

Heinz Brestel
(deutscher Finanzpublizist)

Sie denken, Sie haben am Ende des Monats ganz bestimmt kein Geld mehr übrig, das sie noch sparen könnten? Sie haben das Gefühl, Sie kämen doch immer nur gerade so über die Runden? Und Sie glauben deshalb, es sei eben einfach eine Tatsache, dass sich Ihre Einnahmen und Ausgaben die Waage halten?

Mit dieser Meinung stehen Sie ganz sicher nicht allein da, solche Aussagen höre ich täglich. Aber sie sind falsch! Denn ich kann Ihnen versichern: Geld ist in jedem Haushalt versteckt, ganz sicher auch in Ihrem! Die Kunst besteht darin, es zu finden – und dafür gibt es ganz einfache Mittel und Wege. Sie müssen sich nur gezielt auf die Suche begeben!

Die Schatzsuche im eigenen Haushalt

Auf eine solche Suche nach Geld begab ich mich vor ein paar Jahren mit meinem alten Freund André. Es war tatsächlich wie die Suche nach einem verborgenen Schatz.

Wir arbeiteten jahrelang zusammen in der Bäckerei meiner Eltern. Als wir uns kennen lernten, verdiente er nicht besonders viel. Er hatte damals ein Monatsgehalt von ungefähr 2000 Mark netto, also etwa 1000 Euro.

Ich war zu dieser Zeit bereits an der Börse aktiv und hatte auch schon die ersten Gewinne mitnehmen können. André wusste davon. Deshalb kam er eines Tages zu mir und bat mich um einen Tipp.

Mehr noch: Er fragte, ob ich ihm das Spekulieren beibringen könnte.

Klar war ich geschmeichelt und wollte ihm gern helfen. Doch zum Spekulieren an der Börse braucht man das entsprechende Startkapital. Und André hatte so gut wie nichts auf der hohen Kante. Sein Einkommen war am Ende jeden Monats einfach komplett aufgebraucht. Also setzten wir uns zusammen und gingen gemeinsam seine Finanzen durch. Zunächst half ich ihm, sich einen Überblick zu verschaffen, genauso wie ich es Ihnen für den ersten Tag empfohlen habe. Anschließend nahmen wir seine monatlichen Ein- und Ausgaben genauer unter die Lupe.

Und das war der Knackpunkt! Denn bis zu diesem Moment hatte André seine Ausgaben noch nie wirklich hinterfragt. Es war ihm gar nicht so bewusst, für welche Dinge er eigentlich wie viel von seinem Geld ausgab. Solange welches da war, gab er es aus.

Von diesem Tag an ging André wesentlich bewusster mit seinem Geld um als vorher. Dadurch schaffte er es problemlos, jeden Monat einen bestimmten Betrag zu sparen.

Nach ungefähr zwei Jahren hatte er sich sein gewünschtes Startkapital für die Börse erarbeitet, das er in den kommenden Jahren mit Gewinn einsetzen konnte.

André nahm seine Finanzen und sein Leben konsequent in die Hand. Und damit hat er mittlerweile sehr viel erreicht. In der Bäckerei arbeitet er schon längst nicht mehr – heute ist André erfolgreicher Geschäftsmann und führt ein florierendes Unternehmen.

Auf zum »Blind Date« mit Ihrem zukünftigen Reichtum!

Ich bin überzeugt davon, dass auch Sie bislang Monat für Monat eine Menge Geld für Dinge ausgegeben haben, die Sie weder brauchen noch entsprechend nutzen. Bestimmt verstecken sich auch in Ihren Ausgaben einige Euro, die Sie ab sofort wesentlich Gewinn bringender einsetzen können, als Sie das im Moment tun.

Sie müssen lernen, sich mit Ihren Finanzen gern zu beschäftigen, sich mit Ihrem Geld anzufreunden, egal wie viel oder wenig es ist. Ich wünsche Ihnen, dass Geld die Bedeutung in Ihrem Leben bekommt, die ihm zusteht – eine positive Bedeutung. Denn bedenken Sie: Wenn Sie Geld nicht mögen, wenn Sie sich nur ungern mit Finanzfragen beschäftigen, ist es doch kein Wunder, wenn jeder Cent vor Ihnen davonläuft.

Mit dem Geld verhält es sich wie mit einer Geliebten. Je mehr Sie sie schätzen und bewundern, desto eher wird sie sich mit Ihnen zusammentun. Genau deshalb möchte ich, dass Sie lernen, Geld zu lieben. Machen Sie sich also auf zum ersten Blind Date mit Ihrem zukünftigen Reichtum!

Der Einnahmen-Check

Die meisten von Ihnen werden sicherlich ein regelmäßiges Monatsgehalt beziehen. Selbständige und Freiberufler haben in der Regel kein feststehendes Einkommen, das sich Monat für Monat bis auf den letzten Cent gleicht. Sie tragen in Ihre Einnahmen-Liste am besten das Mindesteinkommen ein, das Sie sich pro Monat zum Ziel gesetzt haben – und von dem Sie auch wissen, dass Sie es problemlos erreichen werden!

Jetzt gilt es, Ihre laufenden Einnahmen und Ausgaben genau zu überprüfen. Zu dem Gehalt addieren Sie – sofern vorhanden – weitere Einnahmen, die regelmäßig monatlich auf Ihr Konto fließen: Das kann zum Beispiel Kindergeld oder Erziehungsgeld sein, vielleicht auch die Provision, von der Sie wissen, dass Sie Ihnen auf jeden Fall sicher ist. Oder ein paar zusätzliche Euro, die Sie regelmäßig nebenberuflich dazuverdienen.

Okay, das erste Blind Date war interessant? Die Braut oder der Bräutigam sieht gar nicht so schlecht aus? Sie haben Lust auf mehr? Dann sollten Sie sich auf die Suche nach den spannenden Details machen. Gehen Sie auf Tuchfühlung mit Ihren Finanzen. Knöpfen Sie das Hemd auf und schauen Sie auf die nackten Tatsachen, aber Vorsicht: Allzu viel Verliebtheit könnte Ihre Finanzen in rosa Wölkchen hüllen. Bleiben Sie deshalb nüchtern bei der Sache!

Notieren Sie Ihre monatlichen Einnahmen sorgfältig. Lernen Sie jeden einzelnen Cent kennen, den Sie einnehmen. Machen Sie sich ab heute jeden Euro bewusst, der regelmäßig auf Ihr Konto fließt. Denn wenn Sie das nicht tun, werden Sie ihn wahrscheinlich ausgeben, ohne es auch nur zu bemerken.

Die exakte Liste aller Einkünfte müssen Sie natürlich individuell erstellen, sie könnte jedoch in etwa so aussehen:

Monatliche Einnahmen	**Betrag in Euro**
Nettomonatsgehalt	
Sonderzahlungen (Provision usw.)	
Kindergeld/Erziehungsgeld	
Einnahmen aus freier bzw. nebenberuflicher Tätigkeit	
Zinseinkünfte	
Summe A	

Der Ausgaben-Check

Nachdem Sie nun wissen, wie viel Geld Sie jeden Monat verdienen, lenken Sie Ihre Aufmerksamkeit als Nächstes auf Ihre Ausgaben. Am besten blättern Sie dazu in Ruhe Ihre neu geordneten Kontoauszüge über den Zeitraum von einem Jahr durch. Knöpfen Sie sich dabei jeden Sollbetrag vor und schauen Sie genau hin!

Dabei geht es nicht nur um regelmäßige Ausgaben wie Miete inklusive Nebenkosten. Eventuell zahlen Sie gerade einen Kredit bei der Bank ab, oder Ihr Konto wird durch monatliche Leasinggebühren für Ihr neues Auto belastet.

Je weiter Sie durch die Monate Ihrer Kontenbewegungen blättern, desto öfter werden Sie auf Posten wie Versicherungsbeiträge oder die Kraftfahrzeugsteuer stoßen, die quartalsweise, alle sechs Monate oder gar nur jährlich abgerechnet werden.

Für Ihre Monatsausgabenliste sollten Sie bei solchen regelmäßigen Zahlungen ermitteln, wie hoch der Betrag ist, der anteilig pro Monat fällig wäre. Zwar zahlen Sie das Geld nicht wirklich monatlich, aber es ist wichtig, alle Beträge über denselben festen Zeitraum zu betrachten.

Ihre Liste könnte dann so aussehen:

Regelmäßige Ausgaben: Fixkosten pro Monat	**Betrag in Euro**
Miete inklusive Nebenkosten	
Energiekosten (Heizung, Strom, Wasser)	
Medien (Fernsehen, Radio, Zeitungsabonnements)	
Auto (Steuer, Versicherung, Inspektion, Fahrtkosten zum Arbeitsplatz)	
Versicherungen (Privathaftpflicht, zusätzliche Krankenversicherung, Lebensversicherung, Unfallversicherung usw.)	
Geldanlagen (Sparbeiträge, Fondsanteile usw.)	
Sonstige Ratenzahlungen (Kredite, Hypotheken usw.)	
Mitgliedsbeiträge (Vereine, Partei, Fitnessstudio usw.)	
Schulgeld, Kindergartengeld	
Summe B	

Wer nur jammern will, macht kein Geschäft

Wenn Sie nun die Summe Ihrer monatlichen Fixkosten (B) von der Ihrer sicheren Einnahmen (A) abziehen, erhalten Sie den Betrag, den Sie jeden Monat frei zur Verfügung haben.

Rein theoretisch betrachtet könnten Sie diesen monatlichen Geldüberschuss ab sofort komplett auf die Bank tragen oder in Aktien investieren. »Aber nein«, werden Sie jetzt empört ausrufen, »ich muss doch noch essen und trinken und gelegentlich will ich ja auch mal Spaß haben! Wofür lebt man denn sonst noch?«

Aber wenn das so ist, dann habe ich eine große Bitte an Sie: Jammern Sie niemals herum, Sie hätten zu wenig Geld! Denn die meisten Menschen haben genug davon, sie geben es nur zu schnell aus und vor allem für Dinge, die es ihnen hinterher nicht mehr wert sind. Wenn Sie aber wirklich zu wenig Geld haben, dann sollten Sie erst recht nicht jammern, sondern schnellstens handeln! Fixkosten reduzieren heißt die Devise. Und das können Sie ab sofort tun!

Zahlungstermine – die Sparchance zum richtigen Zeitpunkt

Nehmen wir zum Beispiel meine Bekannte Sabine: Bei der Gegenüberstellung ihrer Einnahmen und Ausgaben stellte sie Folgendes fest: Obwohl sie mit ihrem Girokonto am Ende jeden Monats eigentlich fast immer im Plus war, zahlte sie pro Quartal umgerechnet etwa zwölf Euro Überziehungszinsen an die Bank. Den Grund dafür hatten wir schnell gefunden: Sabine überwies ihre Miete immer am Ersten des Monats. Ihr Gehalt bekam sie allerdings immer erst am Fünften gutgeschrieben. Und daher war ihr Konto immer einige Tage im Minus, wofür ihr die Überziehungszinsen abgebucht wurden. Auf meinen Rat hin organisierte Sabine die Zahlungseingänge und -ausgänge ihres Kontos neu. Sie nutzte zum Beispiel aus, dass im Mietvertrag stand, die Miete müsse spätestens bis zum dritten Werktag gezahlt werden und zahlte fortan immer erst am Fünften des Monats. Den Monatsbeitrag für das Fitnessstudio, den sie bislang auch immer schon am Ersten überwiesen hatte, zahlte sie nunmehr per Dauerauftrag auch immer erst am Sechsten des Monats.

Außerdem machte sie fortan in der ersten Monatswoche keine Großeinkäufe mehr. Die meisten Sachen können sowieso warten – Kleider oder Schuhe oder andere Einkäufe, die meist gleich ein größeres Loch reißen, haben oft sogar mehr als eine Woche Zeit. Und wenn sie ausgerechnet zum Monatsanfang irgendwo zufällig ein schickes Schnäppchen entdeckt, dann lässt sie es sich jetzt eben ein paar Tage zurücklegen.

Das bisschen Warten spart ihr den Überziehungszins auf dem Girokonto. Und dadurch hat sie seither pro Jahr viermal zwölf Euro, also 48 Euro mehr zur Verfügung.

Tageslohn

Am zweiten Tag unseres Trainingsprogramms haben Sie einen weiteren Meilenstein auf dem Weg zu mehr Geld hinter sich gelassen:

- Sie kennen Ihre Einnahmen und Ausgaben seit heute genau.
- Sie haben bei der detaillierten Auflistung Ihrer Einnahmen und Ausgaben von dem Ordnungssystem profitiert, nach dem Sie am ersten Tag Ihre Unterlagen sortiert haben.
- Sie haben Ihr Ordnungssystem im Idealfall sogar weiter verbessern können.
- Sie haben damit das Gefühl für Ihre finanzielle Situation deutlich weiterentwickelt.

Den Tageslohn für meine Trainingskasse hole ich mir heute von Sabine, die durch die geschickte Terminierung ihrer Daueraufträge und Überweisungen im Jahr 48 Euro spart.

! TAGESLOHN **EURO 48,00**

Aktuelles Sparpotenzial EURO 128,00

Nehmen Sie Ihre variablen Kosten unter die Lupe!

TAG 3

Ich bin, was ich bin, weil ich
getan habe, was ich
getan habe.

Lorenz Gründel (Device-Manager)

Heute sollen Sie Ihren ganz persönlichen Vermögens- und Sparplan für die kommenden Wochen und Monate aufstellen! Vertrauen Sie mir: Das hört sich wesentlich zeitaufwändiger und komplizierter an, als es tatsächlich ist.

Nehmen Sie mindestens einen Monat lang jeden Abend sämtliche Belege aus Ihrem Portemonnaie und schauen Sie sich bewusst an, wofür Sie den Tag über Ihr Geld ausgegeben haben. Besser wäre es sogar, wenn Sie es schaffen, diese Buchführung mehrere Monate auszudehnen. Denn je genauer Sie sich mit Ihren Ausgaben beschäftigen, desto früher entwickeln Sie ein Gespür dafür, wann und wo Sie wie viel Geld ausgeben beziehungsweise wann und wo Sie wie viel Geld einsparen können.

Vielleicht denken Sie jetzt: »Du meine Güte, muss das denn wirklich sein? Das sind doch schließlich nur Kleinbeträge, die ich hier oder da mal zusätzlich ausgebe.«

Aber Sie werden schnell feststellen, dass Sie für diese Aufgabe nicht länger als zehn Minuten täglich brauchen. Und so viel Zeit haben Sie für Ihr Geld garantiert übrig. Lassen Sie ab sofort die anderen darüber klagen, wie wenig Geld sie haben, und nutzen Sie Ihre Zeit lieber, indem Sie sich damit beschäftigen, wo Sie Ihr Geld gelassen haben. Diese zehn Minuten zahlen sich aus. Sie werden es schnell merken.

Wer den Pfennig nicht ehrt ...

Bei einem meiner Seminare habe ich diese simple Finanzübung einer jungen Krankenschwester namens Cora mit auf den Weg gegeben. Sie war allein erziehende Mutter von zwei kleinen Kindern und hatte mir ihr Leid geklagt, dass ihr Geld hinten und vorne nicht reichen würde. Ein Jahr später bekam ich von ihr einen Brief, in dem sie mir von Herzen dankte:

»Lieber Herr Frick,

bislang hatte ich immer gedacht, dass mein Geld nur knapp für das Nötigste reichen würde. Ab und zu mal was Schönes kaufen, war nie drin. Und Aktien kaufen? Das war ein unerreichbares Ziel. Inzwischen mache ich Ihre Finanzübung und führe seit einem Jahr ein Geld-Tagebuch.

Allein dadurch, dass ich mir jeden Tag aufgeschrieben habe, für was ich mein Geld ausgebe, habe ich gemerkt, wie viel Geld ich eigentlich vergeude. Das habe ich mir einen Monat lang angesehen, und im zweiten Monat habe ich alles, was ich zuvor für Überflüssiges ausgegeben habe, ins Sparschwein getan. Und was soll ich Ihnen sagen: Seit gestern habe ich genug zusammen, um damit an die Börse zu gehen!«

Wofür die gute Frau ihr Geld ausgegeben hatte? Sie hat es mir verraten:

Da waren zunächst einmal die Lebensmittel und Getränke. Dann kam all das, was mit dem Haushalt zu tun hatte: Wasch- und Putzmittel, Müll- und Staubsaugerbeutel sowie das Toilettenpapier.

Das alles war keine Überraschung. Aber als sie nun täglich sorgfältig ihr Geld-Tagebuch führte, fielen ihr auch all die Kleinigkeiten auf, die sie im Vorbeigehen sonst noch in ihren Einkaufswagen packte: Duschgel und Kosmetikartikel, die Nachfüllkartuschen für den Wasseraufbereiter, Zigaretten, Schokoriegel, leere Videokassetten und diverse Zeitschriften.

Außerdem stellte Cora fest, wie viel kleinere Beträge sie noch nebenbei ausgab: die Marken für die Autowaschanlage oder die Kosten für die Reinigung ihrer teuren Kleider. Dann gab es noch die Katze, die täglich gefüttert werden wollte. Und sie ging an bestimmten Tagen der Woche ins Schwimmbad und in die Sauna. Und jedes Mal ging sie anschließend mit ihren Freundinnen in die Wellness-Bar nebenan, um den Abend gemütlich und gesund bei einem Multivitamincocktail ausklingen zu lassen.

Bei alledem stellte sie wie erwartet fest, dass sich ihre Ausgaben langsam, aber stetig zu einem Berg summierten – und das, obwohl sie sich bislang nichts Besonderes geleistet hatte! Doch weil sich Cora auf mein Anraten hin dazu entschlossen hatte, sich für wirklich alle, auch die vielen kleinen Ausgaben des Tages Quittungen geben zu lassen und abends alle Beträge zu notieren, machte Sie eine interessante Entdeckung.

Schnelle Lustkäufe zwischendurch

Da waren zunächst einmal die vielen kleinen Belege vom Bäcker um die Ecke, bei dem Cora fast jeden Mittag eine dieser köstlichen Spinattaschen für 1,35 Euro erstand und wo sie bei dieser Gelegenheit ab und zu auch gleich mal Kuchen fürs ganze Schwesternzimmer einkaufte.

Dazu kamen die leckeren Cappuccinos mit Vanillegeschmack, an denen Cora morgens auf dem Weg ins Krankenhaus einfach nicht vorbeikam, seit die neue American-Style-Coffee-Bar eröffnet hatte. Und für sich betrachtet waren diese 2,30 Euro ja auch gar nicht sooo viel Geld – denn wofür ging sie schließlich arbeiten?

Der gleiche Gedanke schoss Cora etwa auch dreimal pro Woche am Kiosk neben der Grundschule durch den Kopf, wenn sie ihre Kinder abholte und ihnen dort ein paar Lakritzschnecken oder Eiskrem besorgte. Was macht das schon? Immerhin sollen es ihre Kinder nicht schlechter haben als andere, und zwei oder drei Euro machen den Kohl auch nicht fett.

So, haben Sie mitgerechnet? Cora stellte beim Aufschlüsseln ihrer Ausgaben fest, dass sich diese kleinen Extras pro Woche auf bis zu 25,75 Euro summierten. Das machte pro Monat also bereits 103 Euro aus, die bislang relativ unbemerkt aus ihrem Geldbeutel verschwunden waren – ohne den Kuchen für die Kolleginnen, wohlgemerkt!

Sie sehen: Ein Euro hier, ein Euro da und ein Euro dort sind auch schon wieder drei Euro. Und wenn Sie diese vielen einzelnen Euro aufs Jahr hochrechnen, kommen Sie auf einen Betrag, mit dem Sie so einiges anfangen könnten. Gewöhnen Sie sich deshalb an, auch auf die kleinen Summen zu achten, die Sie nebenbei ausgeben.

Der Trick mit der Karte

Nicht viel anders wird es Ihnen ergehen, wenn Sie Ihre monatliche Kreditkartenabrechnung unter die Lupe nehmen. In der Regel stellt man zunächst erstaunt fest, dass man doch viel mehr mit der Karte bezahlt, als man ursprünglich gedacht hatte. Und Hand aufs Herz: Wissen Sie auf Anhieb, was Sie da eigentlich im Einzelnen gekauft haben, wenn Sie die Namen der Geschäfte aufgelistet sehen?

Wenn Sie sich nun die detaillierten Abrechnungen Ihrer Karte vornehmen, werden Sie dabei sehr schnell eine Menge herausfinden: Sie sehen genau, wie oft Sie sich in Ihren Lieblingsgeschäften dazu haben hinreißen lassen, sich einen schicken Anzug, die teuren Schuhe oder die neuesten CDs und DVDs zu leisten. Sie können auf den Tag genau nachvollziehen, was Sie in diesem Monat übers Internet bestellt und der Einfachheit halber gleich bargeldlos bezahlt haben. Und Sie werden dabei erkennen, wie oft Sie sich die verschiedensten Dinge sozusagen im Vorbeigehen gekauft haben, von denen Sie bis dahin gar nicht wussten, dass Sie sie überhaupt brauchen.

Denn gerade die Kreditkarte verleitet zu schnellen Shopping-Flirts zwischendurch, die einen manchmal teuer zu stehen kommen. So praktisch diese kleinen Plastikkarten in der Tat sind – immerhin ersparen Sie einem doch den lästigen Weg an den Geldautomaten und bewahren einen davor, dauernd eine größere Summe Bargeld mit sich herumzutragen –, so gefährlich können sie auch werden. Denn in der Regel bezahlen wir mit der Karte nur die größeren Beträge, die wir eben nicht im Portemonnaie bei uns haben. Deshalb will ich Ihnen einen simplen Trick verraten: Keine Kreditkarte, keine Verführung! Lassen Sie die Karte einfach zu Hause.

Gehen Sie strategisch einkaufen

Glauben Sie mir: Natürlich will ich Ihnen mit dieser Rechnerei weder die großen noch die kleinen Freuden des Lebens verderben. Ich möchte Ihnen nur bewusst machen, wofür Sie Ihr Geld eigentlich ausgeben. Also leisten Sie sich, was Sie mögen, sowohl die leckeren Cappuccinos zwischendurch als auch die neue Sporthose außer der Reihe – vorausgesetzt, Sie können es sich leisten!

Und damit Sie auch in Zukunft auf möglichst wenig verzichten müssen, gibt es einige Tricks und Kniffe, mit denen Sie Geld sparen können, um es dann überlegt auszugeben.

Fangen wir bei den Lebenshaltungskosten an: Mittlerweile ist es längst kein Geheimnis mehr, dass Sie bei Billigmärkten wie Aldi oder Lidl nicht nur besonders günstig einkaufen können. Sie wissen sicher auch, dass die Qualität dieser Produkte in der Regel erstklassig ist. Kein Wunder, denn hinter den meisten Artikeln stecken genau dieselben Hersteller wie in anderen Supermärkten auch – nur eben in anderer Verpackung, mit anderem Namen und vor allem: zu einem geringeren Preis!

Statt hochpreisiger Markenprodukte stehen bei Aldi deshalb die wesentlich günstigeren No-Name-Varianten eines Artikels im Regal. Doch es gibt dort auch Chips von Bahlsen und Joghurts von Zott. Der Gewinn bei Aldi & Co. wird nämlich weniger über den einzelnen Preis als vielmehr über die Masse der abverkauften Produkte erzielt.

Aus diesem Grund habe ich es mir persönlich zur Regel gemacht, meinen Einkaufstag immer zuerst in diesen Märkten zu starten. Was ich dort nicht erhalte, kaufe ich dann in einem anderen Supermarkt mit breiterer Produktpalette ein.

Und noch ein kleiner, aber folgenreicher Tipp: Gewöhnen Sie sich an, nicht spontan nach Lust und Laune, sondern immer nur einmal pro Woche in den Supermarkt zu gehen. Es muss ja nicht ausgerechnet samstags sein, wenn alle anderen auch einkaufen. Keine Sorge: Einmal pro Woche reicht völlig. Man muss allerdings etwas genauer planen und sich besser vorbereiten. Sie sollten sich am Abend vor Ihrer Tour in den Supermarkt in Ruhe einen Einkaufszettel schreiben – und sich dann auch strikt daran halten! Denn damit vermeiden Sie, dass Sie zu viele oder auch solche Dinge einkaufen, die sich zu Hause schon in Ihrem Küchenschrank stapeln.

Der Effekt dieser »Lieber einmal richtig als oft nebenbei!«-Methode ist, dass Sie weniger Geld ausgeben. Denn die Werbestrategen in Supermärkten und Kaufhäusern schaffen es fast immer – auch bei noch so guten Vorsätzen –, dass man irgendein Sonderangebot, irgendeine nette Kleinigkeit zusätzlich kauft. Viele Menschen wollen sich für den anstrengenden Einkauf oder fürs Schlangestehen belohnen und kaufen sich spätestens an der Kasse irgendetwas Überflüssiges, ein Päckchen Kaugummi, Schokobons oder lustiges Spielzeug. Wenn Sie aber nur einmal pro Woche in den Supermarkt gehen, können Sie sich auch nur einmal pro Woche verführen lassen. Das spart auf Dauer richtig viel Geld!

Spontankäufe und das Butler-Gedankenspiel

Teure Tankstellen oder Bahnhofsshops sollten für Sie zum Einkaufen übrigens grundsätzlich tabu sein. Ich habe mir jedenfalls angewöhnt, an der Tankstelle wirklich immer nur Geld für Benzin auszugeben. Das, was ich sonst noch brauche oder mir leisten möchte, kann ich wesentlich günstiger bei meinen wöchentlichen Einkaufstouren besorgen. Und: Vermeiden Sie spontane Zufallskäufe! Überlegen Sie sich sorgfältig, ob Sie das, was Sie gerade in der Hand halten, auch wirklich brauchen oder ob Ihnen nicht das Geld, das Sie in der Tasche haben, wichtiger ist.

Wenn Sie das nächste Mal spontan etwas kaufen möchten, machen Sie ein kurzes Gedankenspiel: Stellen Sie sich vor, von rechts und von links käme jeweils ein Butler auf Sie zu. Jeder der beiden hat ein Silbertablett in der Hand. Auf dem einen liegt das, was Sie gerade kaufen wollen: das T-Shirt, die Videokassette mit dem Actionthriller oder das edle Feuerzeug. Auf dem anderen Tablett liegt Bargeld, und zwar genauso viel, wie das Produkt kostet. Sagen wir also 25 oder 50 oder 65 Euro. Wofür würden Sie sich entscheiden? Und welchen Butler würden Sie wieder wegschicken?

Erstellen Sie Ihren persönlichen Vermögensplan

Lernen Sie zu unterscheiden zwischen dem, was Sie wirklich zum Leben brauchen, und den Dingen, auf die Sie notfalls verzichten könnten. Am besten nehmen Sie dazu Ihre Ausgabenaufstellung zur Hand und sehen Ihre täglichen Ausgaben noch einmal durch:

Unter der Überschrift »Muss ich haben« sammeln Sie alle lebensnotwendigen Dinge des täglichen Bedarfs wie Lebensmittel, Putzmittel, Hundefutter etc. Ich empfehle Ihnen, diese Dinge in Ihrer Liste mit einem Leuchtstift zu markieren.

In der Kategorie »Will ich mir leisten« sammeln Sie die Ausgaben, auf die Sie keinesfalls verzichten möchten, beispielsweise

Bücher, der teure Friseurbesuch, die exquisite Flasche Wein, der Kneipenabend mit Freunden und so weiter.

Wenn Sie nun die »Muss ich haben«-Ausgaben zu Ihren monatlichen Fixkosten addieren und diesen Betrag von Ihrem Einkommen abziehen, wissen Sie genau, wie viel Geld Ihnen streng genommen zum Sparen bleibt – oder welche Summe Sie in die Sachen investieren können, die Sie sich weiterhin leisten möchten. Alles, was Sie weder der einen noch der anderen Kategorie zuordnen würden, ist ohnehin überflüssig.

Auf die richtige Einstellung kommt es an

Ob Sie Ihre finanziellen Ziele erreichen oder nicht, ist eine Frage der richtigen Einstellung! An dieser Einstellung können Sie arbeiten. Und das sollten Sie auch, wenn Sie zu Geld kommen möchten.

Leider musste ich in Gesprächen mit den Menschen, die mich bislang um Hilfe baten, sehr oft eines feststellen: Der Wunsch nach mehr Geld ist bei vielen mit ausgesprochen negativen Gedanken verbunden! So kam ich beispielsweise einmal mit einen Mann ins Gespräch, der vor einem riesigen Schuldenberg stand. Er träumte davon, im Lotto zu gewinnen, um endlich keine Schulden mehr zu haben. Er war voller Zorn, dass er diesen Schuldenberg so mühsam abarbeiten musste. Aber der Zorn war nicht etwa gegen sich selbst gerichtet, weil er in den letzten Jahren so viele Schulden aus Dummheit und Maßlosigkeit gemacht hatte, sondern gegen die anderen, die keine Schulden hatten. Es ärgerte ihn, dass andere nicht nur Sparbücher voller Geld hatten, sondern sogar mit Aktien spekulieren konnten. Er beschimpfte mich, dass es mir viel zu gut ginge und war voller Neid auch auf alle anderen, die finanziell besser gestellt waren als er selbst.

Ich sagte zu ihm: Jammern bringt nichts. Und weder Wut noch Hass bringen Sie voran! Aber er meckerte und schimpfte immer weiter. Er wollte gar nichts an seiner Situation ändern. Er wollte sich als Opfer fühlen. Denn wenn er zugegeben hätte, dass er an seiner finanziellen Lage selbst etwas ändern könnte, dann hätte er auch zugeben müssen, dass er selbst für den Schuldenberg verantwortlich war. Aber dazu war er einfach noch nicht bereit. Alle anderen sollten schuld sein, bloß er nicht. Ich gab ihm meine Visitenkarte und bat ihn, sich bei mir zu melden, wenn er seine Finanzen wirklich selbst in die Hand nehmen wollte. Und ein halbes Jahr später rief er mich tatsächlich an. Stolz erzählte er mir, dass er seine Schulden jetzt langsam, aber sicher abbezahlt und demnächst sogar Geld für die Börse sparen wolle.

Sie sehen: Verbitterung und Zorn auf die, die mehr haben als man selbst, bringen einen nicht voran. Im Gegenteil, es hemmt in dem Bestreben nach einer Lebensverbesserung – oder kann sogar dazu führen, die Verbesserung der eigenen Situation unmöglich werden zu lassen!

Wenn Sie reich werden möchten oder auch nur schuldenfrei, dann sollten Sie ein positives Verhältnis zu Geld entwickeln. Ein Bekannter von mir hat sich einen Zettel neben den Badezimmerspiegel geklebt, auf dem steht: Geld? Finde ich gut!

Versuchen Sie, den Gedanken an Geld – sei es Ihr eigenes oder das der anderen, die mehr davon haben als Sie – stets mit einem positiven Gefühl zu verbinden! Denn: So wie Sie über Geld denken, so wird es auch zu Ihnen kommen. Wer seine Schulden und das Geld der anderen hasst, der versperrt sich damit den Weg zum eigenen Vermögen! Wer Geld gut findet, wird es auch bald selbst besitzen – ob er es auf der Straße findet oder im eigenen Portemonnaie.

Erwarten Sie nicht zu viel

Jeder fängt schließlich mal klein an. Sowohl meine eigene als auch tausend andere Lebensgeschichten beweisen das.

Als ich in jungen Jahren für ein paar Mark jobbte, konnte ich auch nur davon träumen, einmal finanziell unabhängig zu leben.

Als ich erwachsen wurde, war ich aber davon überzeugt, dass ich eines Tages Millionär sein würde. Ein solches Ziel erreicht man natürlich nicht von heute auf morgen. Denn niemand kann auf einen Schlag große Vermögen anhäufen – es sei denn, Sie haben das Glück, plötzlich das ungeheure Vermögen Ihres reichen Erbonkels vermacht zu bekommen, von dem Sie bis dahin vielleicht noch gar nichts gewusst haben.

Ich erinnere mich nur zu gut an meine erste Börseneinlage: Das waren damals 5000 Mark, die ich mir hart erarbeitet hatte. Und auch dieses Geld wurde nicht über Nacht zur Million. Aber es war mein Grundstein. Auf diesen 5000 Mark basiert mein heutiger Besitz. Und um mir dieses Startkapital zu verdienen, war ich mir damals für keinen Job zu schade.

Ein Tag vor etwa 18 Jahren, als ich wieder einmal den Boden der Backstube wischte, ist mir heute noch lebhaft im Gedächtnis: Damals kamen ein paar Klassenkameraden vorbei. Sie fragten mich, ob ich mit ihnen ins Kino gehen wollte. Ich schüttelte nur den Kopf, schließlich hatte ich noch Arbeit vor mir und wollte außerdem mein sauer verdientes Geld auch nicht sofort wieder ausgeben. Einer meiner Kameraden fragte mich dann, was ich eigentlich verdienen würde. »Zwei Mark fünfzig die Stunde«, gab ich zur Antwort. Dieser geringe Verdienst wurde von allen gleichermaßen belächelt. Und jeder von Ihnen meinte, dass er für so wenig Geld niemals so schmutzige Arbeit machen würde. Aber damals wie heute wusste ich genau, dass ich das Richtige tat.

Ich hatte und habe einen Wahlspruch: Wer den Boden schmutzig machen will, sollte zuerst in der Lage sein, ihn auch sauber zu machen. Was damals in der Backstube galt, gilt für mich heute noch immer. Hätte ich für mein Geld nicht so hart arbeiten müssen, hätte ich auch nie diesen Bezug zu ihm bekommen. Und Sie können mir glauben: Damals, als die Geschäfte an der Börse plötzlich schlechter liefen und beinahe jeder einen Großteil seiner Gewinne durch Unachtsamkeit wieder verloren hat, half mir dieses Motto. Für mich ist jeder Euro meines Vermögens wichtig und ich hätte es nicht zugelassen, alles wieder zu verlieren, schon weil ich wusste, wie viel Mühen es kosten würde, diese Summen mit Arbeit zu verdienen. Für mich war Geld nie nur eine abstrakte Zahl und mein Erfolg gibt mir Recht.

Deshalb: Krempeln Sie die Ärmel hoch! Überlegen Sie sich möglichst konkret, was Sie erreichen möchten. Und lassen Sie Ihre Träume Wirklichkeit werden!

Tageslohn

Auch an diesem dritten Trainingstag haben Sie wieder viel erreicht:

- Ab heute werden Sie Ihre täglichen Ausgaben genau aufschlüsseln und so auch Ihre variablen Kosten auf Dauer in den Griff bekommen!
- Sie wissen noch detaillierter als gestern, was Sie zum Leben brauchen und haben insbesondere mit der Kategorie »Will ich mir leisten« ein weiteres Spar- bzw. Genusspotenzial entdeckt.
- Sie haben damit die Basis geschaffen, Ihren persönlichen Vermögensplan zu erstellen.
- Sie gehen ab sofort strategischer einkaufen als bisher und können sich dadurch das eine oder andere Extra zusätzlich leisten.

Den Tageslohn für meine Trainingskasse hole ich mir heute von Cora, die sich ihre Spinattasche ab sofort nur noch jeden zweiten Mittag leistet. Bei durchschnittlich 22 Arbeitstagen spart sie dadurch 14,85 Euro pro Monat.

TAGESLOHN **EURO 14,85**

Aktuelles Sparpotenzial EURO 142,85

!

TAG 4

Verdienen Sie eigentlich, was Sie verdienen?

Geld bereitet doppelte Freude:
Einmal, wenn wir es einnehmen; zum zweiten Mal,
wenn wir es
wieder ausgeben können.

Rudolf Gründel (Finanzexperte)

Am dritten Tag unseres Programms ging es darum, was Sie ausgeben. Heute soll es darum gehen, was Sie eigentlich an Geld einnehmen.

Eines steht fest: Die Grundlage unserer Existenzsicherung ist unsere Arbeit. Das lernen wir schon in der Schule. Anschließend bereiten wir uns in einer Ausbildung oder im Studium auf unseren zukünftigen Beruf vor. Denn mit Arbeit verbringen wir den größten Teil unseres Lebens – im Schnitt ungefähr 35 Jahre, Tendenz steigend. Die Hälfte unseres Lebens, wohlgemerkt! Es gibt in unserem Leben keine andere Tätigkeit, die so viel Zeit in Anspruch nimmt wie die Arbeit – ausgenommen das Schlafen.

In der Regel sehen wir wesentlich mehr von unseren Kollegen als von unserer Familie, dem Ehepartner, den Kindern oder unseren Freunden. Deswegen ist es wichtig, dass Sie mit Lust, Spaß und Freude an die Arbeit gehen. Aber Sie sollten auch dafür sorgen, dass Sie für Ihre Arbeit angemessen bezahlt werden! Also: Finden Sie heraus, was Ihre Leistung wert ist – und verhandeln Sie um dieses Geld!

Entwickeln Sie ein Gefühl für Ihren Marktwert

Wissen Sie eigentlich, was Ihre Arbeit wert ist? Das ist die zentrale Frage, auf die Sie eine Antwort brauchen, bevor Sie Ihren Chef um eine Gehaltserhöhung bitten oder als Selbständiger Ihre Preise erhöhen können.

Besorgen Sie sich zunächst Informationen über vergleichbare Jobs und Positionen. Finden Sie heraus, wie andere in Ihrer Branche mit ähnlicher Qualifikation bezahlt werden. Schauen Sie Ihren Wettbewerbern auf die Finger, die ähnliche Dienstleistungen oder Produkte anbieten. Nehmen Sie deren Angebot, Qualität und Preise unter die Lupe. Und bestimmen Sie dabei, wo Sie sich und Ihre Leistungen momentan einordnen können und was Sie in Zukunft erreichen möchten.

Arbeitern und Angestellten der Großindustrie oder deren Zulieferbetrieben fällt es meist relativ leicht, die angemessene Vergütung ihrer Arbeitsleistung zu überprüfen. Das gilt ebenso für diejenigen, die im Einzelhandel oder im öffentlichen Dienst beschäftigt sind: Da gibt es klare Tarifverträge, in denen die Höhe der einzelnen Entgeltstufen genau festgelegt ist. Darüber hinaus gibt es eindeutige Regelungen, wann und unter welchen Voraussetzungen man als Beschäftigter der jeweiligen Branche die einzelnen Lohnstufen erreicht.

Entscheidend ist dabei natürlich Ihre berufliche Qualifikation. Auch Weiterbildung wirkt sich bei Gehaltszahlungen aus. Berücksichtigt werden beispielsweise die regelmäßig durchgeführten Beurteilungen oder die Jahre der Betriebszugehörigkeit. Reden Sie mal mit Ihrem Betriebsrat darüber oder fragen Sie bei Ihrer Gewerkschaft nach, welche Faktoren bei Ihrer Einstufung eine Rolle spielen. Auch Ihr Branchen- oder Berufsverband sollte wissen, wie hoch Gehälter in Ihrem Bereich normalerweise sind und wo Sie ungefähr einzuordnen sind.

Es ist wirklich völlig egal, ob Sie als Bäcker, Heizungsmonteur oder Versicherungskaufmann arbeiten, ob Sie dabei selbständig oder angestellt sind – es lohnt sich auf jeden Fall herauszufinden, ob und wo die Leute organisiert sind, die etwas Ähnliches tun wie Sie. Denn nur im direkten Vergleich und im aktiven Austausch mit anderen aus Ihrer Branche und Berufsgruppe werden Sie Ihre persönliche Position im Wettbewerb um Gehalt und Preise genau bestimmen können. Dabei gilt: Scheuen Sie sich nicht davor, mit Ihren Freunden, Bekannten, Kollegen, Lieferanten oder Kunden über Geld, Gehalt und Preise zu sprechen!

Leider ist es vor allem bei uns in Deutschland noch vielfach verpönt, über sein Gehalt und manchmal sogar über Geld überhaupt zu reden. Oft steht sogar im Arbeitsvertrag, dass man mit niemandem über sein Gehalt sprechen darf. Das finde ich schlimm. Denn ohne den Austausch mit anderen und deren ehrliches Feedback werden Sie sich schwer tun herauszufinden, was Ihnen zusteht. Und denken Sie immer daran: Fragen kostet nichts!

Gehalts-Check im Internet

Eine der wichtigsten Informationsquellen, die Sie bei der Bestimmung Ihrer beruflichen Situation und Position heranziehen können, ist das Internet.

Das sollte auch dann kein Problem mehr darstellen, wenn Sie zu Hause noch keinen Internetzugang haben. Denn Internetcafés gibt es mittlerweile in jeder größeren Stadt. In vielen Städten bieten Bibliotheken den Klick ins World Wide Web sogar als kostenlosen Service an.

Ein erstes Gefühl für den eigenen Marktwert erhalten Sie, wenn Sie sich einmal in Ruhe durch die Seiten der Jobvermittler klicken, beispielsweise jobpilot.de, stepstone.de oder monster.de. Sie alle bieten in der Regel einen Gehaltsvergleich an. Das gilt auch für die Websites der großen Nachrichtenmagazine wie Focus oder Wirtschaftswoche, die ihre Angebote hierzu ständig aktualisieren.

Um Ihnen ein Gefühl dafür zu geben, was Ihre Arbeit wert ist, werden Sie durch einen Fragebogen gelotst: Dabei geben Sie an, in welcher Branche Sie arbeiten und in welcher Position Sie tätig sind. Dann werden Sie nach Ihren Aufgabenbereichen oder Zusatzqualifikationen gefragt, also ob Sie vielleicht Fremdsprachenkenntnisse besitzen, schon einmal im Ausland gearbeitet haben und so weiter. Und kurze Zeit später können Sie erfahren, ob Sie mit Ihrem Gehalt eher am oberen oder am unteren Durchschnitt liegen. Denn der Rechner vergleicht Ihre Angaben europaweit mit ähnlichen Positionen.

Testen Sie Ihren Marktwert

Um herauszufinden, was Sie theoretisch verdienen könnten, empfehle ich Ihnen, sich einfach einmal testweise auf eine Stellenanzeige zu bewerben. Ich halte diese Form des persönlichen Gehalts-Checks alle ein bis zwei Jahre für sinnvoll! Aus drei guten Gründen:

Erstens zeigt Ihnen eine Bewerbung konkret, wer Interesse an Ihrer Leistung hat – und was andere bereit sind, für Sie zu bezahlen.

Zweitens macht es Ihnen sehr deutlich, was Sie können und täglich leisten. Und damit gibt Ihnen diese Übung das notwendige Selbstvertrauen, das Ihnen sowohl in Bewerbungsgesprächen als auch bei Verhandlungen mit Ihrem Chef oder Ihren Kunden nur zugute kommen kann.

Und drittens sind Sie damit für den Fall der Fälle gerüstet. Sollten Sie beispielsweise tatsächlich einmal kurzfristig einen neuen Job brauchen, dann kennen Sie den Markt und Sie haben die nötige Routine, um Ihr Ziel gelassen anzusteuern!

Personalberater sind sogar der Ansicht, dass Sie bares Geld verschenken, wenn Sie Ihr ganzes Leben lang einem Arbeitgeber treu sind! Sie empfehlen, in der ersten Hälfte des Berufslebens mindestens zweimal die Firma zu wechseln, um Aufstiegschancen konsequent zu nutzen und dadurch höhere Gehälter zu erzielen!

Scheuen Sie sich nicht, um Ihr Geld zu verhandeln

Vielen Menschen ist es unangenehm, die eigenen guten Eigenschaften ins rechte Licht zu rücken und eine Gehaltserhöhung zu fordern. Aber eines ist sicher:

Wenn Sie selbst nicht anfangen, sich möglichst Gewinn bringend zu verkaufen, wird es auch kein anderer für Sie tun! Denken Sie daran: Ihre Leistungen und Fähigkeiten sind Ihr Kapital!

Sie haben also im Grunde nur zwei Möglichkeiten: Entweder Sie nehmen es beim Gehaltspoker selbstbewusst mit Ihrem Chef auf – oder Sie vergessen das Thema Gehaltserhöhung ein für allemal. Dazwischen gibt es nichts. Je eher Sie sich also damit beschäftigen und sich gute Argumente für eine höhere Bezahlung überlegen, desto besser.

Ganz wichtig in dem Spiel um mehr Euros auf Ihrem Konto ist dabei, dass Sie Ihre Forderungen schlüssig und plausibel begründen können, denn es braucht schon etwas mehr als »Ich will mehr Geld!« Sie müssen auch wissen, wofür Sie es fordern.

Mir hat das mein Vater auf sehr eindrückliche Weise beigebracht: Vor vielen Jahren – ich war erst kurz in der Bäckerei meiner Eltern angestellt – war ich der Meinung: »Ich brauche mehr Geld«. Also ging ich – noch sehr unerfahren, aber dafür mit umso besseren Vorsätzen – in das Büro meines Vaters und bat ihn um eine Gehaltserhöhung. Mit seiner Reaktion hatte ich allerdings nicht gerechnet. Denn er schaute mich nur an und stellte eine einzige Frage: »Wofür?«

Ich war erst einmal völlig perplex! »Wofür? Ich bin doch jetzt schon einige Monate dabei und möchte mir ein paar Wünsche erfüllen, zum Beispiel in Urlaub fahren ...«

Mein Vater lachte nur und machte mir dann unmissverständlich klar, dass das für ihn keine überzeugenden Argumente waren. Denn wieso sollte er sich als mein Arbeitgeber für mein Privatvergnügen und meine Konsumwünsche verantwortlich fühlen? Ich verließ also das Büro, ohne eine Mark mehr in Aussicht gestellt zu bekommen. Aber ich hatte eine wichtige Lektion gelernt: Um mehr Geld zu fordern, brauchte ich mehr als nur meine Wünsche – ich brauchte knallharte Argumente!

Und die legte ich mir für das nächste Mal dann auch sorgfältig zurecht. Etwa ein halbes Jahr später betrat ich sein Büro erneut – und diesmal hatte ich mich vorbereitet!

Mein Vater grinste, als ich ihm meinen Wunsch nach einer Gehaltserhöhung vortrug. Es kam, was kommen musste, er fragte: »Wofür?« Also rechnete ich ihm vor, wo ich Geld für ihn in der Bäckerei eingespart hatte. Ich zeigte ihm, welche Leistungen ich in der letzten Zeit gebracht hatte, was ich im Lauf der vergangenen Monate dazugelernt hatte, welche Aufgabenbereiche ich deshalb mehr übernehmen konnte und wo und wie ich persönlich für den Erfolg des Betriebs mitverantwortlich war.

Er hörte mir aufmerksam zu, nickte und gab mir schließlich Recht. Denn ich hatte in diesen Monaten tatsächlich mehr Umsatz und Gewinn für die Bäckerei erwirtschaftet als zuvor. Damit hatte ich ihn schließlich überzeugt – und er erhöhte mein Gehalt um satte 300 Mark.

Auf die richtigen Argumente kommt es an

Bei aller sachlichen und fachlichen Information, die Sie für eine erfolgreiche Gehaltsverhandlung brauchen, sollten Sie auch Ihre mentale Vorbereitung auf ein solches Gespräch nicht vergessen! Denn gerade was Gehaltsgespräche betrifft, ist eines sicher: Ihr Chef führt sie wesentlich häufiger als Sie.

Zunächst einmal sollten Sie die Scheu vor dem Thema verlieren. Ihr Chef rechnet nämlich damit, dass Sie ihn regelmäßig nach mehr Geld fragen. Er wird also nicht überrascht sein, wenn Sie an seine Tür klopfen.

Aufgrund seiner Erfahrung ist er bei einem Gehaltsgespräch jedoch klar im Vorteil. Schließlich verhandelt er ja nicht nur mit Ihnen, sondern auch mit all Ihren Kollegen. Ihr Chef befindet sich also regelmäßig im Training. Das sollten Sie ihm nachmachen!

Am besten spielen Sie ein solches Gespräch vorher mehrere Male mit jemandem durch. Vielleicht gibt es ja in Ihrem Bekanntenkreis eine Person, die diese Art von Verhandlung häufiger führt und Ihnen obendrein noch wertvolle Tipps geben kann. Ansonsten können Sie es immer noch vor dem Spiegel oder mit Ihrem Partner üben – Literatur zu diesem Thema gibt es ebenfalls reichlich.

Wichtig ist, dass Sie sich bewusst machen, mit welchen Gegenargumenten oder Einwänden Sie rechnen müssen. Deshalb sollten Sie sich bei der Vorbereitung überlegen, wie Sie diesen Einwänden begegnen können. Notieren Sie sich nicht nur Ihre Stärken, sondern stellen Sie sich im Vorfeld auch darauf ein, dass Ihre Schwächen auf den Tisch kommen werden. Leugnen Sie die Schwächen nicht, sondern überlegen Sie sich, wie Sie in Zukunft an sich arbeiten und Ihre Leistung weiter verbessern wollen.

Kann's auch etwas anderes sein?

Wichtig für jede Verhandlung ist, dass Sie sich ein konkretes Ziel setzen! Überlegen Sie sich also genau, was Sie erreichen möchten, machen Sie sich klar, wie viel Euro und Cent Sie als Ergebnis des anstehenden Gesprächs auf Ihrem Konto sehen möchten.

Dabei sollten Sie vorab auch unbedingt Alternativen entwickeln! Überlegen Sie sich, was Ihr Chef sonst noch für Sie tun kann, außer einfach nur den Betrag auf Ihrem Gehaltszettel zu erhöhen. Denn Möglichkeiten gibt es mehr als genug.

Ralf, ein guter Bekannter von mir, hat mit dieser Strategie erst kürzlich Erfolg gehabt. Eine Gehaltserhöhung stand bei ihm mal wieder an. Denn seine letzte hatte er – wegen der wirtschaftlich äußerst angespannten Lage, in der sich das Unternehmen befand – anderthalb Jahre zuvor bekommen.

Seine Forderung war daher nicht von schlechten Eltern: Sein erklärtes Ziel war es, im Monat 500 Euro brutto mehr zu verdienen. Er hatte sich ausgerechnet, dass ihm das – nach Abzug aller Steuern und Sozialabgaben – netto gerade mal 200 Euro mehr in die Kasse bringen würde.

Für das Gespräch hatte er sich ausgezeichnete Argumente zurechtgelegt. Denn sein Aufgabengebiet – Vertrieb, Installation und Service von Netzwerkanwendungen für Produktionssteuerungsanlagen – war in den letzten Monaten deutlich erweitert worden: Er hatte wesentlich mehr Kunden zu betreuen als noch vor zwölf Monaten, sein Team wurde deutlich verstärkt und seine Personalverantwortung war damit ebenfalls entsprechend gestiegen. Zudem hatten er und seine Mitarbeiter jedes Projekt der letzten sechs Monate mit einem ordentlichen Gewinn abschließen können.

Ralf wusste aber auch, dass die angestrebte Gehaltserhöhung seinen Arbeitgeber mehr als 600 Euro pro Monat kosten würde! Schließlich kamen ja auf sein Bruttogehalt auch noch die so genannten Arbeitgeberanteile zu den Lohnnebenkosten. Runde 20 Prozent musste sein Chef zusätzlich berappen. Das hieß im Klartext: Damit für ihn am Ende 200 Euro mehr rauskamen, musste der Chef 600 Euro mehr bezahlen. Die Differenz kassieren der Staat und die Sozialversicherung.

Ralf war klar, dass 200 Euro mehr Geld auf dem Konto durch eine Gehaltserhöhung kaum durchzusetzen waren. Er hatte sich daher informiert und einige Alternativen überlegt.

Das Gespräch verlief genau, wie er es vorausgesehen hatte. Als der Chef irgendwann erklärte, dass er Ralf aufgrund seiner wirklich ausgezeichneten Leistungen eine Gehaltserhöhung von 250 Euro anbieten könnte, zog der sein As aus dem Ärmel: Er schlug ihm vor, statt des Geldes Extras im Wert von 250 Euro pro Monat von seiner Firma zu erhalten: seine Mobilfunkkosten und den Monatsbeitrag für das Sportstudio.

Der Chef schlug ein und beide hatten gewonnen: Zwar musste die Firma mehr bezahlen, aber es entfielen auf diese Weise alle Lohnnebenkosten, die bei einer regulären Gehaltserhöhung angefallen wären. Dadurch kam das Unternehmen letztlich günstiger weg. Und Ralf musste zwar die Extras als so genannten »geldwerten Vorteil« versteuern, aber nach Abzug der Steuern hatte er dennoch mehr auf dem Konto als zuvor – und sogar mehr als 200 Euro.

Geld ist nicht alles

Entlohnungsvarianten, die Ihnen im Monat unterm Strich mehr einbringen und Ihrem Unternehmen dabei Steuern und Sozialabgaben sparen, gibt es eine ganze Menge.

Das können projektbezogene Prämien oder leistungsorientierte Provisionen sein. Darunter fallen auch wertvolle Fortbildungsmaßnahmen wie Führungstrainings, Crash-Sprachkurse im Ausland oder auch bezahlter Sonderurlaub. Es gibt Unternehmen, die Kosten fürs Fitnessstudio oder die wöchentliche Massage ihrer Mitarbeiter bezahlen, die ihren Mitarbeitern Laptops für den Heimarbeitsplatz zur Verfügung stellen oder vier Tage Weiterbildungsurlaub in der Türkei finanzieren.

Oder fragen Sie doch einmal nach einem Job-Ticket, also einer vergünstigten Monatskarte. Auch das kann ein Unternehmen steuerfrei für seine Arbeitnehmer sponsern. Oder Sie lassen sich die Fahrtkosten mit Ihrem privaten Auto erstatten: Sie erhalten bis zu 36 Cent je Entfernungskilometer und Arbeitstag – natürlich steuerfrei. Ebenfalls steuerfrei ist für den Arbeitgeber die Finanzierung Ihrer Bahncard, die Sie dann dienstlich wie privat nutzen können.

Auch ein Dienstwagen bietet sich im Entlohnungs-Mix aus Gehalt und Sonderzuwendungen an. Denn hierbei müssen Sie lediglich die Privatfahrten versteuern. Reparaturen, Benzin, Kfz-Steuer und Versicherung übernimmt der Arbeitgeber. Dieser wiederum kann die Kosten als Betriebsausgaben absetzen und spart das Kilometergeld, das Sie ihm bisher für Dienstfahrten in Rechnung gestellt haben.

Der richtige Mix macht's

Vielleicht möchte Ihr Arbeitgeber die eine oder andere Versicherung für Sie übernehmen: Zahlt das Unternehmen zum Beispiel Teile Ihres Gehalts in eine Lebensversicherung ein, dann verlangt das Finanzamt statt der persönlichen Steuer von bis zu 48,5 Prozent pauschal nur 20 Prozent Lohnsteuer. Und stammt dieser Beitrag aus Sonderzahlungen wie Weihnachts- oder Urlaubsgeld, dann werden darauf nicht einmal Sozialabgaben fällig.

Falls Sie bei einem börsennotierten Unternehmen arbeiten, sind unter Umständen Aktien die richtige Alternative für Sie: Erkundigen Sie sich in Ihrem nächsten Gehaltsgespräch nach Vorzugspreisen für Angestellte. Bis zu einem Nachlass von 154 Euro pro Jahr – bei maximal 50 Prozent des Börsenkurses – bleibt der Bonus steuerfrei.

Wenn Sie also beispielsweise für 200 Euro Belegschaftsaktien kaufen, die offiziell am Tag des Kaufes an der Börse 400 Euro kosten, müssen Sie als geldwerten Vorteil nur 50 Euro versteuern. Der Haken an der Sache: Sie müssen die Aktien auf jeden Fall sechs Jahre behalten.

Mit diesen Beispielen sind Ihre Möglichkeiten jedoch noch lange nicht ausgeschöpft: Falls Sie gerade ein Haus bauen oder Ihr Traumhaus in Kürze kaufen wollen, können Sie Ihren Chef auch nach einem zinsgünstigen Darlehen fragen.

Oder wie wäre es, wenn Ihr Arbeitgeber den Kindergartenplatz bezahlt oder das Kantinenessen bezuschusst? Er kann Ihnen Rabatte für Einkäufe im Unternehmen gewähren oder die Kosten für den beruflich bedingten Umzug übernehmen.

Sie könnten sich von Ihrem Chef auch zur Hochzeit oder der Geburt Ihres Kindes ein Sümmchen schenken lassen. Das wäre nämlich ebenfalls steuerfrei, wenn das Geschenk 358 Euro nicht übersteigt. Oder Sie fragen nach ein paar mehr Urlaubstagen, auch das kann eine schöne Alternative zu barem Geld sein.

Sie sehen: Entlohnungsformen gibt es genug. Seien Sie also einfach offen für die verschiedenen Möglichkeiten! Aber auch hier gilt: Informieren Sie sich vorab ganz genau, worin die Vorteile dieser Sondervergütungen bestehen – und zwar sowohl für Sie selbst als auch für Ihr Unternehmen! Denn damit haben Sie im nächsten Gehaltsgespräch mit Sicherheit die Nase vorn.

Tageslohn

Am vierten Trainingstag haben Sie viele wertvolle Anregungen zur Verbesserung Ihres Einkommens erhalten:

- Sie können ab sofort Ihren persönlichen Gehalts-Check in Angriff nehmen!
- Sie werden sich auf Ihre nächsten Gehaltsgespräche noch sorgfältiger vorbereiten als bisher.
- Sie wissen um die Alternativen zur einfachen Gehaltserhöhung und haben dabei sicherlich auch schon eigene Ideen entwickelt, welche Möglichkeiten für Sie persönlich sonst noch infrage kommen.

Den Tageslohn für meine Trainingskasse hole ich mir heute von Ralf, der sich durch seine geschickte Gehaltsverhandlung den Jahresbeitrag für sein Sportstudio und die Handykosten ab sofort von seinem Arbeitgeber bezahlen lässt und dadurch 200 Euro mehr pro Monat zur Verfügung hat.

!

TAGESLOHN **EURO 200,00**

Aktuelles Sparpotenzial EURO 342,85

TAG 5

Zu wissen, wie man etwas macht,
ist nicht schwer. Schwer ist
nur, es zu machen.

André Kostolany
(amerikanischer Finanzexperte)

Geld allein macht nicht glücklich! Und glauben Sie mir: Ich weiß, wovon ich rede. Schließlich bin ich seit langer Zeit damit beschäftigt, Geld zu verdienen und zu vermehren. Und mittlerweile habe ich auch genug davon, um ein – zumindest in finanzieller Hinsicht – sorgenfreies Leben führen zu können.

Genug Geld zu haben ist wichtig, um sich seine Träume zu erfüllen und dadurch auf Dauer zufriedener zu sein, keine Frage. Und ich habe dieses Buch geschrieben, um Ihnen den Weg dorthin zu zeigen.

Doch welchen Sinn macht es, wenn Sie sich Ihren Traumurlaub zwar endlich erfüllen können, aber körperlich nicht fit genug sind, um ihn auch tatsächlich anzutreten? Was nützt es Ihnen, wenn Sie sich den lang ersehnten Ferrari kaufen können, aber wegen Ihrer Rückenschmerzen nicht in der Lage sind, ihn auch zu fahren?

In den vergangenen Jahren habe ich einige sehr vermögende Menschen kennen gelernt, die aufgrund körperlicher Leiden nicht das Glück hatten, Ihren Reichtum genießen zu können. Denn Geld ist eben doch nur der eine Teil, der Lebensqualität ausmacht. Der andere – und meiner Meinung der wichtigere Teil – ist unsere Gesundheit.

Gesundheit – eine Selbstverständlichkeit?

Dennoch achten die wenigsten ausreichend auf ihren Körper und seine Bedürfnisse. Vor allem solange wir jung sind, nehmen wir unsere Gesundheit in der Regel als selbstverständlich hin. Und so gönnt auch kaum jemand seinem Körper die Bewegung, die er zum Fitbleiben so dringend braucht.

Dabei hätten die meisten von uns es sicher bitter nötig: Rückenleiden und Verspannungen beispielsweise gehören mittlerweile zu den häufigsten Zivilisationskrankheiten. Und die kennen Sie vielleicht auch aus eigener Erfahrung – immerhin gab 2002 jeder dritte Deutsche an, mindestens einmal in der Woche Rückenschmerzen zu verspüren.

Der Auslöser ist schnell gefunden: Im modernen Berufsleben sitzen die meisten von uns den lieben langen Tag. Da wäre zunächst der Weg zur Arbeit, den wir entweder im Auto oder in der Bahn zurücklegen. Von dort geht's auf den Bürostuhl, auf dem wir am Computer oder in Besprechungen sitzen.

Und am Abend erholen wir uns dann verdientermaßen von den Strapazen des Tages – und das meist zu Hause auf der Couch; oder im Kino; oder im Café; oder beim Italiener. Auf jeden Fall im Sitzen, aber wahrscheinlich nur selten beim Sport.

Dabei wissen Sie wahrscheinlich auch aus eigener Erfahrung, dass regelmäßiger Sport Ihrem Körper gut tut. Dass es einen hervorragenden Ausgleich zum anstrengenden und stressigen Berufsleben darstellt, sich ein paar Mal die Woche körperlich anzustrengen. Und Ihnen ist vermutlich auch bekannt, dass Sie sich wesentlich besser fühlen, wenn Sie mit einem guten Freund erst einmal Badminton oder Tennis spielen, bevor Sie sich in Ihrer Lieblingskneipe treffen, statt sich direkt an der Bar zu verabreden. Und dass Sie dabei auf Dauer auch wesentlich besser aussehen, muss ich Ihnen auch nicht extra sagen, oder?

Vielleicht kennen Sie das: Da haben Sie sich tatsächlich mal wieder dazu aufgerafft, ins Training zu gehen. Spätestens nach der Dusche fühlen Sie sich wie neugeboren – und fassen zum wiederholten Mal diesen guten Vorsatz, ab sofort wieder regelmäßig Sport zu treiben.

Gute Vorsätze sind nicht alles

Diese guten Vorsätze kenne ich zur Genüge – ebenso wie die Gründe, sie dann doch nicht umzusetzen. Vor Jahren wurde ich deshalb Mitglied in einem Sportstudio. Ich hatte mir fest vorgenommen, mindestens ein- bis zweimal in der Woche zu trainieren.

Und anfangs war ich – wie das so üblich ist – auch Feuer und Flamme. Ich kaufte mir neue Turnschuhe und Trainingsanzüge, stemmte mit Begeisterung Gewichte und probierte alle möglichen Kurse aus, vom Spinning über Aerobic bis hin zu Tai-Chi. Und ich fühlte mich großartig!

Doch nach einer Weile verließ mich die Lust. Erst hatte ich Schnupfen, dann war ich zu müde, an einem Tag hatte ich mich mit einem guten Freund verabredet, den ich wirklich schon ganz lange nicht mehr gesehen hatte, und an einem anderen Tag musste ich unbedingt noch arbeiten ... und plötzlich war es Hochsommer, und da war bei mir der Punkt erreicht, an dem ich alles spannender fand, als in einem heißen Studio mich und meine Muskeln zu quälen.

Eine ganze Weile machte ich mir dann noch etwas vor. Etwa zwei Jahre lang redete ich mir immer wieder ein, dass ich ab morgen, ab nächster Woche, ab nächstem Monat ganz sicher wieder regelmäßig trainieren würde.

Als ich mich schließlich nach fünf Jahren dort abmeldete, war ich insgesamt nicht öfter als 100-mal im Training gewesen. Bezahlt habe ich pro Monat trotzdem 50 Euro. Konkret bedeutet das, dass mich jedes Training etwa 30 Euro gekostet hat. Und Sie werden mir zustimmen: Für etwas, was mir scheinbar nicht genug Spaß machte, um meine guten Vorsätze auch tatsächlich durchzuhalten, ist das eine ganze Menge Geld!

Bei meiner Abmeldung sprach ich lange mit der Betreiberin des Sportstudios. Und sie bestätigte mir, dass ich keineswegs ein Einzelfall war: So würden rund 40 Prozent der Beiträge Monat für Monat von Mitgliedern überwiesen, die das Sportstudio schon lange nicht mehr von innen gesehen haben. Manche schließen sogar einen Vertrag ab und kommen schon nach ein bis zwei Trainingseinheiten nie wieder.

Sport muss Spaß machen

Meine Sportstudio-Geschichte macht eines ganz deutlich: Sport muss Spaß machen – ansonsten gibt es tausend Gründe, warum man gerade heute keine Zeit dafür hat.

Die Aussagen der Studioinhaberin bestätigen das: Weder das Gefühl, mit einem Vertrag eine Verpflichtung eingegangen zu sein, noch das Wissen, wie viel Geld man dafür Monat für Monat bezahlt, stellen eine ausreichende Motivation dar, regelmäßig trainieren zu gehen. Es gibt nur eine Möglichkeit: Die Motivation muss aus einem selbst kommen!

Wir müssen nicht nur davon überzeugt sein, uns etwas Gutes zu tun, sondern wir müssen es darüber hinaus auch noch gerne tun. Sonst wird Sport schnell zur lästigen Verpflichtung, der wir dann möglichst schnell aus dem Weg gehen. Egal, wie viel uns das dann auch kosten mag.

Meinem Freund Rüdiger, der mich überhaupt erst auf den Gedanken mit dem Sportstudio gebracht hatte, macht das Hanteltraining und Gewichtheben im Gegensatz zu mir nach wie vor ziemlich viel Spaß. Doch aus beruflichen und privaten Gründen fand er in den letzten Jahren recht wenig Zeit, um regelmäßig zum Training zu gehen.

Zunächst arbeitete er hart und mit vielen Überstunden an seiner Karriere. Dann hatte er mit seiner Frau dieses wunderschöne, aber sehr renovierungsbedürftige Traumhaus gekauft, in dessen Umbau er sehr viel Zeit stecken musste. Und mittlerweile sind die beiden stolze Eltern einer kleinen Tochter, mit der Rüdiger natürlich so viele Stunden verbringen möchte wie möglich. Viel Zeit für seinen Sport bleibt da nicht.

Rüdigers Monatsbeitrag im Studio betrug ebenfalls 50 Euro. Trainieren ging er aber nur einmal die Woche. Pro Training bezahlte er damit 12,50 Euro – und nutzte dabei weder die vielen unterschiedlichen Kursangebote noch die Sauna oder den Whirlpool. Und das war ihm eines Tages dann doch zu viel.

Rüdiger zog die Konsequenzen. Sein Training hat er allerdings keineswegs aufgegeben. Er kam auf eine wesentlich bessere Idee: Er meldete sich im Sportstudio ab und trat dem Verein der Gewichtheber im Nachbarort bei. Dort zahlt er nun 75 Euro im Jahr und kann sein geliebtes Hanteltraining in dessen Kraftraum absolvieren. Ein Laufband zum Aufwärmen gibt es dort allerdings nicht, und deshalb joggt er eben jetzt die vier Kilometer bis zur Turnhalle.

Finden Sie heraus, was Ihnen liegt

Wichtig für Ihr Wohlbefinden, Ihre Ausgeglichenheit und Ihre Zufriedenheit ist es, dass Sie anfangen, regelmäßig Sport zu treiben – wenn Sie es nicht schon längst tun. Und das A und O dabei ist, dass es Ihnen Spaß macht.

Also: Tun Sie nicht einfach etwas, von dem Sie wissen, dass Sie es sollten, sondern machen Sie das, was Sie auch wollen! Finden Sie heraus, was Ihnen liegt!

Sehen Sie sich dazu doch einmal in Ihrem Freundes- und Bekanntenkreis um: Gibt es da jemanden, mit dem Sie sich vielleicht zusammentun könnten? Denn oftmals ist es leichter und bringt auch mehr Spaß, gemeinsam zum Sport zu gehen als allein. Geht

Ihr bester Freund regelmäßig joggen? Hat Ihr Partner ein sportliches Hobby, das Sie vielleicht teilen können?

Sehen Sie doch mal nach, in welchem Verein Sie vielleicht noch Mitglied sind, weil Sie sich früher, als Sie noch mehr Lust und Zeit hatten, sportlich wesentlich stärker engagiert haben als heute. Gibt es da vielleicht noch eine längst stillgelegte Mitgliedschaft im Tennis- oder Schwimmclub?

Viele Vereine wie Ski- oder Fußballclubs bieten Ihren Mitgliedern beispielsweise verschiedene Trainingsangebote an: Das reicht meist vom allgemeinen Konditionstraining über Zirkeltraining für Fortgeschrittene bis hin zur intensiven Vorbereitung auf die Saison. Oftmals gibt es dort auch unterschiedliche Interessengruppen wie die Beach-Volleyball-Gruppe, die Hockeyfans oder die Jogginggruppe, die regelmäßig gemeinsam trainieren.

Oder gibt es da vielleicht etwas, was Sie immer schon mal machen wollten, wofür Sie sich aber bislang einfach nie die Zeit genommen haben? Vielleicht reiten lernen? Das Rudern anfangen? Oder endlich einmal Golf ausprobieren?

Was es auch sein mag: Geben Sie sich einen Ruck und fangen Sie an! Sie werden merken, dass Sie sich schon bald wesentlich wohler in Ihrer Haut fühlen als in der Zeit, die Sie mit Ihren guten Vorsätzen und vor dem Fernseher auf der Couch verbracht haben!

Auf die richtige Motivation kommt es an

Auch ich habe nach meiner kurzen Episode mit dem Sportstudio schließlich doch noch meinen erklärten Lieblingssport gefunden. Der Auslöser dafür war allerdings eine wenig erfreuliche Begebenheit:

Im Februar 2001 stellte ich in der Stadthalle meiner Heimatstadt mein erstes Buch »Ich mache Sie reich« vor. Damals war ich durch den Stress, den ich in dieser Zeit hatte, ziemlich erschöpft und ausgelaugt. Körperlich fühlte ich mich nicht besonders wohl und hatte im Vergleich zum Vorjahr auch deutlich an Gewicht zugenommen.

Nach der Buchpräsentation kam eine alte Bekannte aus der Schulzeit auf mich zu. Und nach kurzem, nettem Smalltalk fragte sie mich doch tatsächlich, ob ich Medikamente nehmen würde. »Medikamente?« Ich muss zugeben, ich war ziemlich entsetzt. »Na ja, du siehst ein bisschen aufgeschwemmt auf«, bekam ich von ihr daraufhin zur Antwort. Sie können sich vorstellen, wie erschrocken ich war.

An diesem Tag beschloss ich, wieder mehr auf meinen Körper und meine Fitness zu achten.

In diesem Vorsatz bestärkte mich dann ein paar Wochen später ein Redakteur von der Zeitschrift BUNTE, der mit mir ein Interview führte. Er wollte für die Reportage ein paar Bilder von mir haben, und ich gab ihm daher einige Aufnahmen, die allerdings zwei Jahre alt waren. Er schaute nur kurz darauf und ihm entfuhr spontan: »Mensch, Herr Frick, im Vergleich zu damals haben Sie aber ganz schön zugelegt!« Und da musste ich ihm einfach Recht geben. Denn ich brachte mittlerweile sage und schreibe 15 Kilogramm mehr auf die Waage – auf die ich nun wirklich nicht besonders stolz war.

Nun habe ich das große Glück, einen Bruder zu haben, der mich schon immer sehr unterstützt hat – und das tat er auch diesmal. Als ich ihm von diesen beiden Begebenheiten erzählte, grinste er nur. Ich verkündete meinen Vorsatz, mein Leben fortan sportlicher zu gestalten, und Jörg war sofort begeistert bei der Sache.

Er schlug vor, ab sofort gemeinsam laufen zu gehen. Zunächst schüttelte ich nur resigniert den Kopf – schließlich hasste ich laufen! Ich erinnerte mich nur zu gut daran, wie ich vor Jahren schon einmal mit Jörg zum Joggen im Wald war: Mein Herz klopfte wie wild, ich bekam kaum Luft, lief verbissen ohne rechts und links zu schauen und hatte nach dieser Gewalttour zu allem Überfluss auch noch Blasen an den Füßen, weil ich die falschen Schuhe anhatte.

Walken Sie sich fit

Doch Jörg ließ nicht locker und schaffte es schließlich, mich mit allen erdenklichen Versprechungen in meine Laufschuhe zu locken. Nach und nach brachte er mir bei, dass es beim Laufen niemals um Tempo geht, sondern um Kondition, Wohlbefinden und Spaß!

Wieso hat das dieses Mal geklappt? Tja, Jörg ist mit mir nicht joggen gegangen, sondern er hat mir das Walken beigebracht. Und seitdem »walke« ich nur noch.

Walken ist ein schnelles Gehen. Entscheidend ist der richtige Puls. Sobald das Herz anfängt zu rasen, bringt das Laufen nämlich ziemlich wenig. Wer sich verausgabt und zu schnell läuft, erzeugt durch die heftige Atmung im Körper eine Sauerstoffnot. Die Milchsäure im Blut steigt schlagartig an und sorgt dafür, dass Fettverbrennung unmöglich wird. Denn diese findet immer nur bei Sauerstoffüberschuss statt und niemals bei zu wenig Sauerstoff im Blut.

Die Fettverbrennung war jedoch das Einzige, was mich interessierte – schließlich war es mein erklärtes Ziel, 15 Kilogramm loszuwerden. Ich hatte es mir in den Kopf gesetzt, bis zum Jahresende weniger als 90 Kilogramm auf die Waage zu bringen. Und dafür war das Walken – im Gegensatz zum schnellen Laufen – perfekt geeignet. Denn selbst wenn ich eine Stunde lang im Hochpulsfrequenzbereich gejoggt wäre, hätte ich doch kein Gramm dabei verloren.

Seit März 2001 treffe ich mich also fast jeden Tag zum Walken mit Jörg. Während der ersten Wochen, in denen sich mein innerer Schweinehund öfter mal zu Wort meldete, motivierte mich mein Bruder immer wieder und trieb mich an.

Mit der Zeit geschah dann das Unerwartete: Das Training fing an, mir Spaß zu machen! Und im Dezember 2001 hatte ich mein Ziel erreicht: Ich wog tatsächlich nur noch 86 Kilogramm. Aber nicht nur das: Ich fühlte mich obendrein pudelwohl in meinem Körper!

Das Laufen hat mir mehr gebracht als alle anderen Sportarten, die ich jemals ausprobiert habe. Inzwischen kann ich ohne Laufen überhaupt nicht mehr sein. Wenn es mal partout zeitlich oder gesundheitlich nicht geht, dann fehlt mir etwas. Es ist ein herrliches Gefühl, morgens gleich nach dem Aufstehen oder auch mal abends in den Sonnenuntergang zu laufen. Probieren Sie es einfach aus, dann werden Sie sehen, ob es vielleicht auch etwas für Sie ist.

Die schnellen Minutenübungen zwischendurch

Um fit und in Form zu bleiben, mache ich mittlerweile auch jeden Tag ungefähr 30 Liegestütze und außerdem 60 Sit-ups. Das hört sich zwar recht viel an, ist aber auch für Sie leicht zu schaffen! Das Geheimnis liegt darin, diese Übungen nicht auf einmal zu machen, sondern über den ganzen Tag zu verteilen: Ich mache mehrmals am Tag 15 Sit-ups – egal wo, ob im Büro oder abends im Wohnzimmer.

Das macht den Kopf frei, entspannt und lockert die Muskeln. Kleinere Übungen können Sie auch im Büro immer mal wieder einschieben. Die schnellste Methode, um Muskelmasse aufzubauen, sind die so genannten isometrischen Übungen: fünf bis zehn Sekunden Anspannen gegen einen festen Widerstand. Das kann eine Wand oder der Boden sein. Balanceübungen wiederum sind gut für die Mikromuskulatur. Und dynamische Bewegung tut Ihrem Kreislauf gut.

Die Auswahl der unterschiedlichen Übungen ist groß und dabei auch ziemlich vielseitig. Kaufen Sie sich doch einfach ab und zu mal eine Fitness- oder Wellness-Zeitschrift. Darin werden die unterschiedlichen Übungen immer wieder sehr anschaulich erklärt – und da ist sicher auch für Sie das Richtige dabei.

Wichtig ist, dass Sie derartige Kurzzeittrainings zum festen Bestandteil Ihres Tagesablaufs machen – und zwar ohne Wenn und

Aber! Fangen Sie am besten noch heute damit an! Es gibt wirklich keine Ausrede, diese Minutentrainings noch länger hinauszuschieben. Denn jeder von uns kann sich zehn Minuten am Tag Zeit nehmen, um seinem Körper etwas Gutes zu gönnen!

Vor allem die, die bislang nach Winston Churchills Lebensmotto »First of all – no sports« gelebt haben, sollten sich schleunigst umstellen und anfangen, etwas für ihre Fitness zu tun! Denn sonst werden sie auf lange Sicht keinen Spaß an ihrem Körper haben. Churchill selbst hat jedenfalls die letzten 14 Jahre seines bewegungsarmen Lebens im Rollstuhl verbracht.

Tageslohn

Dieser fünfte Tag unseres Trainingsprogramms war mehr Ihrem Körper als Ihrem Konto gewidmet, aber der gesunde Körper führt auch bald zu einem gesunden Konto. Warten Sie es ab! Was Sie heute geschafft haben:

- Sie haben sich vorgenommen, in Zukunft mehr auf Ihre Gesundheit zu achten und sich fit zu halten.
- Sie kennen die Alternativen zu Fitnessstudio und Kraftraum und werden sich eine Sportart suchen, die Ihnen liegt und Spaß macht.
- Sie wissen, dass die Motivation, ab sofort wieder regelmäßig Sport zu treiben, aus Ihnen selbst kommen muss.
- Sie werden ab heute mindestens zehn Minuten am Tag damit verbringen, Ihr regelmäßiges Kurztraining zu absolvieren.

Den Tageslohn für meine Trainingskasse hole ich mir heute von Rüdiger: Durch seine Abmeldung vom Fitnessstudio und den Beitritt zum Gewichtheberverein spart er pro Monat 43,75 Euro.

!

TAGESLOHN EURO 43,75
Aktuelles Sparpotenzial EURO 386,60

Essen Sie sich gesund

TAG 6

Der ärmste Mensch, den ich kenne,
ist der, der nichts hat
außer Geld.

John Davison Rockefeller
(amerikanischer Unternehmer)

Bereits am fünften Tag konnten Sie feststellen, dass Geld allein nicht glücklich macht. Um das Leben richtig genießen zu können, sind Gesundheit und Wohlbefinden einfach wichtig.

Neben Bewegung und Sport gibt es einen weiteren Faktor, der unsere körperliche Fitness stark beeinflusst: die Ernährung!

Sicher kennen Sie den Werbeslogan von Wasa: »Man ist, was man isst!« Dem kann ich aus eigener Erfahrung nur aus vollem Herzen zustimmen! Und deshalb möchte ich Ihnen am sechsten Tag unseres Trainingsprogramms schildern, wie Sie durch ein paar kleine Änderungen Ihrer Gewohnheiten gesünder leben können. Und damit Sie nicht glauben, ich hätte das eigentliche Ziel – Reichtum! – aus dem Blick verloren, will ich Ihnen dabei zeigen, wie Sie durch gesunde Ernährung auch noch bares Geld sparen können. Fangen wir wieder mit einer ehrlichen Analyse an: Überlegen Sie sich heute Abend einmal genau, was Sie den Tag über alles gegessen und getrunken haben.

Ihre Bilanz könnte aussehen wie die von Jürgen, einem Elektroartikelhändler, der mir in einem meiner Seminare seine Ernährungsgewohnheiten darlegte: Morgens vier Marmeladen- oder Nutella-Toaste mit zwei bis drei Tassen Kaffee. Manchmal auch nur eine Schüssel Cornflakes; zwischendurch dann einen süßen Müsliriegel am Vormittag. Zum Mittagessen aß er im Lokal in der Nähe seines Geschäfts gern Braten mit Soße oder Nudeln. Am Nachmittag gönnte er sich regelmäßig ein Stückchen Kuchen, zum Abendessen zwei bis drei Wurstbrote und am späteren Abend knabberte er gern einige Erdnüsse zum Bier oder Gummibärchen zur Cola.

Ich forderte ihn auf, sich in Gedanken alle diese Dinge nebeneinander auf einen Tisch zu stellen. Tun Sie es genauso: Führen Sie sich die Mahlzeiten des Tages vor Augen und stellen sich nun weiter vor, alle diese Dinge würden zusammen vor Ihnen auf dem Tisch liegen. Das wäre ein schöner Essensberg, oder? Das alles ist heute in Ihren Bauch gewandert. Viel?

Ich weiß zwar nicht, ob Ihnen bei dieser Vorstellung das Gleiche passiert wie Jürgen. Aber jedes Mal, wenn ich dieses Gedankenspiel früher gemacht habe, dann hat mich das Ergebnis ziemlich erschrocken.

Auf die richtigen Zutaten kommt es an

Damals habe ich angefangen, meine Ernährung komplett umzustellen. Und ich habe es keinen Tag bereut.

Zugegeben: Eine ausgewogene Ernährung ist sicherlich eine Wissenschaft für sich. Die Mahlzeiten sollten vielseitig, ballaststoffreich, vitamin- und mineralstoffreich sowie cholesterinarm sein, um nur einige der wichtigsten Schlagworte zu nennen. Und mal ehrlich: Wer außer einem Ernährungswissenschaftler soll da eigentlich noch den Durchblick behalten können? Doch keine Angst – um gesund essen zu können, müssen Sie nicht erst studieren gehen.

Wichtig ist, dass Sie hauptsächlich so genannte »komplexe Kohlenhydrate« essen, wie sie in allen Vollkornprodukten vorkommen. Sie kennen das sicher aus eigener Erfahrung: Die Vollkornversionen von Brot, Getreideflocken oder Reis machen einfach länger satt als die hellere Ausgabe. Zudem enthalten sie die wichtigsten Nährstoffe, die vor allem in den äußeren Randschichten des Korns versammelt sind. Und die gehen beim Schälen vor dem Mahlen eben größtenteils verloren.

Generell gilt die Faustregel: Mindestens fünfmal Obst und Gemüse pro Tag, insgesamt sollten sie etwa ein Drittel Ihrer täglichen Nahrungsration ausmachen. Aber glauben Sie mir: Eigentlich können Sie davon gar nicht genug essen. Denn Obst und Gemüse enthalten nur wenige Kalorien, dafür aber jede Menge Vitamine, Mineralstoffe und Ballaststoffe – und die sind nicht nur gesund, sondern bringen Sie so richtig auf Touren.

Zählen Sie einmal nach: Wie viel Obst und Gemüse haben Sie heute gegessen? Und gestern? Kommen Sie im Durchschnitt auf die empfohlenen fünf Portionen? Nein? Dann hätte ich da einen Tipp für Sie: Häufig knabbern wir doch einfach aus Langeweile an irgendetwas herum. In der Regel Chips, Salzstangen, Kekse oder Schokolade. Ersetzen Sie diese schleichenden Dickmacher durch Obst oder Rohkost. Die Ausgaben können Sie dadurch in annehmbaren Grenzen halten, dass Sie immer nur die Obst- und Gemüsesorten kaufen, die gerade Saison haben.

Milch und Milchprodukte sowie Fleisch, Geflügel, Fisch und Eier liefern uns wertvolles Eiweiß sowie einige wichtige Vitamine und Mineralstoffe. Dennoch sollten sie laut Empfehlung von Nahrungsexperten nicht mehr als 20 Prozent Ihres täglichen Speisezettels ausmachen. Und das hat einen guten Grund: Häufig sind sie nämlich auch reich an unerwünschten Stoffen wie tierischen Fetten oder Cholesterin. Und zu viel davon schadet unserer Gesundheit. Milch und Milchprodukte enthalten zwar viel Kalzium, das vor allem für unsere Knochen gut ist. Doch sie enthalten auch eine ganze Menge Fett – und zwar von einer Sorte, die unser Körper nicht besonders gut verwerten kann.

Deshalb gilt hier: Probieren Sie mal die fettarmen Sorten von Käse, Joghurt, Quark und Milch. Und falls Ihnen die nicht so besonders gut schmecken, dann essen Sie lieber weniger Milchprodukte. Denn das notwendige Kalzium können Sie auch hervorragend über dunkelgrüne Gemüsesorten bekommen.

Auf den Fettgehalt sollten Sie auch beim Fleisch achten – zu viel davon ist ungesund. Gerade von rotem Fleisch sollten Sie wenig essen, denn es enthält besonders viel der ungewollten gesättigten Fettsäuren, die sich in den Arterien ablagern können. Passen Sie auch bei Wurst auf: Sie sollte pro Woche nicht öfter als zwei- oder dreimal auf Ihrem Brötchen liegen! Geflügel hingegen ist zu empfehlen. Der Renner jedoch ist Fisch – und zwar Seefisch! Denn der enthält wertvolle Substanzen, die hervorragend vor Herz-Kreislauf-Erkrankungen schützen.

Vorsicht: Fettnäpfchen!

Wichtig: Öle und Fette sollten wir so wenig wie möglich zu uns nehmen! Weichen Sie diesen Fettnäpfchen aus, wo Sie nur können. Mousse au Chocolat, Sahneeis, ein Müsliriegel oder Schokolade, aber auch Chips und Erdnüsse sind wahre Fettbomben.

Steigen Sie lieber auf fettarme Alternativen um, wenn Sie den kleinen Versuchungen nicht ganz widerstehen können: beispielsweise Gummibärchen – die sind sogar völlig fettfrei! –, rote Grütze oder Schokoküsse. Vor allem das tierische Fett setzt sich schleichend, aber stetig im Körper fest.

Angenommen, Sie essen täglich nur einen Esslöffel Butter mehr, als Ihr Körper benötigt und in Energie umsetzen kann, dann würden Sie in zehn Jahren einen ganzen Zentner zunehmen!

Und um diesen Zentner wieder abzubauen, müssten Sie rund 350 000 Kalorien verbrennen oder umgerechnet 700 Stunden im Fitnessstudio rackern! Wenn Sie hingegen täglich auf einen Esslöffel Butter verzichten, dann verlieren Sie nur dadurch im Jahr knapp fünf Kilo Gewicht. Und sparen gleichzeitig mehr als 3,5 Kilogramm Butter!

Billiger, besser – und mit wesentlich mehr Spaß

Am besten gewöhnen Sie sich an, selbst zu kochen. Denn dann haben Sie es in der Hand, welche Zutaten in Ihren Topf und auf Ihren Teller wandern. Ich habe mir früher beispielsweise ganz häufig bei einem Pizzaservice Spaghetti bestellt. Die waren zwar lecker, aber relativ frei von Nährstoffen. Und auf die Menge an Fett oder Sahne in der Soße hatte ich natürlich überhaupt keinen Einfluss. Bezahlt habe ich dafür inklusive Lieferung jedes Mal um die acht Euro pro Portion. Und das mindestens dreimal die Woche. Denn in der Regel bin ich entweder essen gegangen oder ich habe mir etwas bestellt.

Das änderte sich an dem Tag, als meine Freundin Simone mich fragte, ob ich nicht mal selbst kochen wollte. Ich habe zunächst nur abgewunken. Denn ich war davon überzeugt, dass Kochen viel zu viel Zeit in Anspruch nimmt. Und in dieser Zeit konnte ich doch viel besser arbeiten und dabei Geld verdienen.

Aber sie hat mich wegen meiner Einstellung nur ausgelacht. Und um mir das Gegenteil zu beweisen, lud sie mich für den nächsten Abend zu sich zum Essen ein – unter der Bedingung, dass wir vorher gemeinsam kochen. Ich sagte etwas widerwillig zu. Aber: Innerhalb von nur 20 Minuten hatten wir dampfende, leckere Spaghetti und eine köstliche Tomatensoße zubereitet. Seitdem koche ich häufiger selbst und lade auch mal Freunde zu mir ein, die dann meine neuesten Koch-Kreationen beurteilen dürfen.

Bequemlichkeit kostet bares Geld

Ich kann Ihnen nur empfehlen: Meiden Sie Fastfood und den Lieferservice, denn diese Bequemlichkeit kostet Sie bares Geld, das Sie besser in andere Dinge investieren können! Und die Spaghetti mit einem Auto kommen zu lassen, statt sie zu Hause selbst in heißes Wasser zu werfen, finde ich mittlerweile fast schon dekadent.

Simone hat mir an unserem ersten Kochabend ziemlich eindrucksvoll vorgerechnet, wie viel Geld ich dem Lieferservice pro Monat gebracht habe: Die durchschnittlich acht Euro pro Gericht, die ich damals jeden zweiten Tag ausgegeben habe, summierten sich auf 120 Euro im Monat – und das macht stolze 1440 im Euro im Jahr. Und das für Nudeln mit Soße!

Also, Schluss mit der Bequemlichkeit und ran an den Kochlöffel! Schließlich wollen Sie nicht nur Ihrer Gesundheit etwas Gutes tun, sondern dabei auch Ihr Geld vermehren, statt es immer nur auszugeben. Doch auch hier gilt: Dauerhafter Erfolg stellt sich nur ein, wenn Sie konsequent dabeibleiben!

Doch übertreiben Sie es bitte auch nicht mit der gesunden Ernährung. Denn Essen hält schließlich nicht nur den Leib, sondern auch die Seele zusammen. Wenn Sie also mal so richtig Heißhunger auf Pizza oder Schnitzel mit Pommes verspüren – dann geben Sie ihm einfach nach und genießen Sie es! Alle Experten sind sich darin einig, dass man sich ab und zu auch mal hemmungslos seinen Gelüsten hingeben kann, ohne gleich ein schlechtes Gewissen haben zu müssen.

Trinken Sie sich fit

Zu einer gesunden Ernährung gehören auch die richtigen Getränke. Ich habe früher literweise Kaffee getrunken und mir damit wirklich nichts Gutes getan. Denn die Giftstoffe im Kaffee und im schwarzen Tee machen uns zwar munter, schaden aber dem Körper auf Dauer mehr, als sie uns nutzen. Gemerkt habe ich das, als ich damit aufhörte: Die ersten paar Tage war ich noch ziemlich schlapp. Aber als mein Körper dann vollständig entgiftet war, habe ich gestaunt, wie fit und hellwach ich mich plötzlich fühlte. Und ab diesem Tag brauchte ich die künstlichen Aufputschmittel auch nicht mehr.

Fit und hellwach fühlen wir uns nämlich schon dann, wenn wir genug Wasser trinken. Auch Saft und Kräutertees sind gut. Als

Faustregel gilt: Die Mindestmenge an Wasser, die wir täglich brauchen, beträgt 30 Milliliter pro Kilo Körpergewicht. Das wären für jemanden, der 66 Kilogramm wiegt, mindestens zwei Liter Wasser pro Tag. Wer weniger trinkt, fühlt sich müde, hat vielleicht auch Schwierigkeiten, morgens aus dem Bett zu kommen und sich tagsüber auf Dauer zu konzentrieren.

Gewöhnen Sie sich also an, mehrmals am Tag ein großes Glas Wasser zu trinken – am besten gleich einen Viertelliter. Wenn Sie das immer eine halbe Stunde vor und nach dem Essen tun, haben Sie – bei drei Mahlzeiten – über den Tag verteilt schon 1,5 Liter Wasser zu sich genommen.

Alkohol, Kaffee, schwarzer Tee und andere koffeinhaltige Getränke wie Cola zählen allerdings nicht. Solche Getränke bestehen zwar zu einem Großteil aus Wasser, aber die darin enthaltenen Stoffe entziehen den Zellen mehr Wasser, als sie ihnen zuführen. Deshalb gilt: Für jedes Glas Tee oder jede Tasse Kaffee die gleiche Menge an Wasser, Saft oder Kräutertee trinken! Damit können Sie Ihren Flüssigkeitsverlust wieder auffüllen.

Auch Fanta und andere Limonaden sollten Sie lieber meiden. Sie bestehen zum Großteil aus Zucker, was erstens dick macht und zweitens die Zähne angreift. Gegen den Durst helfen Sie allemal nicht. Im Gegenteil! Süßgetränke machen immer mehr Durst.

Ein prima Tipp kommt aus der bekannten indischen Ayurveda-Medizin: Trinken Sie warmes Wasser! Denn die Wirkung ist verblüffend. Nach ein paar Tagen werden Sie feststellen, dass Sie das warme Wasser genauso aufmuntert wie Kaffee oder Tee. Es hilft auch hervorragend gegen Heiserkeit oder aufkommende Erkältungskrankheiten.

Einfaches Leitungswasser ist natürlich am billigsten – und dabei auf keinen Fall schlechter als das teure stille Wasser aus Frankreich. Immerhin ist die Trinkwasserqualität in Deutschland mit die beste der Welt! Und wenn Sie auf die Kohlensäure nicht verzichten möchten, dann gönnen Sie sich doch einfach einen Sprudelwasser-Zubereiter. Denn mal ehrlich: Können Sie den Unterschied zwischen Gerolsteiner und Appollinaris wirklich schmecken? Sollte Ihr Wasser allerdings stark gechlort aus dem Hahn kommen, dann lassen Sie es doch einfach in einem offenen Krug eine Weile stehen. Mit der Zeit entweicht das im Wasser gelöste Chlor und damit verschwindet auch der Geruch.

Tageslohn

Auch am sechsten Tag haben Sie weitere Anregungen erhalten, wie Sie nicht nur Ihrem Körper, sondern auch Ihrem Geldbeutel etwas Gutes tun können:

- Sie werden ab sofort genauer unter die Lupe nehmen, was Sie eigentlich den ganzen Tag über essen und trinken!
- Sie wissen um die Fettnäpfchen Ihrer Essgewohnheiten und die gesünderen Alternativen dazu.
- Sie haben erfahren, wie viel Geld Sie allein dadurch sparen können, dass Sie den Kochlöffel in Zukunft selbst in die Hand nehmen.

Den Tageslohn für meine Trainingskasse hole ich mir heute von mir selbst: Denn seit Simone mir vorgerechnet hat, wie viel Geld ich für den Lieferservice ausgebe, bestelle ich mir höchstens noch einmal pro Woche etwas beim Italiener. Damit spare ich im Monat 88 Euro.

! TAGESLOHN **EURO 88,00**

Aktuelles Sparpotenzial EURO 474,60

Gestalten Sie Ihre Freizeit neu

TAG 7

> Glück hilft nur
> manchmal, Arbeit
> immer.
>
> Lorenz Gründel (Device-Manager)

Die meisten Menschen gehen täglich einer geregelten Arbeit nach, um ihren Lebensunterhalt zu verdienen. Es gibt nur wenige, die das Glück haben, so viel Geld zu besitzen, dass sie nicht mehr arbeiten müssen.

Mal ehrlich: Träumen Sie nicht auch davon, finanziell so gut dazustehen, dass Sie sich alles leisten können, was Sie möchten, um irgendwann nur noch aus Spaß an der Freude arbeiten zu gehen – wenn überhaupt?

Ein Großteil der Menschen, die ich bei meinen Seminaren und Lesungen immer wieder treffe, hat solche Träume. Sie alle wollen mehr Freizeit für die angenehmen Dinge des Lebens haben. Und sie sind deshalb auf der Suche nach einer Möglichkeit, dies zu finanzieren.

Auch Micha kam aus diesem Grund nach einem meiner Vorträge auf mich zu. Er war damals ganz begeistert von meinem Buch und vertraute mir an, dass er auch gern anfangen wolle, mit Aktien zu handeln. Denn seinen Beruf als Lackierer würde er auf lange Sicht lieber an den Nagel hängen.

»Ich kann bloß leider noch nicht mit Aktien spekulieren, weil mir das notwendige Startkapital fehlt«, gab er dann zu. »Sie haben das ja relativ leicht gehabt, sie hatten ja immerhin 5000 Mark auf der hohen Kante«, bekam ich von ihm als Nächstes zu hören. »Ich hingegen habe überhaupt keine Ersparnisse und weiß auch nicht, wie ich an zusätzliches Geld kommen soll.«

Freizeitfalle Fernsehen

Daraufhin erzählte ich Micha erst einmal, dass mir diese 5000 Mark damals auch nicht einfach so in den Schoß gefallen sind. Ich hatte dafür hart gearbeitet. »Aber ich arbeite schließlich schon acht Stunden jeden Tag, mindestens«, klagte er mir sein Leid. »Und mehr kann ich nun wirklich nicht tun.«

Da war ich mir hingegen nicht so sicher. Ich machte also die Probe aufs Exempel: »Sagen Sie, schauen Sie eigentlich regelmäßig fern?«, fragte ich ihn. »Ja klar«, entgegnete er etwas verblüfft, »das macht doch jeder!« »Und haben Sie vielleicht auch Pay-TV abonniert?«, wollte ich weiter wissen. »Natürlich, so kann ich doch am besten die Fußballspiele und die ganzen anderen Sportereignisse verfolgen.«

Das hatte ich mir gedacht. Denn das Fernsehen ist in meinen Augen der größte Zeitverschwender, dem sich die meisten Menschen täglich aussetzen. Natürlich ist es wichtig, regelmäßig die Nachrichten aus Wirtschaft, Politik und Gesellschaft in der Welt zu verfolgen, keine Frage. Und ich kenne diese Tage, an denen es sehr angenehm ist, sich nach getaner Arbeit einfach nur von leichter Unterhaltung berieseln zu lassen, um sich dabei zu entspannen.

Aber zählen Sie ab heute mal die Stunden, die Sie in einer Woche vor dem Fernsehgerät verbringen! Was glauben Sie, wie viel da bei Ihnen zusammenkommt? Na ja, werden Sie sich jetzt sicher denken, das sind doch höchstens zehn bis zwölf Stunden. Täuschen Sie sich nicht, sondern rechnen Sie mal ehrlich. Ich bin mir sicher, Sie werden über das Ergebnis staunen!

Das tat jedenfalls mein Freund Thomas, dem ich diese Aufgabe vor Jahren einmal gestellt hatte. Bis dahin war er nämlich überzeugt davon, dass er zu den wenigen Leuten gehört, bei denen der Fernseher kaum läuft. Doch nachdem er eine Woche lang seinen Fernsehkonsum notiert hatte und ich ihn nach seinem Ergebnis fragte, da wollte er mit der Wahrheit zuerst gar nicht rausrücken.

Denn Sie wissen nicht, was Sie tun

Thomas hatte in dieser Woche nämlich sage und schreibe 20 Stunden vor der Kiste verbracht! Man muss sich das bewusst machen: Das entspricht einer halben Arbeitsstelle, die er damit vergeudet hat, einfach nur in einen flimmernden Kasten zu schauen. Finden Sie nicht auch, dass das eine echte Verschwendung von kostbarer Lebenszeit ist? Oder mal in harten Zahlen ausgedrückt: Bei einem angenommen Stundenlohn von 15 Euro netto hätte Thomas in der Zeit, die er untätig vor dem Fernseher verbrachte, pro Woche 300 Euro verdienen können. Das wären im Monat 1200 Euro zusätzlich auf seinem Konto gewesen!

Die Geschichte von Thomas' Fernsehgewohnheiten habe ich Micha an diesem Tag erzählt. Er nickte nachdenklich: »Ja, da haben Sie schon Recht, Herr Frick. Wenn ich mir das einmal genau überlege, dann sehe ich mir jedes Wochenende mindestens vier Stunden lang Fußball an. Und das sind ja auch schon 16 Stunden im Monat.«

Ich machte Micha also klar, dass er im Jahr etwa 200 Stunden damit verbringt, 22 Millionären dabei zuzuschauen, wie sie einem Ball hinterherrennen. Und in diesen 200 Stunden könnte er zum Beispiel einen Nebenjob annehmen. Damit würde er in einem Jahr etwa 3000 Euro verdienen. Kein schlechtes Startkapital für den Einstieg an der Börse.

Als ich ihm diese Möglichkeit eröffnet hatte, schaute Micha mich zögerlich an: »Allerdings«, überlegte er laut, »einen Job zu finden, ist sicher nicht leicht!« Nun, das ist es sicher nicht. Denn darum muss man sich natürlich bemühen! Doch das liegt an jedem selbst. Wer einfach vor dem Fernseher sitzen bleibt und sich beschwert, dass er kein Geld hat, der wird auch zu nichts kommen. Wer der festen Überzeugung ist, dass es keine Möglichkeiten gibt, Geld zu verdienen, der wird auch keinen Erfolg haben.

Also erheben Sie sich aus Ihrem Fernsehsessel! Nehmen Sie Ihr Leben in die Hand und kümmern Sie sich aktiv um Ihr Vermögen. Denn nur so können Sie Erfolg haben. Und das werden Sie dann auch, davon bin ich felsenfest überzeugt.

Ändern Sie Ihre Gewohnheiten

Nachdem mein Freund Thomas sich seine Fernsehgewohnheiten deutlich vor Augen geführt hatte, beschloss er, sofort etwas daran zu ändern: Konsequent wie er nun mal ist, hat er doch tatsächlich noch am selben Tag seinen Fernseher inseriert und ihn in derselben Woche verkauft.

Derart rigoros muss man meines Erachtens aber gar nicht sein, um Erfolg zu haben. Das zeigt Michas Geschichte sehr gut, von dem ich etwa zehn Monate nach unserer Begegnung eine sehr nette E-Mail erhielt:

»Lieber Herr Frick,

ich bin mir nicht sicher, ob Sie sich noch an mich erinnern: Wir hatten uns auf Ihrer Buchpräsentation getroffen – ich bin der, der bis dahin immer regelmäßig vier Stunden pro Woche Fußball geschaut hat.

Ich möchte Ihnen nochmals sehr herzlich dafür danken, dass Sie sich die Zeit genommen haben, sich mit mir zu unterhalten. Denn das Gespräch mit Ihnen hat mich sehr nachdenklich gemacht. In den vergangenen Monaten habe ich es dann wirklich geschafft, meine Gewohnheiten zu ändern! Und habe mir damit schon einiges an Geld zusammensparen können …«

Michas Erfolgsstory ist schnell erzählt: Als Erstes hat er sein Pay-TV abbestellt. Damit hat er etwa 30 Euro im Monat gespart, ohne überhaupt etwas dafür tun zu müssen. Das brachte ihm allein 360 Euro zusätzlich im Jahr.

Natürlich will er immer noch wissen, wie es in der Bundesliga steht. Aber mittlerweile sieht er sich lieber die Zusammenfassungen an. Denn da bekommt er alle spannenden Szenen und Tore auf einmal serviert, und das in nur einer halben Stunde. So spart er sich die vollen zwei Stunden, die er sonst vor dem Fernseher verbracht hätte.

Als Nächstes ist Micha meinem Rat gefolgt und hat sich seinen täglichen Fernsehkonsum notiert. Er war ziemlich überrascht davon, dass er dabei tatsächlich auf 100 Stunden im Monat kam – also deutlich mehr als unsere angenommenen 16 Stunden pro Monat.

Daraufhin hat er nicht nur seine Fernsehstunden eingeschränkt, sondern sich gleichzeitig um einen Nebenjob bemüht. Mittlerweile arbeitet er am Wochenende als Fahrer für einen Kurierdienst. Mit knapp 40 Stunden im Monat verdient er bei einem Stundenlohn von zwölf Euro netto 480 Euro pro Monat dazu.

Auf das richtige Maß kommt es an

In den vergangenen acht Monaten hat Micha also allein durch seinen Nebenjob 3840 Euro gewonnen. Mit den gleichzeitig gesparten Pay-TV-Gebühren von bis dahin 300 Euro sind damit insgesamt schon mehr als 4000 Euro auf sein Konto gewandert.

Micha wird sein Ziel, insgesamt 5000 Euro zu sparen, in einem knappen Jahr erreicht haben – und das nur deshalb, weil er sich eines Tages gefragt hat, ob er tatsächlich auch weiterhin 16 Stunden pro Monat Fußball schauen möchte. Ein erstaunliches Ergebnis, finden Sie nicht? Seinen Zusatzjob will er dann deutlich einschränken – ganz aufgeben möchte er ihn jedoch nicht, da er ihm ziemlich viel Spaß macht.

Ich muss zugeben, dass ich mich über Michas Entwicklung wirklich sehr gefreut habe. Denn er hat angefangen, sich um seine Vermögensvermehrung zu kümmern. Er hat einfach nur durch die Umstellung seiner Freizeitgestaltung gemerkt, wie viel Zeit er vorher mit Nichtstun verplempert hat!

Als Faustregel sollte deshalb auch für Sie ab heute gelten: Wenn Ihr Fernseher häufiger läuft, als Sie selbst in Bewegung sind, dann sollten Sie dringend etwas daran ändern!

Was die »Zeitfalle Fernseher« angeht, habe ich für mich folgende Regelung gefunden: Ich sehe nur noch dann fern, wenn mir die Sendung auch wirklich etwas bringt, wenn sie mir wertvolle Informationen dazu liefert, wie ich meine finanzielle Lage verbessern kann. Das sind also hauptsächlich die Nachrichten, verschiedene Börsenmagazine oder der Videotext mit den Aktienkursen. Auf diese Weise verdiene ich auch beim Fernsehen immer Geld dazu!

Und mehr brauche ich nicht zu sehen. In meiner freien Zeit beschäftige ich mich lieber mit anderen Dingen, die mich weiterbringen: Ich lese Börsenmagazine oder Finanz- und Wirtschaftsbücher – und treffe mich viel mit den Menschen, die mir wichtig sind.

Schlagen Sie zwei Fliegen mit einer Klappe

Natürlich gehe ich auch häufig gemeinsam mit meinen Freunden aus. Wir treffen uns im Café oder im Kino, gehen zusammen zu Konzerten oder sehen uns eine Show an. Oder wir treffen uns in der Diskothek, um mal wieder so richtig zu tanzen und Spaß zu haben. Einen Winter lang sind wir ziemlich regelmäßig in eine Disko gefahren. Dort sind mir irgendwann zwei junge Mädchen aufgefallen, die ebenfalls fast jedes Wochenende dort waren. Und wie das so ist, nickten wir uns mit der Zeit immer häufiger ein stummes »Hallo« zu, bevor wir eines Abends an der Bar miteinander ins Gespräch kamen.

Im Lauf unserer Unterhaltung kam natürlich auch die Frage »Und was machst du sonst so?« Als ich erzählte, dass ich unter anderem Leuten dabei helfe, mehr aus ihrem Geld zu machen, waren die beiden sofort Feuer und Flamme. Denn gerade als Studentinnen interessierte sie dieses Thema brennend.

Ein Beispiel zu finden, wie die beiden mehr aus ihrem Geld machen könnten, war einfach: »Warum seid ihr zwei heute Abend hier in der Disko?«, wollte ich wissen. Sie schauten sich erst irritiert an, bevor sie mir achselzuckend antworteten: »Na, um zu tanzen natürlich, was denkst du denn?«

Auf diese direkte Frage hielt ich mit meiner Meinung dann nicht mehr hinterm Berg und entgegnete grinsend: »Das mag ja sein. Aber das ist bestimmt nur der eine Grund. Wollt ihr wirklich wissen, was ich denke? Ich glaube, dass ihr hier gerne zwei Jungs kennen lernen wollt, stimmt's?«

Und nach dem ersten Widerstand gaben die beiden das dann auch kichernd zu. »Seht ihr? Und statt hier vor der Bar zu sitzen, könntet ihr doch genauso gut dahinter stehen und arbeiten«, schlug ich ihnen vor. »Dann könnt ihr zwar nicht tanzen. Aber Musik hören geht trotzdem. Und die Jungs lernt ihr auf diese Art wahrscheinlich sogar besser kennen als beim Tanzen. Dabei schlagt ihr zwei Fliegen mit einer Klappe. Denn jede von euch könnte hier bestimmt 100 Euro pro Abend machen, wenn ihr das Trinkgeld dazurechnet – statt am Abend 20 Euro auszugeben.«

Gestalten Sie Ihre Freizeit mit Gewinn

Susanne, eine der beiden Studentinnen, hat diesen Vorschlag nur wenige Wochen später in die Tat umgesetzt. An nur vier Abenden hinter der Theke verdiente sie rund 400 Euro pro Monat – das sind fast 5000 Euro im Jahr. Und das ist nicht nur für eine Studentin viel Geld. Kerstin war etwas weniger angetan: »Na ja, deine Rechnung stimmt ja schon«, gab sie zu, »aber man muss ja auch leben, man kann ja schließlich nicht nur arbeiten, oder?«

Diese Entscheidung muss natürlich jeder für sich selbst treffen, keine Frage. Und das gilt auch für Sie: Ob und wie Sie leben und arbeiten wollen, sollten Sie genau planen. Denn wenn Sie wie Kerstin einfach nur leben möchten, dann geben Sie Ihr Geld dafür in der Regel auch einfach nur aus.

Wenn Sie jedoch zunächst arbeiten wollen, um irgendwann einmal gut zu leben – wofür sich Susanne oder Micha entschieden haben –, dann werden Sie eines Tages auch genug Geld zum Leben haben. So einfach ist das!

Kerstin habe ich viele Monate später wieder getroffen: Ich war seit langem mal wieder auf einem Open-Air-Konzert in unserer Gegend. Und als ich mir dort an einem der Getränkestände ein großes Wasser besorgte, war es doch tatsächlich Kerstin, die meine Bestellung entgegennahm.

Sie erzählte mir, dass sie mittlerweile öfter bei der Cateringfirma aushilft, die bei derartigen Veranstaltungen die Bewirtung übernimmt. Ihr gefällt es, dass sie sich dabei nicht verpflichten muss, regelmäßig an bestimmten Tagen zu arbeiten. Aber über den Sommer gesehen kommt doch eine ganze Stange Geld zusammen. Geld, das sie dann in der Disko wieder ausgeben kann, um nette Jungs kennen zu lernen, wie sie mir augenzwinkernd gestand.

Sie sehen: Es ist gar nicht so schwer, seine Freizeitgestaltung daraufhin zu überprüfen, ob sich nicht vielleicht hier und da die Gelegenheit ergibt, den einen oder anderen Euro dazuzuverdienen: So könnten Sie vielleicht ab und zu in Ihrer Stammkneipe arbeiten, im Kino an der Kasse stehen oder im Theater den Garderobendienst übernehmen. Möglichkeiten gibt es wirklich genug – Sie müssen nur anfangen, darüber nachzudenken!

Machen Sie mal was ander(e)s

Eine weitere Möglichkeit, die eigene Freizeit Gewinn bringend zu gestalten, ist es, sein Geld einfach nicht mehr in dem Maß auszugeben, wie Sie das bisher getan haben!

Ja, Sie haben richtig gelesen! Und damit meine ich nicht, dass Sie sich ab sofort den ganzen Abend in der Kneipe mit nur einem

Bier begnügen müssen, um die Rechnung gering zu halten. Denn Sie verbringen Ihre gesamte Freizeit ja sicher nicht nur damit auszugehen, oder?

Einen Großteil unserer freien Zeit widmen die meisten von uns ihren Freunden und der Familie. Und gerade im Sommer macht es viel Spaß, gemütlich draußen im Garten zusammenzusitzen. Mein Bekannter Bernd organisiert diese Abende jedenfalls mit Hingabe. Da seine beiden Kinder noch klein sind, muss er jedes Mal einen Babysitter organisieren – und natürlich auch bezahlen –, wenn er sich mit seinen Freunden im Biergarten treffen möchte. Also hat er den sommerlichen Treffpunkt schon vor Jahren einfach kurzerhand zu sich nach Hause verlegt.

In der letzten Zeit hat es sich dann nach und nach eingebürgert, dass jeden ersten Samstag im Monat das gemeinsame Grillen bei Bernd im Garten angesagt ist. Obwohl im Vorfeld nichts ausdrücklich verabredet wird, ist das Team mittlerweile hervorragend eingespielt: Jeder, der vorbeikommt, bringt sein eigenes Grillfleisch mit, Bernd besorgt die Grillkohle und macht seine berühmte Kräuterbutter. Brot, Kartoffeln, Quark und zwei bis drei verschiedene Salate stehen ebenfalls jedes Mal auf dem Tisch, ohne dass das vorher groß abgesprochen werden muss. Und für die Getränke gibt es eine Gemeinschaftskasse, die ganz nach Bedarf aufgefüllt wird.

Im letzten Winter hat die sommerliche Grill-Clique den so genannten Spaghetti-Samstag ins Leben gerufen. Seither übertreffen sich die Freunde im Zubereiten von kreativen Soßen. Die hoffnungslosen Nicht-Köche besorgen den Wein – und nach dem Essen wird ganz nach Lust und Laune gespielt oder gemütlich geredet.

Genießen Sie Ihre freien Stunden

Bernds Biergarten-und-Kino-Ersatzprogramm ließe sich beliebig erweitern – man muss sich nur ein paar Gedanken darüber machen: Organisieren Sie mal eine Fahrrad-Rallye oder einen Wandertag. Spielen Sie Beach-Volleyball am See oder gehen Sie in den Park zum Tretboot fahren. Machen Sie einen Tagesausflug mit den Inlineskates oder besuchen Sie den Wildpark in der Nähe. Und statt dabei zum Essen in die Wirtschaft einzukehren, packen Sie Ihren Picknickkorb und setzen sich gemütlich auf die Wiese.

Wichtig ist, dass Sie sich den Wert Ihrer Freizeit deutlich bewusst machen. Und dass Sie sich vor Augen führen, was Sie in dieser Zeit eigentlich tun. Natürlich sollen Sie nicht jede freie Stunde damit verbringen, zusätzliches Geld zu verdienen oder zu sparen. Aber hören Sie auf damit, Ihre Zeit sinnlos zu verplempern – oder währenddessen gedankenlos Geld auszugeben!

Tageslohn

Am siebten Tag unseres Trainingsprogramms haben Sie Ihr Freizeitverhalten genau unter die Lupe genommen – mit folgendem Ergebnis:

- Sie werden ab sofort deutlich weniger von Ihrer kostbaren Zeit vor dem Fernseher vertrödeln als bisher!
- Sie wissen, wie Sie Ihre Freizeit Gewinn bringend gestalten und dabei einige Euro zusätzlich verdienen können.
- Sie kennen verschiedene Möglichkeiten, wie Sie in Ihrer Freizeit nicht mehr dauernd Geld ausgeben, sondern auch Geld einsparen können.
- Sie werden ab heute wesentlich bewusster mit Ihrer Freizeit umgehen als zuvor!

Den Tageslohn für meine Trainingskasse hole ich mir heute von Micha, der durch das Abmelden seines Pay-TV-Abos 30 Euro im Monat spart.

!

TAGESLOHN EURO 30,00

Aktuelles Sparpotenzial EURO 504,60

Urlaub – die kostbarsten Wochen des Jahres

TAG 8

Geld ist geprägte Freiheit.

Fjodor Michailowitsch Dostojewskij
(russischer Schriftsteller)

Der Urlaub ist die schönste Zeit des Jahres – dem bekannten Slogan eines großen Reiseveranstalters können Sie sicher aus vollem Herzen zustimmen! Denn in diesen kostbaren Wochen können wir uns all dem widmen, wofür uns sonst nur wenig Zeit bleibt: unserer Familie, unseren Freunden – und vor allem uns selbst!

Urlaub ist die Zeit, in der wir nach Herzenslust ausschlafen, lesen, mit den Kindern spielen, unseren Hobbys nachgehen oder den lieben langen Tag in der Sonne liegen können. Und wo könnte man dabei besser entspannen als möglichst weit weg vom Alltag zu Hause?

Die meisten Menschen nutzen ihren Urlaub deshalb dazu, der gewohnten Umgebung für ein paar Wochen ganz zu entkommen: Die einen verreisen in exotische Länder, die anderen fahren in die Berge zum Wandern, an die Küste zum Surfen oder nach Italien zum Campen. Für manche muss es der palmengesäumte Traumstrand sein, für andere der raue Atlantik oder der sportliche Cluburlaub auf Mallorca. Und wieder andere können nur dann so richtig abschalten, wenn sie mindestens zum Trekken nach Nepal oder mit dem Jeep durch die Mongolei fahren; oder zum Skifahren in die Dolomiten.

Die Bandbreite der Reiseziele ist groß. Und eines steht dabei fest: Wir Deutschen sind ein reiselustiges Völkchen – während des Urlaubs sind die meisten von uns irgendwo unterwegs. Zwar brachen die Buchungszahlen als Folge der Terroranschläge am 11. September 2001 deutlich ein, insbesondere was Flugreisen betrifft, doch laut der Kieler Forschungsgemeinschaft Urlaub und Reisen wollten auch Anfang 2002 noch 69 Prozent der Deutschen eine mindestens fünftägige Urlaubsreise antreten.

Frühbucher sparen später

Die kostbarsten Wochen des Jahres sind uns in der Regel eine ganze Menge Geld wert. Und mit der richtigen Information und Planung können Sie auch eine Menge Geld sparen!

Vor allem wenn Sie ziemlich festgelegt sind, was Ihren Urlaubstermin angeht – weil Sie etwa schulpflichtige Kinder haben oder weil Ihre Firma zu bestimmten Zeiten Betriebsferien macht –, können Sie durch die rechtzeitige Planung einige Euros extra in Ihrer Reisekasse verbuchen. So bieten viele Reiseveranstalter so genannte Frühbucherrabatte auf den Reisepreis an. Um davon zu profitieren, müssen Sie sich etwa ein halbes Jahr vorher für eine Reise entscheiden. Und falls Sie in der Nebensaison verreisen können, dann lassen sich damit noch mal etliche Prozent des Reisepreises einsparen.

Wichtig im oftmals unübersichtlichen Wirrwarr von Preisen und Rabatten ist, dass Sie die verschiedenen Angebote sorgfältig miteinander vergleichen. Denn die Frühbucherrabatte der einzelnen Reiseanbieter hängen vom Gesamtpreis des bestellten »Reisepakets« ab – und können sich daher sowohl in der Leistung als auch dem tatsächlich gesparten Betrag deutlich unterscheiden!

Aber Achtung: Lassen Sie sich auf gar keinen Fall von den vielfach als besonders günstig angepriesenen Urlaubsschnäppchen verführen! Nehmen Sie sich ausreichend Zeit, um sich genau zu informieren. Denn viele Angebote sehen auf den ersten Blick besonders günstig aus, entpuppen sich bei genauerem Hinsehen aber als echter Preisknüller – nur leider im umgekehrten Sinn!

Damit meine ich insbesondere die Super-Sonder-Tagesangebote, die nur dann gelten, wenn sie innerhalb weniger Tage oder sogar Stunden nach Anfrage abgeschlossen werden. Auch hier gilt: Lassen Sie sich auf gar keinen Fall drängen! Zugegeben, manchmal können Sie mit diesen Sonderangeboten wirklich eine ganze Menge Geld sparen. Aber das wissen Sie auch erst dann, wenn Sie vorab Informationen über vergleichbare Reisen eingeholt haben.

Flexibilität zahlt sich aus

Wer zeitlich nicht gebunden ist, kann kostengünstig mit so genannten Last-Minute-Reisen in Urlaub fahren. Das sind Reisen, die erst kurz vor dem eigentlichen Reisetermin gebucht werden können. Vom Veranstalter angeboten werden sie in der Regel frühestens zwei Wochen vor Reiseantritt. Hierbei gilt grundsätzlich: Je später Sie buchen, desto günstiger wird der Preis – aber desto kleiner ist natürlich auch die Auswahl.

Ursprünglich wurden Last-Minute-Angebote ins Leben gerufen, um die restlichen freien Plätze in Fliegern und Hotels aufzufüllen – zu einem entsprechend reduzierten Preis. Oder der Veranstalter wollte die Reisen kurzfristig verkaufen, weil der ursprüngliche Bucher abgesprungen war.

Aber Achtung: Nicht alles, was heutzutage »Last-Minute-Reise« heißt, ist auch automatisch günstig! Denn vielfach handelt es sich hierbei um einen einfachen Verkaufstrick: Die meisten Menschen hören »Last-Minute« und denken dabei automatisch auch »billig«. So haben wir das ja schließlich jahrelang gelernt.

Doch genau da ist Vorsicht geboten! Mittlerweile werden viele Last-Minute-Angebote zu nahezu dem gleichen Preis verkauft wie die Reise im Katalog – einfach deshalb, weil sie sich mit diesem Namen fast schon automatisch verkaufen. Um also auch hier einschätzen zu können, was ein echtes Schnäppchen ist, sollten Sie die Angebote immer mit den Katalogpreisen vergleichen.

Etwas anderes sind die so genannten Last-Second-Reisen: Hierbei liegt der Reisepreis meist deutlich unter dem regulären Angebot. Davon haben Sie allerdings nur dann etwas, wenn Sie absolut flexibel sind, was Urlaubsziel, Aufenthaltsdauer und Abreisezeitpunkt angeht.

Im Prinzip müssen Sie hier nämlich wortwörtlich »in der nächsten Sekunde« starten können. Denn diese Angebote kommen erst ein bis zwei Tage vor Reisebeginn auf den Markt und können nur übers Internet oder an speziellen Ferienschaltern direkt am Flughafen gebucht werden. Wenn es Ihnen also egal ist, ob Sie in der Dominikanischen Republik, in Thailand, Tunesien, auf den Seychellen oder auf Mallorca am Pool liegen, dann kann ich Ihnen nur eines empfehlen: Packen Sie Ihren Koffer, fahren Sie los zum Flughafen – und steigen Sie in die nächste Maschine!

Für 7,98 Euro nach England – und zurück?

Gerade in einer Zeit, in der Flugreisen durch die Krise der Luftverkehrsgesellschaften immer teurer werden, machen Billig-Fluglinien wie die irische Gesellschaft Ryanair Schlagzeilen. Deren Angebote sind zwar nicht immer günstig, in einigen Fällen allerdings trotzdem unschlagbar!

Die Geschäftsstrategie dieser Anbieter ist ebenso simpel wie überzeugend: Sie verzichten zum einen auf den teuren Bordservice. Zum anderen haben sie nur bestimmte Verbindungen von oft nachgefragten Flugstrecken im Angebot, beispielsweise Frankfurt–London oder Frankfurt–Dublin. Dabei starten und landen sie auf kleineren Flughäfen, deren Gebühren um ein Vielfaches niedriger sind als die der großen Verkehrsflughäfen.

Da bei Ryanair die gesamte Flotte aus ein und demselben Modell der Marke Boeing besteht, kann die Gesellschaft auch die

Wartungskosten ihrer Maschinen relativ gering halten. Und auch sonst ist ihre Organisationsstruktur wesentlich reduzierter als bei anderen Gesellschaften: Buchen können Sie Ryanair-Flüge nur telefonisch oder übers Internet, was Personal und Kosten für repräsentative Büroräume in den Städten spart.

Damit sind diese Anbieter in der Lage, ihre Flüge zu einem echten Dumpingpreis auf den Markt zu werfen. Bestätigt hat mir das ein Bekannter, mit dem ich mich vor kurzem mal wieder auf einen Kaffee getroffen habe:

Holger gehört zu den Leuten, die selten mehrere Wochen am Stück in Urlaub fahren. Dafür spannt er gerne öfter mal ein verlängertes Wochenende bei Freunden aus – vorzugsweise in London, Paris oder Mailand, wo er im Rahmen seines Studiums mehrere Monate verbracht hat.

Vor einigen Wochen entdeckte Holger, dass Ryanair sensationell günstige Flüge von Frankfurt-Hahn im Hunsrück nach Bournemouth in Südengland anbietet: »Stell dir vor, die fliegen die Strecke sogar einmal täglich«, erzählte er mir mit leuchtenden Augen, »und der Preis ist der absolute Hammer: Die wollen doch wirklich nur 7,98 Euro für einmal hin und zurück!«

Das konnte ich nun wirklich nicht glauben. Und als ich weiter nachbohrte, wurde dann auch schnell klar, dass ich damit schon Recht hatte: Denn dieser Preisknüller gilt eben nicht für jeden Tag, sondern nur dann, wenn man rechtzeitig bucht und nicht am Wochenende fliegt.

Sämtliche Steuern und Gebühren werden extra berechnet. Trotzdem ist das Angebot unschlagbar: Mit traditionellen Fluglinien wie der Lufthansa oder British Airways hatte Holger bislang immer um die 120 Euro pro Ticket bezahlt. Dazu kamen die Parkgebühren: In Frankfurt waren das 21 Euro pro Tag, da kamen also bei vier Tagen noch mal 84 Euro dazu.

Mit der Billigfluglinie kommt er jetzt wesentlich besser weg: Bei der richtigen Planung und rechtzeitigen Reservierung zahlt er für ein Rückflugticket nur noch rund 30 Euro. Und wenn wirklich einmal alle kostenlosen Parkplätze am Flughafen in Hahn belegt sind, zahlt er für den Stellplatz maximal 18 Euro für die vier Tage, in denen er in der Regel unterwegs ist.

Pro verlängertem Wochenende, das Holger sich in England leistet, spart er damit also 156 Euro.

Auch Balkonien hat seinen Reiz

Doch egal, wie klein die Preise auch gerade sein mögen oder wie günstig Sie schon morgen in den Urlaub verschwinden könnten – einen Rat möchte ich Ihnen noch mit auf den Weg geben:

Leisten Sie sich eine Reise nur dann, wenn Sie sie auch bezahlen können. Nehmen Sie niemals einen Kredit dafür auf!

Jeder von uns hat seinen Urlaub verdient, keine Frage. Und vor allem nach einem besonders stressigen Jahr möchten wir uns etwas Besonderes leisten. Schließlich müssen wir abschalten, auftanken und den Kopf wieder frei bekommen, um für neue Aufgaben fit zu sein.

Doch wer hier das richtige Augenmaß verliert, rennt schnell in eine Verschuldung hinein, die nicht sein müsste – und für die er im Zweifelsfall eine ganze Weile länger bezahlen wird, als er eigentlich vorhatte.

In dieser Ansicht bestätigte mich Rainer – der so etwas wissen muss, denn er leitet eine Implant-Abteilung in einem großen Unternehmen. Die Aufgabe dieser Abteilung ist es, alle Geschäftsreisen von einer Stelle aus zu organisieren und zu buchen. Damit sollen die Reisekosten im Überblick behalten und optimiert werden. Und deshalb sind die Mitarbeiter dieser Abteilung natürlich auch allesamt spezialisierte Reisefachleute.

Interessant dabei ist, dass Rainers Abteilung zu einer Bank gehört. Und dass sämtliche Mitarbeiter die Abteilung zudem als eine Art »firmeninternes Reisebüro« nutzen und ihre Privaturlaube darüber organisieren können.

Rainer hat mir erzählt, dass fast die Hälfte aller Privatreisen, die bei der Abteilung gebucht werden, über einen Kredit finanziert werden. Und dabei ist es keine Seltenheit, dass manche Leute noch mit dem gerade vergangenen Urlaub in der Kreide stehen, den folgenden aber schon wieder buchen. Und das ist gefährlich!

Deshalb gilt: Machen Sie sich klar, welches Budget Sie dieses Jahr für Ihren Urlaub zur Verfügung haben. Und wenn Ihnen das Geld für eine Reise fehlt, dann verbringen Sie Ihren Urlaub besser zu Hause in Balkonien – selbst wenn Ihnen der Gedanke an einen Strand viel verlockender erscheint!

Aber an dem sollten Sie sich wirklich nur dann aalen, wenn Sie dafür nicht ins Minus geraten. Denn da wieder rauszukommen, dauert in der Regel viel länger, als die geplante Reise einfach ein wenig zu verschieben!

Tageslohn

Am achten Tag haben Sie erfahren, wie Sie Ihre Reisekasse mit der richtigen Herangehensweise an Ihren Urlaub deutlich aufbessern können:

- Sie werden ab heute das Budget für Ihren nächsten Urlaub berechnen – und sich strikt daran halten.
- Sie wissen, wie Sie mit der richtigen Planung bares Geld beim Buchen sparen können.
- Sie kennen sowohl die Vorteile als auch die Risiken von Frühbucherrabatten und Last-Minute-Reisen.
- Sie werden Ihren Urlaub ab sofort erst dann buchen, wenn Sie sich umfassend über das Preisniveau Ihres Wunschziels zum geplanten Termin informiert haben.

Den Tageslohn für meine Trainingskasse hole ich mir heute von Holger: Indem er sich informiert und Preise verglichen hat, spart er bei jedem seiner England-Flüge 156 Euro pro Trip.

TAGESLOHN EURO 156,00

Aktuelles Sparpotenzial EURO 660,60

!

TAG 9

Passt (Ihnen) Ihre Bank?

Als ich jung war, glaubte ich, Geld sei das Wichtigste im Leben. Jetzt, wo ich alt bin, weiß ich, dass es das Wichtigste ist.

Oscar Wilde (irischer Schriftsteller)

Die meisten Menschen denken zuerst an ihre Bank oder ihre Sparkasse, wenn sie an Geld denken. Und wenn sie Geld anlegen wollen, dann gehen sie zu ihrem Bankberater. Ist ja auch nahe liegend, nicht wahr? Aber – ehrlich gesagt – Blödsinn! Denn wenn Ihr Bankberater wüsste, wie man zu Geld kommt, würde er nicht für 1 500 Euro netto auf der Bank arbeiten. Dann hätte er sein Geld schon so Gewinn bringend angelegt, dass er gar nicht mehr arbeiten gehen müsste. Glauben Sie mir, Ihr Bankberater versteht genauso viel oder wenig von Geldanlagen wie Sie. Warum sollten mich sonst so viele Finanzexperten immer wieder nach Geld- und Anlagetipps fragen?

Trotzdem kommen Sie um eine Bank oder Sparkasse nicht herum. Ihr Arbeitgeber will Ihr Gehalt überweisen und Ihr Vermieter will seine monatlichen Zahlungen auf sein Konto überwiesen bekommen. Wer heute kein Girokonto hat, ist nicht gesellschaftsfähig. Und Girokonto bedeutet nun mal zwangsläufig auch Bank. Auch ich vertraue mein Geld einer Bank an und wickle meine Finanzgeschäfte – sowohl die Alltagsüberweisungen wie die Aktiengeschäfte – über meine Bank ab, keine Frage. Ich will Sie keineswegs dazu ermuntern, auf Omas Sparstrumpf umzusteigen. Aber ich fordere Sie auf, sich genau zu überlegen, bei welcher Bank Sie Ihr Girokonto eröffnen.

Die richtige Bank zu finden ist genau dasselbe wie den richtigen Partner zu finden – man macht so seine Erfahrungen. Und irgendwann ist man endlich schlau und weiß, worauf es ankommt. Aber selbst wenn Sie Ihre Bank fürs Leben schon gefunden haben, sollten Sie sich die nächsten Jahre nicht einfach bequem zurücklehnen. Sondern durchaus ab und zu mal überprüfen, ob die Beziehung wirklich noch so gut ist, wie sie zu Anfang war.

Eine Bank fürs Leben?

Nicht jede Bank passt zu jedem. Wählen Sie Ihre Bank also nicht danach aus, ob die nächste Filiale praktisch gelegen ist oder nicht. Sie werden sich ja auch Ihren Lebensgefährten nicht danach aussuchen, ob der Weg zu seiner Wohnung weit oder nah ist. Informieren Sie sich genau, ob Ihre Bank auch wirklich die richtige für Sie ist. Denn dort soll Ihr Geld ja schließlich in guten Händen sein.

Sollten Sie dabei feststellen, dass eine andere Bank besser zu Ihnen passt, dann scheuen Sie den Wechsel nicht. Ihre alte Bank wird Sie wahrscheinlich darauf hinweisen, dass ein Bankwechsel eine komplizierte Sache sei, außerdem langwierig und zudem teuer. Das stimmt leider tatsächlich.

Ein Bankwechsel ist in der Regel mit Kosten verbunden. Denn Sie müssen alle Unternehmen, denen Sie eine Einzugsermächtigung erteilt haben, informieren, dass sich die Bankverbindung ändert. Sie müssen alle Daueraufträge bei der alten Bank kündigen und bei der neuen Bank wieder einrichten. Sie müssen Ihrem Arbeitgeber die neue Kontonummer mitteilen. Wenn Ihre Kontonummer auf dem Briefpapier steht – vielleicht weil Sie selbständig sind –, müssen Sie alles neu drucken lassen. Und wenn Sie einen Kredit laufen haben, müssen Sie bei der neuen Bank auch die Konditionen neu verhandeln.

Aber so aufwändig ist ein Bankwechsel trotzdem nicht. Die meisten Berater stellen das nur deshalb so dramatisch dar, weil Ihre alte Bank Sie natürlich als Kunden behalten will. Schließlich verdienen die mit Ihnen Geld. Deshalb wird auch jede andere Bank großes Interesse haben, Sie als Kunden zu gewinnen – und eventuell sogar alle anfallenden Kosten und Arbeiten übernehmen, wenn Sie zu ihr wechseln. Fragen Sie doch einfach mal nach, ob die neue Bank die Formalitäten übernimmt. In der Regel tut sie das gerne. Die Übertragung des Kontos wird durch ein Formular geregelt, in dem der Kunde die neue Bank ermächtigt, in seinem Namen tätig zu werden.

Dennoch sollten Sie die Bank nicht wechseln wie das tägliche Hemd. Denn gerade wenn es mal eng auf dem Konto wird, sind Banken in der Regel kulanter gegenüber langjährigen Kunden. Ein Bankwechsel sollte also immer gut überlegt sein.

Sparen mit dem Klick

Sie haben die Wahl zwischen den klassischen, großen Banken, die meist in jeder Stadt eine Filiale haben, zum Beispiel die Deutsche Bank, die Dresdner Bank oder die Commerzbank. Dann gibt es Regionalbanken wie die Sparkassen oder die Volks- und Raiffeisenbanken, die sich zu einem überregionalen Netzwerk zusammengeschlossen haben. Sie alle haben meist ein relativ enges Filialnetz, was ihnen den engen persönlichen Kontakt zu ihren Kunden ermöglicht.

Neben den großen Banken gibt es mittlerweile auch viele kleine Spezialbanken, so genannte Direkt- oder Internetbanken. Sie haben keine Filialen, sondern sind nur per Telefon oder über das Internet zu erreichen. Der Vorteil: Sie geben das, was sie an Servicekosten sparen, in Form von besseren Konditionen an ihre Kunden weiter. Allerdings ist das Dienstleistungsangebot dieser Institute damit auch wesentlich kleiner als das der Deutschen Bank oder der Sparkassen.

Ob Sie nun zu einer großen oder kleinen Bank gehen, ist für Sie als Privatkunde in der Regel unerheblich. Wenn Sie aber vorhaben, sich selbständig zu machen, kann es durchaus relevant sein, ob eine Bank sich auf Mittelständler oder Freiberufler spezialisiert hat. Für Ärzte zum Beispiel gibt es die Ärzte- und Apothekerbank, die mit ihrem Service auf die besonderen Ansprüche ihrer medizinischen Klientel eingeht.

Wenn Sie aber wirklich nur eine Bank für Ihr Girokonto und vielleicht für Ihre aktuellen oder zukünftigen privaten Aktiengeschäfte suchen, dann gibt es wichtigere Kriterien als die Größe der Bank oder die Zahl der Niederlassungen.

Gebühren nur, wem Gebühren gebühren!

Die erste Frage, die Sie stellen sollten, wenn Sie eine Bank für sich suchen, ist die nach den Kosten. Denn natürlich lassen sich Banken für ihre Dienstleistungen bezahlen.

Die Gebührensätze der einzelnen Institute liegen jeweils als Preislisten aus. Lassen Sie sich diese Liste geben und machen Sie einen ersten Preisvergleich: Anschauen sollten Sie sich unbedingt die Kontoführungskosten, die Gebühren für Kreditkarten und die Überziehungs- und Guthabenzinsen. Manche Banken bieten ein kostenloses Girokonto an, verlangen dafür aber horrende Überziehungszinsen. Andere sind moderat bei den Gebühren für Überweisungen, wollen aber hohe Summen für die Betreuung des Aktiendepots.

Vergessen Sie nie: Betrachten Sie immer die Gesamtkosten für alle Dienstleistungen, die für Sie anfallen. Vergleichen Sie niemals nur einzelne Dienstleistungen miteinander.

Verschiedene Gebühren, die von einzelnen Banken in der Vergangenheit zum Nachteil der Kunden berechnet wurden, sind mittlerweile per Gesetz für unzulässig erklärt worden. Licht in diesen Dschungel bringt eine Broschüre der Verbraucherzentrale Nordrhein-Westfalen. Wenn Sie diese anfordern, können Sie genau überprüfen, ob bei Ihnen fälschlicherweise Abbuchungen von Seiten der Bank vorgenommen wurden. Sollte das tatsächlich der Fall sein, dann fordern Sie umgehend Ihr Geld zurück!

Bevor Sie in das Gespräch mit Ihrem Bankberater einsteigen, sollten Sie ganz genau über die Konditionen der Konkurrenz Bescheid wissen. Denn je besser Sie informiert sind, desto größer wird der Respekt des Kundenberaters Ihnen gegenüber sein – und desto mehr Zugeständnisse können Sie ihm entlocken.

Denn auch bei Banken gibt es durchaus Verhandlungsspielräume. Daher gilt: Nehmen Sie die Gebühren und Zinsen Ihrer Bank bei der Kontoführung deshalb nicht wortlos hin! Denn der scharfe Wettbewerb unter den Banken bietet Ihnen Möglichkeiten, darüber mit Ihrem Bankberater zu verhandeln. Wer kommentarlos jede Offerte einfach annimmt, ist selbst schuld und zahlt letztlich nur drauf. Also sprechen Sie mit Ihrer Bank!

Sabine, eine der Leserinnen meines ersten Buches, hat zum Beispiel ihre Bank gar nicht gewechselt. Aber sie hat sich gründlich informiert und dann ein sachliches, aber sehr ernstes Gespräch mit ihrem Bankberater geführt. Als der gemerkt hat, dass sie weiß, wovon sie spricht, kam er ihr plötzlich in vielen Punkten entgegen. Am Ende zahlte sie nicht nur keine Überweisungsgebühren mehr, sondern bekam sogar noch gestaffelte Zinsen auf ihr Girokonto. Je nachdem, wie viel Guthaben sie darauf gerade hat, bringt ihr das seither monatlich im Schnitt etwa 12 Euro mehr ein.

Sonderleistungen, in denen Geld steckt

Generell gilt: Eine Bank sollte für Sie eine möglichst große Menge an Komfort anbieten. Am besten ist es für Sie als Kunde natürlich, wenn die Bank an vielen Stellen Geldautomaten hat. Denn das Abheben von fremden Automaten kostet Geld – normalerweise werden bei EC-Karten Gebühren von einem Prozent des Auszahlungsbetrags verlangt, mindestens jedoch zwei Euro. Der Bezug von Bargeld per Kreditkarte ist noch teurer: Eine Gebühr von zwei Prozent oder mindestens fünf Euro ist hier die Regel.

Wer seinen Kontostand abfragen, eine Überweisung tätigen oder einen Dauerauftrag ändern will, muss seinen Schreibtisch heutzutage nicht mehr unbedingt verlassen: Wenn Sie zu Hause einen Computer mit Internetzugang haben, können Sie Ihre Bankgeschäfte in Zukunft ganz gemütlich von dort aus erledigen. Dabei sparen Sie die etwa 25 Cent für eine Überweisung »per Hand«. Bei nur sechs Überweisungen im Monat sind das pro Jahr schon wieder 18 Euro, die Sie damit einsparen können – dafür haben Sie bei einigen Banken schon die Gebühr für Ihre Kreditkarte wieder drin.

Über 15 Millionen Konten werden in Deutschland mittlerweile per Internet geführt. Auch Ihre Bank sollte diesen Service anbieten. Weitere Vorteile: Sie können unabhängig von Öffnungszeiten Ihre Geldgeschäfte tätigen. Außerdem entfällt so die lästige Parkplatzsuche – von der Zeitersparnis ganz zu schweigen!

Die meisten Geldinstitute bieten zusätzlich die Verwaltung von Spar-, Termin- oder Depotkonten per Computer an. Einige Banken wie die DAB oder Comdirect haben sich auch auf Brokerage, den Wertpapierhandel im Internet, spezialisiert.

Ebenso interessant kann es für Sie sein, wenn die Bank Telefonbanking anbietet – insbesondere wenn Sie nicht über einen Internetanschluss verfügen. Bedenken Sie dabei aber auch, dass eine Überweisung Sie dann zwar keine Bankgebühren, aber Telefongebühren kostet.

Tun oder tun lassen?

Wenn Sie sich mit den eingehenden Rechnungen nicht Monat für Monat wieder beschäftigen und ständig selbst Überweisungen tätigen möchten, rate ich Ihnen zur automatischen Abbuchung von Ihrem Konto. Dafür gibt es verschiedene Möglichkeiten.

Der Dauerauftrag ist eine sichere Variante, Zahlungen in immer gleicher Höhe von Ihrem Konto abbuchen zu lassen. Er bietet sich zum Beispiel für die Überweisung von Miete, Kreditraten oder Versicherungsprämien an. Sie erteilen Ihrer Bank einmal den Auftrag und die tätigt dann regelmäßig die Überweisung. Vorteil: Der Zahlungsempfänger hat keinen Zugriff auf Ihr Konto. Nachteil: Einen Dauerauftrag können Sie nur für gleich bleibende Beträge erteilen.

Wenn Sie auch bei Überweisungen von unregelmäßigen Beträgen die Mühe und eventuelle Mahngebühren sparen wollen, können Sie eine Einzugsermächtigung erteilen: Sie geben Ihrer Bank einmal Bescheid, und fortan kann die Bank der berechtigten Firma den in Rechnung gestellten Betrag einfach von Ihrem Konto abbuchen. Das eignet sich insbesondere für regelmäßige Zahlungen in unterschiedlicher Höhe, beispielsweise die Telefonrechnung. Vorteil: Sie können nicht in Verzug geraten, der Zahlungsempfänger muss sich selbst um sein Geld kümmern. Nachteil: Jemand anderes hat Zugriff auf Ihr Konto und kann quasi beliebig abbuchen. Das bedeutet, dass Sie Ihre Auszüge regelmäßig selbst im Blick behalten müssen. Denn Fehler können auch Profi-Buchhaltern mal passieren. Dann können Sie allerdings den Betrag innerhalb von sechs Wochen problemlos zurückbuchen lassen.

Ich selbst habe allerdings weder Daueraufträge noch Einzugsermächtigungen erteilt. Denn ich möchte nicht, dass irgendjemand ohne mein Wissen Geld von meinem Konto abbuchen kann. Natürlich erfordert das etwas mehr Aufwand. Aber das stört mich nicht, denn ich beschäftige mich gern mit meinem Geld und dem Geldverkehr. So habe ich meinen Kontostand und meine monatlichen Kosten immer genau im Blick!

Was bringt und was kostet eine Geldanlage?

Gibt es bei den alltäglichen Finanzgeschäften schon erhebliche Unterschiede zwischen den Banken, so werden die Angebote noch vielfältiger, wenn es um die verschiedenen Möglichkeiten der Geldanlage geht. Auch hier gilt es wieder, sich gründlich zu informieren, bevor man sich für eine Form entscheidet.

Grundsätzlich geht es aber bei allen Anlageangeboten immer um das Zusammenspiel von drei magischen Eckpunkten: Verfügbarkeit – wie schnell können Sie das angelegte Vermögen im Notfall wieder flüssig machen? Rendite – wie viel bringt Ihnen das Geschäft mit Ihrem Geld ein? Und Risiko – denn je höher die Renditechancen, desto größer ist meist auch die Gefahr, vielleicht gar keinen Gewinn zu erzielen. Alles drei auf einmal werden Sie wohl nicht bekommen. Sie müssen sich also entscheiden, welcher Aspekt Ihnen besonders wichtig ist.

Wollen Sie jederzeit und kurzfristig an Ihr angelegtes Geld kommen, ist die Verfügbarkeit das wichtigste Kriterium. Geld auf dem Giro- oder Sparkonto können Sie sofort abheben und ausgeben. Dafür bekommen Sie aber wenig bis gar keine Zinsen – denn die Bank kann damit nicht arbeiten.

Wollen Sie lieber mehr Zinsen für Ihr Geld haben und brauchen das Geld in den nächsten fünf bis zehn Jahren sicher nicht? Dann ist für Sie vermutlich eine langfristige Geldanlage das Richtige, Bundesschatzbriefe zum Beispiel oder Sparbriefe mit höheren Zinsen und einer längeren Laufzeit.

Möchten Sie lieber richtig viel Rendite erwirtschaften und haben das Geld wirklich übrig, könnten es sogar komplett verlieren, ohne dass Sie finanzielle Probleme bekämen? Dann sollten Sie Ihr Geld unbedingt in Aktien oder Aktienfonds anlegen. Hier haben Sie hohe Renditechancen und können auch kurzfristig an das Geld heran, wenn Sie die Gewinne abschöpfen wollen. Aber Sie haben natürlich ein relativ hohes Risiko dabei und sollten die Kurse Ihrer Aktien deshalb immer kritisch im Blick behalten!

Was Sie bei Aktiengeschäften beachten sollten, werde ich Ihnen an einem der nächsten Tage erklären. Heute will ich mich auf ein scheinbares Detail beschränken – den so genannten »Ausgabeaufschlag«.

Ausgabeaufschläge sind verhandelbar

Alle Banken verlangen beim Fondskauf einen Ausgabeaufschlag zwischen drei und sechs Prozent.

Als ich das erste Mal bei meiner Bank in einen Fonds investierte, dachte ich wie wohl alle in dieser Situation, dass dieser Betrag obligatorisch ist, und habe ohne Murren gezahlt. Ich ging davon aus, dass der Fondsmanager der Bank diesen Betrag einbehalten muss, dass das quasi sein Lohn auf Provisionsbasis ist. Aber dem ist nicht so.

Inzwischen weiß ich es genauer: Denn auch bei meinem eigenen Aktienfonds, den ich im August 2002 aufgelegt habe, gibt es einen Ausgabeaufschlag. Er beträgt fünf Prozent. Doch diese fünf Prozent gehören nicht mir. Sondern die Kosten setzen sich folgendermaßen zusammen: Die Bank, bei der Sie den Fonds kaufen, bekommt in der Regel die Hälfte des Ausgabeaufschlags, in diesem Fall also 2,5 Prozent. Ein Prozent geht an die betreuende Fondsbank. Ein weiterer Teil, auch etwa ein Prozent, wird für die anfallenden Kosten wie die Rechenschaftsberichte, das Prospektmaterial oder den Vertrieb des Fonds eingesetzt.

Es ist also ein Irrglaube, dem viele Börseneinsteiger erliegen, dass der Fondsmanager den kompletten Ausgabeaufschlag einstreicht. Ihm bleiben unter dem Strich nämlich im besten Fall 0,5 Prozent. Und auch beim Ausgabeaufschlag besteht Verhandlungsspielraum! Wenn Sie zum Beispiel auf ein Verkaufs- oder Beratungsgespräch verzichten, oder wenn Sie eine große Summe in einen Fonds investieren, dann sollten Sie unbedingt über einen Nachlass verhandeln.

Bevor Sie sich für einen Fondsvermittler entscheiden, sollten Sie sich darüber im Klaren sein, ob Sie langfristig oder kurzfristig investieren wollen. Fonds mit geringem Ausgabeaufschlag, aber hohen Verwaltungsgebühren sind für kurzfristige Anleger sicher die attraktivere Alternative, während Fonds mit höherem Ausgabeaufschlag und geringeren Gebühren eher für langfristige Anleger interessant sind.

Auch für mich war diese Erkenntnis überraschend, genauso wie mein erster Erfolg, als ein Fondsberater der Bank meinem Verhandlungsgeschick erlag und den Ausgabeaufschlag verringerte. Probieren Sie es aus, Sie werden sehen, es ist nicht schwer!

Gehen Sie zum Beispiel in eine Filiale der Deutschen Bank und zeigen Interesse an einem DWS-Fonds. Der Ausgabeaufschlag beträgt dort vielleicht vier Prozent. Und dann verhandeln Sie dort so lange, bis Sie bei etwa zwei Prozent angekommen sind. Schließlich wollen Sie den Fonds der eigenen Gesellschaft kaufen, also der Deutschen Bank. Sie werden sehen, es wird bei Ihnen genauso klappen wie bei mir. Bei einer Anlagesumme von 5 000 Euro und zwei Prozent anstelle von vier habe ich auf diese Weise ganz schnell 100 Euro gespart. Und das ohne viel Aufwand.

Denken Sie daran: Das Rabattgesetz gibt es nicht mehr, warum sollte man nicht auch bei der Hausbank den Mund aufmachen?

Tageslohn

Der neunte Tag galt Ihren vielen kleinen Finanzgeschäften und dem täglichen Geldverkehr. Ihr heutiger Verdienst:

- Sie werden Ihre aktuelle Bank auf Herz und Nieren und vor allem auf jegliche Gebühren prüfen!
- Sie wissen, dass Sie nicht alle Gebühren stillschweigend akzeptieren müssen, sondern dass hier oft Verhandlungsspielraum besteht.
- Sie kennen die Vor- und Nachteile von Daueraufträgen und Einzugsermächtigungen.
- Sie haben erfahren, wo und wie viel Verhandlungsspielraum Sie bei Ausgabeaufschlägen von Aktienfonds haben.

Den Tageslohn für meine Trainingskasse hole ich mir heute von der Deutschen Bank und den Ausgabeaufschlägen für die bankeigenen Fonds. Statt vier Prozent bezahle ich nur zwei und habe so bei einer Anlagesumme von 5000 Euro mal eben 100 Euro gespart.

TAGESLOHN EURO 100,00

Aktuelles Sparpotenzial EURO 760,60

!

TAG 10

Börse gefühlsecht

Von einer gewissen Summe an
sagt man zum Geld
Kapital.

Werner Mitsch (deutscher Aphoristiker)

Wer anfängt, sich mit Geld zu beschäftigen, sich für Geld zu begeistern und nach mehr Geld zu streben, der wird bald Appetit auf die Börsenwelt bekommen und Geschmack daran finden, wenn er es richtig macht.

Überstürzen sollten Sie dabei allerdings gar nichts. Denn nichts an der Börse ist wichtiger als Zeit. Viele Leute denken, sie könnten sich eine Aktie kaufen und sind in ein bis zwei Wochen Millionär. So einfach geht es aber nicht, heute sowieso nicht mehr, aber so einfach war es nie: Selbst in den absoluten Boomzeiten musste man neben Geld und Wissen auch Zeit und Geduld mit an die Börse bringen.

Nach einem Seminar kam eines Tages der junge, hoch motivierte Tischlergeselle Sascha auf mich zu. »Wie kann ich an der Börse ganz schnell reich werden?«, fragte er mich. Ich stellte ihm daraufhin eine Gegenfrage: »Wenn du Auto fahren möchtest, was machst du dann?« – »Den Führerschein, was sonst?!«, kam die prompte Antwort. Darauf sagte ich: »Siehst du, und um den Führerschein zu machen, musst du ein halbes Jahr lang in die Fahrschule gehen, praktische Fahrstunden und theoretischen Unterricht nehmen, um letztlich irgendwann einmal am Straßenverkehr teilnehmen zu können. Und was machst du, wenn du Aktien kaufen möchtest?« Er sah mich verdattert an, also fuhr ich fort: »Du gehst einfach zur Bank, kaufst dir Aktien und denkst, du bist morgen Millionär.« Er nickte, denn so etwa hatte er sich das vorgestellt.

Aber so einfach funktioniert das nicht! Und deshalb habe ich ihm geraten: »Wieso kaufst du dir nicht ein Buch oder irgendwelche Zeitschriften, um erst mal zu lernen, wie überhaupt der Geldverkehr, der Börsenverkehr funktioniert, genauso wie du es beim Autofahren auch machst, um die Regeln kennen zu lernen.«

Sascha war nicht gerade begeistert. »Verstehst du, wenn du die Regeln kennst, dann weißt du zum Beispiel ganz genau, dass man Stoppkurse setzt – nämlich zehn bis 15 Prozent unter dem Kaufkurs. So kann man ganz sicher Verluste begrenzen«, sagte ich ihm.

Sascha hat mich ganz erstaunt angeguckt und meinte: »Stimmt, du hast Recht. Diesen Stoppkurs kann man gleichsetzen mit rückwärts einparken. Wenn du vorher nie gelernt hast, wie man rückwärts einparkt, dann bekommst du mit Sicherheit irgendwann riesige Probleme.«

Viel zu viele Menschen haben in den letzten Jahren ohne »Geldführerschein« blindlings einfach am Börsenverkehr teilgenommen – und genau deshalb gerade in letzter Zeit sehr viel Geld verloren.

Man braucht zuallererst sachliche Informationen. Aber das allein macht den Erfolg im Börsengeschäft nicht aus. Sonst wäre ja jeder, der zwei und zwei zusammenzählen kann, schon längst Aktienmillionär. Denn ein Großteil des Börsengeschäfts ist auch eine Frage des richtigen Gespürs. Man muss quasi »fühlen«, wie sich eine Aktie entwickeln wird. Und für dieses Gespür, welche Aktien gut sind und welche nicht, braucht man neben Informationen auch Erfahrung.

Das richtige Gespür und die Gefühlskurve des Börsianers

Das Wichtigste ist, dass Sie selbst ein Gespür für den Aktienmarkt entwickeln. Lassen Sie sich bloß nicht von irgendwelchen Experten täuschen. Schließlich ist es Ihr Geld, nicht das der Experten, das Sie aufs Spiel setzen. Also, machen Sie sich schlau, hören Sie sich die Börsenerfahrungen anderer Leute an – und lassen Sie sich Zeit!

Denn wer es eilig hat, hat an der Börse schneller verloren als gewonnen. Das liegt allein an den vielen immensen Kursschwankungen.

Doch betrachtet man die Börse über einen längeren Zeitraum, stellt man fest, dass sie sich bis jetzt nach jeder Krise immer wieder erholt hat. Seit 1948 gab es nie mehr als drei schlechte Jahre hintereinander! Der durchschnittliche Gewinn des Dow-Jones-Indexes betrug knapp zwölf Prozent pro Jahr. Das heißt zwar nicht, dass es immer so bleiben wird – wie wir wissen, ist die Börse ja keine Einbahnstraße –, aber es macht doch Mut!

Mut ist nur eines der Gefühle, die an der Börse auftauchen. Es gibt einige Emotionen, die dem Aktionär helfen, ihn in seinen Entscheidungen bestärken. Und es gibt Gefühle, die ihn behindern, ja fast blind machen. Menschen, die einen Teil ihres Geldes an der Börse einsetzen, erleben häufig wahre Gefühlsstürme zwischen himmelhoch jauchzend und zu Tode betrübt. Denn eigentlich suchen alle Anleger Sicherheit beim Tanz auf dem Börsenparkett. Aktien allerdings sind nach wie vor Risikopapiere.

Und oft sind es Gefühle wie Angst, Gier, Unentschlossenheit oder Übermut, die Anleger falsch handeln lassen. Deshalb ist es besonders an der Börse wichtig, Ruhe zu bewahren, Geduld zu haben und zu versuchen, diese Gefühle, die uns im klaren Denken behindern, zu kontrollieren.

Hier die typische Gefühlskurve eines Investors im Vergleich zum Aktienkurs:

70 Euro: Oho, der Kurs steigt! Ich werde diese Aktie mal im Auge behalten!

80 Euro: Der Trend hält – bei der nächsten Konsolidierung werde ich kaufen.

90 Euro: Verdammt, die Konsolidierung habe ich verpasst, aber wenn ich jetzt noch länger warte, profitiere ich nicht mehr vom Trend also kaufe ich JETZT!

100 Euro: Gott sei Dank habe ich nicht gewartet!

90 Euro: Ich werde diese Korrektur nutzen und meine Position ausbauen ...

80 Euro: Super! Zu diesem Preis verdopple ich meine Position.

60 Euro: Mist. Sobald es wieder nach oben geht, verkaufe ich gleich.

50 Euro: Ich glaube es nicht. Der Kurs hat sich halbiert. Das muss der absolute Tiefstand sein.

35 Euro: Okay, ich warte auf die Gegenbewegung. Sonst wird das ein ziemlich hoher Verlust.

20 Euro: Warum sagt die Wertpapierbehörde nichts dazu?

10 Euro: Genug ist genug. Jetzt wird VERKAUFT. Ich kaufe nie wieder Aktien!

5 Euro: Zum Glück hab ich alles verkauft!

15 Euro: Es wird trotzdem abstürzen.

5 Euro: Was hab ich gesagt?!

25 Euro: Was zum Teufel ...

40 Euro: Was bitte schön soll das denn jetzt?

70 Euro: Verflixt, ich hab doch die ganze Zeit geahnt, dass das passieren würde!

80 Euro: Was soll's? Ich kaufe wieder, ist ohnehin billiger als beim letzten Mal.

Dollarzeichen in den Augen machen blind

Sie sehen: Emotionen sind schlechte Ratgeber! Vor allem die Gier, eine besonders weit verbreitete Krankheit unter Börsianern, behindert eine freie und klare Sicht auf die Aktienkurse.

Wer einmal Kursgewinne im dreistelligen Prozentbereich erzielt hat, der möchte dieses Gefühl möglichst bald wieder erleben. Da kann es schon mal passieren, dass die Vernunft und der gesunde Menschenverstand auf der Strecke bleiben. Selbst erfahrene Börsianer können ein Lied davon singen.

Auch ich habe natürlich durch Gier und daraus resultierendes unlogisches Verhalten schon bittere Verluste hinnehmen müssen. Ich erinnere mich, dass ich vor ein paar Jahren eine Aktie gehalten habe, die scheinbar nur eine Richtung kannte: nach oben. Als die Aktie um knapp 1000 Prozent gestiegen war, wurde ich geradezu euphorisch. Ich erzählte allen meinen Freunden von diesem sensationellen Erfolg und alle rieten mir, dieses Papier auf jeden Fall im Depot zu lassen. Als sie etwas fiel, machten mir alle Mut und als sie sich fast halbiert hatte, dachte jeder, jetzt könne es ja eigentlich nur noch nach oben gehen. Jeder hat zu mir gesagt: »Mensch Markus, jetzt würde ich die Aktie auf keinen Fall verkaufen. Ich würde noch weiter dabei bleiben!«

Ich war damals noch neu an der Börse und ziemlich unerfahren. Ich hielt tatsächlich alle Anteile und habe einfach abgewartet, keine einzige Aktie verkauft und immer darauf gehofft, dass sie wieder steigt. Das tat sie leider nicht, ich habe die Aktie damals mit rund 80 Prozent Verlust wieder verkauft.

Diese Erfahrung war mir eine große Lehre: Wer wie Dagobert Duck Dollarzeichen in den Augen hat, der läuft Gefahr, unüberlegt zu handeln. Ein klarer Kopf ist das Wichtigste, was man zum Handeln an der Börse braucht!

Verschiedene Faktoren können Angst auslösen. Drohende Gefahr, Schmerzen, Unbekanntes oder auch Dunkelheit sorgen bei vielen Menschen dafür, dass sie sich ängstigen. Das hat häufig sein Gutes, denn diese unangenehmen Gefühle dienen als Warnsystem und schützen uns so vor weiterer Gefahr. Meistens jedenfalls. Denn Angst beeinflusst sehr häufig auch die Börsenlandschaft.

Börsen-Guru André Kostolany prägte für ängstliche Aktionäre den Begriff der »zittrigen Hände«. Angst ist ein schlechter Berater. In Panik und voller Nervosität lassen sich einfach keine klugen

Anlageentscheidungen treffen. Panikreaktionen bei schwankenden Märkten kosten Geld und Nerven. Deshalb: Ruhe bewahren und auf die klug gewählte Stop-Loss-Order vertrauen! Wie das geht, werde ich Ihnen noch ausführlich erläutern.

Übermut tut selten gut

»Mit Aktien handeln kann doch jeder. Depot eröffnen, Aktien kaufen und dann wird's schon klappen. Was brauche ich den Rat von Analysten oder aus Börsenheftchen? Mein gesunder Menschenverstand reicht allemal.«

Mal ganz ehrlich: Haben wir am Anfang nicht alle so gedacht? Auch ich sah zu Beginn das Ganze eher wie ein Spiel. Hatte zunächst Erfolg, wurde leichtsinnig und meine mit 14 Jahren hart ersparten 5000 Mark waren relativ schnell verloren. Kurzfristige Erfolge führen oft zu einer gnadenlosen Selbstüberschätzung. Warnungen will man dann häufig nicht hören. Gerade deshalb ist es wichtig, sich immer rundum zu informieren und die eigenen Fähigkeiten und finanziellen Möglichkeiten stets realistisch einzuschätzen – Übermut tut selten gut!

Die Psyche der Geldanleger ist im Börsengeschäft wichtiger als die Intelligenz. Das glauben immer mehr Experten. Eine ganze Forschungsgruppe an der Universität in Mannheim beschäftigt sich mit den Zusammenhängen von Gefühlen und Geschäft: »Behavioral Finance«. Der englische Ausdruck bedeutet so viel wie »Verhalten im Finanzbereich«.

Die Wissenschaftler kamen zu erstaunlichen Ergebnissen: Jeder Aktionär hört scheinbar ausgezeichnet, wenn es um seine Aktien gut steht und ist fast taub, wenn es bergab geht. Er hört also nur, was er hören will. Wünschenswerten Zuständen wird eine viel höhere Wahrscheinlichkeit zugeschrieben als unangenehmen.

Glauben Sie nicht auch jedes Mal, wenn Sie den Lottoschein ausgefüllt haben, dass Sie zu den Gewinnern gehören werden? Und denken Sie nicht auch häufig »Wird schon gut gehen«, wenn

Sie für fünf Minuten im Halteverbot stehen, nur um Ihre Freundin schnell bei der Arbeit abzuholen?

Auch an der Börse regiert das Prinzip Hoffnung. Selbst so rationale Entscheidungen wie verkaufen oder kaufen sind dort sehr stark von persönlichen Emotionen abhängig. Beispielsweise halten Börsianer Aktien, obwohl sie sehen und wissen, dass die gerade Verluste einfahren. Das kleine Quäntchen Hoffnung, dass die Kurse morgen wieder steigen, ist dann größer als die Erkenntnis, dass man besser aussteigen sollte, bevor die Aktie gar nichts mehr wert ist. Selbst der kleinste Hinweis, ein Anstieg im Milliprozentbereich, wird noch als deutliches Zeichen für eine Kurserholung gewertet. Wie das zufällige Lächeln des hübschen blonden Mädchens aus der Parallelklasse, das man mit zwölf Jahren als Liebesbeweis deutete, stürzt sich hier der Anleger auf jedes Zeichen, das er sehen möchte.

Ein weiteres Phänomen, das die Mannheimer Wissenschaftler entdeckt haben, ist die unterschiedliche Beurteilung von Gewinnen und Verlusten. Sicher kennt auch das jeder von Ihnen: Eine Aktie, die Sie verkauft haben, steigt und steigt. Es macht Sie wütend, dass Sie zu früh ausgestiegen sind. Eine andere Aktie im Depot dagegen verliert stetig an Wert. Nur mit dem Unterschied, dass Sie die nicht verkaufen wollen!

Warum das so ist? Ganz einfach: Über Verluste ärgert man sich mehr als über entgangene Gewinne, also will man ihnen nach Möglichkeit ganz aus dem Weg gehen. Bevor man also eine Aktie mit Verlust verkauft, wartet man doch viel lieber noch mal ab, bis sie wieder steigt. Tut sie nur leider häufig nicht. Keiner gesteht sich Niederlagen gern ein. Aber ein Verlust von zehn Prozent ist nun mal lange nicht so schmerzhaft wie ein Verlust von 50, 80 oder 100 Prozent.

Also: Machen Sie sich das bewusst und steigen Sie spätestens bei zehn Prozent Verlust einfach aus. Dann werden Sie als lächelnder Sieger wie Phönix aus der Asche steigen – während alle anderen noch krampfhaft an miesen Werten festhalten und sich einreden, bald würde es bergauf gehen.

Wie man sein Geld verdoppelt

Ich will Ihnen erklären, wie Sie auch in schlechten Börsenzeiten hier und da 100 Prozent Gewinn an der Börse machen können. Dazu suche ich mir die vielversprechendsten Aktien aus, halte sie häufig nur kurzfristig und verkaufe die Aktien mit 25 Prozent Gewinn.

»Wie? Eben hat er doch von hundert Prozent gesprochen!«, werden Sie sich jetzt denken. Stimmt!

Die Rechnung: Ich lege zum Beispiel 10 000 Euro an, mache 25 Prozent Gewinn. Dann habe ich 12 500 Euro. Wenn ich diese 12 500 Euro wieder anlege und 25 Prozent Gewinn mache, habe ich schon 16 000 Euro. Und wenn ich diese 16 000 Euro auch wieder mit 25 Prozent Gewinn investiere, dann habe ich 20 000 Euro – und somit 100 Prozent Performance.

Meine Devise ist einfach: Lieber kurzfristig kleine, aber schöne Gewinne machen. Bei dreimal 25 Prozent im Jahr Gewinn habe ich 100 Prozent Performance mit meinem Geld gemacht, und das, ohne zu zittern, ohne zu warten, ohne zu hoffen. Sondern ziemlich entspannt.

Mit welchen Aktien das klappt? Ich persönlich bin der Meinung, man sollte dann Aktien kaufen, wenn alle verkaufen. Oder dann, wenn alles im roten Bereich ist und wenn die Aktien wirklich günstig sind. Wenn also die Kurse nach großen Krisen in den Keller gefallen sind, dann sollten Sie in die Aktien hineingehen. Vor allem, wenn Qualitätsaktien wie eine Daimler oder SAP, BMW, Schering oder die Deutsche Bank günstig sind, dann sollte man unbedingt zuschlagen und kaufen!

Wichtig ist mir auch, nicht zu viel zu wollen und damit alles aufs Spiel zu setzen. Seien Sie also auch mal mit 25 Prozent zufrieden und nehmen diese Gewinne mit. Machen Sie sich immer mal wieder bewusst, dass fast 90 Prozent der deutschen Bevölkerung für 25 Prozent Rendite ihr Geld zehn Jahre auf dem Sparbuch liegen lassen müssen! Und so viel Gewinn kann man an der Börse in fast jedem Jahr erzielen – auch in schlechten Zeiten.

Es ist immer wichtig, den Überblick zu behalten und dann in den Markt hineinzugehen, wenn er günstige Einkaufskurse bietet. Und das Allerwichtigste: Nehmen Sie diese Gewinne auch immer wieder mal mit und legen Sie sie auf die hohe Kante! Denn die kann Ihnen dann keiner mehr wegnehmen. Diese Grundregel missachten leider sehr viele – und haben dadurch langfristig weniger Erfolg.

Selbst eine Drei-Prozent-Performance an der Börse ist allemal günstiger, als das Geld auf das Sparbuch zu legen! Denn für diese drei Prozent zahlen Sie bei Aktien höchstens zwischen 22 und 24 Prozent Steuern. Machen Sie aber mit Ihrem Sparbuch oder mit Ihrem Festgeld drei Prozent Zinsen, müssen Sie darauf schlimmstenfalls sogar zwischen 44 und 48 Prozent Steuern zahlen – also nahezu das Doppelte.

Ich bin davon überzeugt, das die einzige Gewinn bringende Strategie lautet: Gewinne realisieren, statt abzuwarten, bis sich Verluste in Gewinne verwandeln! Schließlich sind wir nicht im Märchen, sondern in der Börsenrealität.

Und dabei sollten Sie auch die vier Gs beachten! André Kostolany hat diese Börsenregel vor Jahren aufgestellt und sie hat nach wie vor ihre Bedeutung. Auch ich orientiere mich immer an ihr:

Geld brauchen Sie, um an der Börse einsteigen zu können. Und zwar eigenes Geld. Investieren Sie niemals auf Kredit! Das kann sehr böse enden. Ich weiß, wovon ich spreche, denn als Börsenneuling habe ich das getan und bin damit schwer auf die Nase gefallen. Machen Sie nicht den gleichen Fehler!

Gedanken sollten Sie sich reichlich darüber machen, welche Aktie sie wann kaufen. Und nicht nur das: Information ist alles. Hören Sie sich um, lesen Sie Börsenmagazine, fragen Sie nach. Dann ist Ihr Wissen schnell bares Geld wert!

Geduld braucht man ebenfalls eine Menge an der Börse. Vor allem dafür, die Kraft zu haben, auf den richtigen Zeitpunkt zu warten – und dann wieder, um ihn nicht zu verpassen!

Glück gehört dazu. Aber wenn Sie die drei ersten Punkte beherzigen, dann wird es auch zu Ihnen kommen. Das wünsche ich Ihnen von Herzen!

Tageslohn

Der zehnte Tag galt der Börse – und dabei scheinbar weniger dem Geld als all den Emotionen rund um den Aktienhandel. Aber wie Sie gesehen haben, ist das Wertpapiergeschäft in vielerlei Hinsicht eine Sache des richtigen Feelings. Und das haben Sie heute gelernt:

- Sie haben erfahren, dass Sie erst eine Art »Geldführerschein« machen sollten, bevor Sie ins Aktiengeschäft einsteigen.
- Sie wissen, dass Sie für die Aktien, die Sie kaufen und verkaufen möchten, erst das richtige Gespür entwickeln müssen, um sie beurteilen zu können!
- Sie werden ab sofort selbstkritisch mit Ihren Gefühlen umgehen – denn Gier, Übermut, Angst und Hoffnung sind nicht der richtige Maßstab für Ihre Entscheidung, sondern Informationen, Wissen und Intuition.
- Sie kennen die vier Gs.

Den Tageslohn für meine Trainingskasse hole ich mir heute von André Kostolany, denn für jedes seiner vier Gs zahle ich mir symbolisch fünf Euro. Damit lege ich insgesamt 20 Euro zurück.

TAGESLOHN **EURO 20,00**

Aktuelles Sparpotenzial EURO 780,60

!

TAG 11

Mit Sicherheit kein Geld verschwenden

Die meisten tragen ihr Geld zur Bank, um es vor sich selbst in Sicherheit zu bringen.

Sigmund Graff (deutscher Dramatiker)

Die Statistik sagt: Pro Jahr zahlt eine deutsche Familie durchschnittlich etwa 2 500 Euro für ihren Versicherungsschutz. Die Marktforschung sagt: Rund 90 Prozent der Deutschen sind falsch oder zu teuer versichert. Und das nicht »nur ein bisschen«, sondern im großen Stil. Wer sich hier umfassend informiert und unterschiedliche Angebote vergleicht, kann leicht mehr als 1 000 Euro pro Jahr sparen!

Am elften Tag unseres 30-Tage-Programms soll es deshalb darum gehen, herauszufinden, ob Sie zu den 90 Prozent gehören, die mit Sicherheit ihr Geld verschwenden. Oder ob Sie tatsächlich Sicherheit und Sparsinn unter einen Hut bringen.

Ich kenne niemanden, der sich gern mit dem Thema Versicherungen auseinander setzt. Vermutlich geht es Ihnen nicht anders. Doch die Vorstellung, was Sie alles mit dem Geld anstellen könnten, statt es in den Rachen einer Versicherung zu werfen, sollte Ihnen Ansporn genug sein. Oder wollen Sie wirklich lieber die Glasfassade Ihrer Versicherung finanzieren als Ihre eigene Zukunft? Verstehen Sie mich nicht falsch, ich finde Versicherungen wichtig und habe natürlich selbst auch einige abgeschlossen. Aber ich bin auch dafür, genau zu überprüfen, ob der Gegenwert für das gezahlte Geld stimmt.

Gerade in diesem Geschäft gibt es neben notwendigen und sinnvollen Verträgen auch unglaublich viele überflüssige und überteuerte Versicherungen. Ich rate Ihnen daher, sich genau zu informieren, was für Sie und Ihre Familie Sinn macht. Denn die Preisdifferenzen der einzelnen Gesellschaften sind enorm. Vergleichen Sie einmal die Prämienzahlungen Ihrer Versicherung mit denen von anderen. Unterschiede von mehr als 200 Prozent sind hier leider keine Seltenheit.

Aber nicht nur die Kosten variieren. Auch in puncto Versicherungsschutz, Serviceleistungen, Beratung, Erreichbarkeit in Notfällen und Abwicklung der Schadensregulierung unterscheiden sich die Anbieter immens.

»Wozu brauchst du eine Lebensversicherung?«

Zuallererst gilt: Beschäftigen Sie sich mit Ihren Versicherungen. Lesen Sie dabei auch das Kleingedruckte und informieren Sie sich über Konkurrenzangebote.

Schließlich kann niemand Sie zwingen, die Haftpflichtversicherung bei derselben Gesellschaft abzuschließen, bei der auch Ihre Kranken- oder Lebensversicherung läuft. Die Berater argumentieren oft mit »geringerem Verwaltungsaufwand«. Das ist jedoch Vertretergewäsch.

In der Regel fällt nur sehr wenig Verwaltungsaufwand an, sobald die Versicherung einmal abgeschlossen ist. Ihr Versicherungsbeitrag wird dann regelmäßig vom Konto abgebucht. Und Ihnen kann es dabei ganz egal sein, ob die Beiträge dreimal für dieselbe Gesellschaft fällig werden, oder ob drei verschiedene Institutionen jeweils einen Betrag abbuchen. Nur den Versicherungsunternehmen ist das natürlich nicht egal, und den Vertretern damit natürlich auch nicht.

Das Sparen bei Versicherungen beginnt schon, bevor Sie die verschiedenen Angebote vergleichen: Überlegen Sie zunächst einmal genau, ob Sie die zur Diskussion stehende Versicherung überhaupt brauchen!

Als ich noch Bäcker und Produktionsleiter war, arbeitete ein Azubi bei uns. Eugen kam aus Polen und war im ersten Lehrjahr, als er mir eines Tages erzählte, dass er eine Lebensversicherung abgeschlossen hat. Sein Versicherungsberater hatte ihm das empfohlen. Ich war sehr erstaunt und fragte: »Du bist erst 16 Jahre alt. Brauchst du wirklich jetzt schon eine Lebensversicherung?« Er zuckte mit den Schultern. »Wie viel musst du denn dafür bezahlen?«, wollte ich weiter wissen. »Pro Monat 240 Mark, zehn Jahre lang.«

Da war ich dann doch fassungslos: Eugen verdiente nämlich gerade mal 600 Mark im Monat als Bäckerlehrling – und sollte tatsächlich 40 Prozent seines Lohnes in eine Versicherung zahlen? Damit würden ihm gerade mal 360 Mark zum Leben bleiben! Und das, weil er dem Berater blind vertraut und, ohne weiter darüber nachzudenken, einfach einen Vertrag abgeschlossen hatte.

Glauben ist gut, wissen ist besser

Ich nahm also die Versicherungsunterlagen und rief sofort bei dem Berater an. Der hatte seinen Job aus Sicht der Versicherungsgesellschaft vielleicht gut gemacht – aus meiner Sicht nur leider etwas zu gut, vermutlich wegen seiner Provision. Sicher hatten die Sprachprobleme die Sache nicht leichter gemacht. Und natürlich hatte auch Eugen seinen Teil zu diesem Deal beigetragen. Schließlich hätte er sich ja in Ruhe informieren können, statt einfach zu unterschreiben.

Das Ganze hatte dann ein glückliches Ende. Der Berater war einsichtig und kulant: Eugen sollte am nächsten Tag vorbeikommen, um den Vertrag rückgängig zu machen. Der war natürlich froh darüber, dass er glimpflich davongekommen war. Fortan machte sich Eugen etwas mehr Gedanken über seine Finanzen. Er fing an, jeden Monat ein Zehntel von seinem Lohn zu sparen, also 60 Mark. Ein Jahr später stieg er mit 600 Mark Startkapital an der Börse ein.

Inzwischen hat er ausgelernt und verdient ein ordentliches Gesellengehalt – von dem er seine Lebensversicherung mittlerweile bezahlen kann. Und mit seinen Aktien hat er auch schon eine schöne Summe dazuverdient.

Falls Sie also eine Versicherung bei einem Vertreter abschließen, halten Sie sich eines vor Augen: Diese Berater sind darin geschult, Kunden geschickt zu umwerben und deren Vertauen zu erobern. Und so hat man nicht selten am Ende ein ganzes Paket an Leistungen unterschrieben – das im Vergleich mit anderen Gesellschaften vielleicht zu teuer ist, und von dem man sowieso nur die Hälfte braucht.

Lassen Sie sich also niemals zum Abschluss einer Versicherung überreden! Informieren Sie sich vorher – und zwar immer bei verschiedenen Anbietern. Schließen Sie nur dann eine Versicherung ab, wenn Sie sicher sind, dass Sie sie auch wirklich brauchen.

Grundsätzlich empfehle ich, sich direkt bei den Versicherungen über Tarife und Leistungen zu informieren oder das Internet als Infoplattform zu nutzen. Banken und Versicherungsvertreter sind schlechte Berater, da sie an jedem Abschluss mitverdienen.

Krankenversicherung: gesetzlich oder privat?

Zu den wichtigsten Versicherungen in Deutschland gehört wohl die Krankenversicherung. Das Gesetz legt es fest: Jeder Arbeitnehmer ist krankenversicherungspflichtig und das ist auch gut so. Grundsätzlich sind die Beiträge immer einkommensabhängig, sodass bei rückläufigen Einkommen auch die Beiträge sinken. Ein entscheidender Vorteil der gesetzlichen Krankenkasse ist, dass alle nicht erwerbstätigen Familienmitglieder wie Ehepartner oder Kinder beitragsfrei mitversichert sind.

Die gesetzlichen Krankenversicherungen bieten Ihnen zwar größtenteils einheitliche Leistungen an, jedoch gibt es erhebliche Unterschiede bei den Beitragssätzen. Vergleichen Sie also die Beiträge – es lohnt sich! Ziehen Sie unbedingt auch die Betriebskrankenkassen in Ihre Überlegungen mit ein. Die sind nämlich ebenfalls für alle geöffnet, also auch für Arbeitnehmer anderer Betriebe. Wer selbständig ist oder über der Bemessungsgrenze liegt, kann sich privat versichern. Auch Angestellte, deren Brutto-Jahresgehalt einen bestimmten Betrag übersteigt (2002 waren das 40 500 Euro pro Jahr), können aus der gesetzlichen Krankenversicherung in eine private überwechseln. Man muss aber nicht. Den Wechsel sollten Sie sich gut überlegen, denn manchmal ist es günstiger, in der gesetzlichen Kasse zu bleiben – »freiwillig pflichtversichert« nennt sich das dann.

In privaten Versicherungen wird jeder danach beurteilt, welche Kosten er verursacht. Wer mehr krank ist, zahlt auch mehr. Da Krankheiten mit zunehmenden Alter immer wahrscheinlicher werden, sind die Beiträge für ältere Menschen entsprechend höher – und die privaten Krankenversicherungen damit für sie auch weniger attraktiv als für jüngere.

Das Thema »private Krankenversicherungen« ist ziemlich komplex, denn hiervon gibt es unzählige Variationen. Bei den meisten handelt es sich um Vollversicherungen, das heißt jede Art von Krankheit wird versichert. Dennoch variieren die Leistungen je nach Gesellschaft sehr stark. An Beratungsgesprächen werden Sie daher nicht vorbeikommen. Wichtig ist: Führen Sie auf jeden Fall mehrere Gespräche!

Wenn's mal kracht – Haftpflichtversicherung

Als Halter eines Kraftfahrzeugs, sei es ein Pkw, ein Lastwagen, ein Motorrad oder selbst ein Anhänger, sind Sie gesetzlich verpflichtet, eine Haftpflichtversicherung abzuschließen. Damit soll sichergestellt werden, dass jeder Schaden bezahlt wird. Auch dann, wenn der Unfallverursacher selbst nicht dafür aufkommen kann – wenn also ein Student mit seinem alten Golf einen nagelneuen Porsche rammt.

Eine Kfz-Haftpflichtversicherung gilt in ganz Europa. Sie schützt nicht nur den Eigentümer, sondern immer auch den Fahrer und den Beifahrer vor Schadenersatzansprüchen. Und wenn es zum Prozess kommt, weil jemand zu Unrecht Forderungen stellt, dann klärt die Versicherung auf eigene Kosten die Rechtslage und erstellt die notwendigen Gutachten. Dadurch ist die Kfz-Haftpflicht zugleich eine Art Rechtschutzversicherung – jedenfalls in Verkehrsfragen. Hier sollte man nicht am falschen Ende sparen! Sorgen Sie deshalb für einen ausreichenden Versicherungsschutz und entscheiden Sie sich am besten für die unbegrenzte Deckungssumme. Denn man schließt eine Haftpflichtversicherung schließlich nicht für den kleinen Lackschaden ab, sondern für den Ernstfall – und dabei können schnell unvorstellbar hohe Kosten entstehen.

Ergänzend zur Kfz-Haftpflicht empfehle ich Ihnen unbedingt eine private Haftpflichtversicherung abzuschließen. Sie tritt immer dann in Kraft, wenn der Versicherte oder ein mitversichertes Familienmitglied einem anderen fahrlässig Schaden zufügt – also den Bierkasten auf der Designerbrille abstellt, beim Umzug die Kiste mit dem edlen Geschirr fallen lässt oder den Ball in die Schaufensterscheibe wirft. Auch bei unverheirateten Paaren kann der eine Partner in der Versicherung des anderen mitlaufen – vorausgesetzt, sie teilen sich einen Haushalt.

Obwohl die meist jährlich zu zahlende Prämie nicht sehr hoch ist, gibt es auch hier enorme Preisunterschiede. Die Angebote schwanken zwischen 135 Euro und 45 Euro – der Preisvergleich lohnt sich also auf jeden Fall.

Natürlich kann und soll man sich nicht gegen alle Risiken versichern. Sinnvoll sind – außer den bisher genannten – bestimmt noch die Berufsunfähigkeits- und die Unfallversicherung. Entbehrlich dagegen sind meiner Meinung nach Glasversicherungen,

Sterbegeldversicherungen, Reisegepäckversicherungen oder zusätzliche Arbeitslosenversicherungen.

Tageslohn

Der elfte Tag war ein Tag der Versicherungen, bei dem Sie wieder einiges erreicht haben:

- Sie haben erfahren, dass Sie eine Versicherung nicht bei einem Vertreter abschließen müssen, sondern sich frei informieren und entscheiden können.
- Sie kennen die grundsätzlichen Unterschiede zwischen gesetzlicher und privater Krankenversicherung.
- Sie wissen, warum eine Kfz-Haftpflichtversicherung vorgeschrieben und eine private Haftpflichtversicherung sinnvoll ist.
- Sie werden alle bereits abgeschlossenen Versicherungen noch einmal genau prüfen und überlegen, welche Versicherung Sie wirklich brauchen.

Den Tageslohn für meine Trainingskasse hole ich mir heute von Eugen, der seine monatliche Lebensversicherungsprämie von 120 Euro dann doch lieber gespart und zum Teil in Aktien angelegt hat: Damit sparte er im Monat rund 30 Euro.

! TAGESLOHN **EURO 30,00**

Aktuelles Sparpotenzial EURO 810,60

Das Geld liegt auch auf der Autobahn

TAG 12

Wege entstehen manchmal erst dadurch, dass man sie geht.

Lorenz Gründel (Device-Manager)

Das Auto ist und bleibt des Deutschen liebstes Kind, so viel ist sicher. Und es ist bestimmt auch das Lieblingsspielzeug des Mannes – was ich persönlich auch gern zugebe!

Für die meisten ist das Auto Imageträger und Statussymbol Nummer eins, das am Wochenende mit Hingabe poliert und gewienert wird. Daran wird gebastelt und geschraubt, es wird tiefer gelegt und mit den entsprechenden Spoilern versehen. Und die Auswahl der richtigen Reifen und Felgen ist für viele Männer ein Thema, mit dem sie sich wochenlang begeistert beschäftigen können. Mal ehrlich: Als Sie am dritten Tag unseres Trainingsprogramms Ihre finanziellen Ziele formuliert haben, ist Ihnen doch sicher irgendwann auch der Gedanke an Ihr Traumauto durch den Kopf geschossen, oder?

In den meisten deutschen Haushalten steht mindestens ein Fahrzeug in der Garage, in der Regel sind es jedoch zwei. Und je nachdem, wie groß die Familie ist – oder wie autobegeistert die einzelnen Familienmitglieder –, findet auf der Straße oft noch ein drittes Fahrzeug seinen Platz.

So viel Auto muss sein

Die Lust an der uneingeschränkten Mobilität ist groß und wird finanziert auf Teufel komm raus. Wer nicht das Geld hat, seinen Lieblingswagen gleich bar zu bezahlen, der geht entweder zur Kreditabteilung seiner Bank, wendet sich direkt an die Finanzierungsabteilung der Fahrzeughersteller oder nimmt eines der Leasingangebote der Autohäuser in Anspruch. Koste es, was es wolle – so viel Auto muss schließlich sein!

Sie haben bereits am ersten Tag unseres Trainingsprogramms ausgerechnet, wie viel Geld bei Ihnen in der Garage und auf der Straße herumsteht. Denn das tun Fahrzeuge in der Regel: Sie stehen – jedenfalls wesentlich mehr, als sie fahren! Letzteres tun sie im Durchschnitt pro Tag nämlich gerade mal 40 Minuten!

Die restliche Zeit stehen sie einfach nur herum: vor Ihrem Haus, auf dem Parkplatz Ihrer Firma, in der Tiefgarage am Bahnhof oder im Parkhaus am Flughafen. Und dabei kosten die Fahrzeuge jede Sekunde bares Geld: Parkgebühren, Strafzettel, die Zinsen für die Finanzierung. Aber das sind nur die Kleinigkeiten. Denn das Teuerste am Auto ist der Unterhalt.

Mindestens 250 Euro pro Fahrzeug werden laut einer ADAC-Statistik im Schnitt monatlich fällig: für Abnutzung, Wertverlust, Versicherung und Steuern, Tanken, Waschen, Pflegen, Warten, Reparieren sowie TÜV, ASU und so weiter und so fort. Das sind acht Euro pro Tag, 34 Cent pro Stunde – egal ob es steht oder fährt.

Also, Hand aufs Herz: Wie viele Fahrzeuge besitzen Sie nun wirklich? Den Wagen für die Fahrt ins Geschäft, das Wohnmobil für den Urlaub, den Zweitwagen Ihrer Frau, das Motorrad, das Sie sich für den Sommer gönnen, den alten gebrauchten Opel, den Sie Ihrem Sohn vermacht haben, den Roller Ihrer Tochter? Und brauchen Sie diese Fahrzeuge wirklich alle?

Oliver, ein guter Bekannter von mir, hat sich seinen Fuhrpark jedenfalls sehr kritisch angeschaut, als ihm die ADAC-Statistik eines Tages in die Hände fiel. Denn die durchschnittlichen Unterhaltskosten waren selbst ihm als echtem Autoliebhaber zu viel.

Zugegeben: von seinem geliebten Sportwagen hat er sich nur schweren Herzens getrennt. Aber seit sein Sohn auf der Welt ist, kam er sowieso nur noch an höchstens drei bis vier Wochenenden im Jahr dazu, eine Spritztour zu unternehmen – und das dann auch meist ohne seine Frau. Die war bis dahin einen wirtschaftlich vernünftigen und praktischen Kleinwagen gefahren. Und den hat Oliver gleich mitverkauft. Zusammen mit dem Geld, das er für seinen schicken Zweisitzer bekommen hatte, konnte sich die Familie einen gebrauchten Kombi leisten.

Auf diese Weise spart Oliver sogar die zusätzliche Stellplatzmiete von 45 Euro, die er monatlich für den Zweitwagen bezahlt hatte. Und da die junge Familie nun nur noch ein Auto besitzt, kann sie – zumindest nach der ADAC-Statistik – durchschnittlich etwa 3000 Euro im Jahr angelegen. So einfach kann es gehen!

Wer nicht fragt, der nicht gewinnt

Sparen können Sie aber nicht nur, wenn Sie auf ein Auto verzichten. Sie können schon beim Kauf eines Neuwagens sparen! Hier gilt grundsätzlich: Zehn Prozent Preisnachlass sind fast immer drin.

Also: Scheuen Sie sich nicht davor zu handeln, sondern fragen Sie nach Rabatten, verhandeln Sie, was das Zeug hält – und zwar gleich mit verschiedenen Autohäusern. Denn auch auf dem Automobilmarkt gibt es schon lange keine Preisbindung mehr. Aber egal wie verführerisch Ihnen der Preis erscheinen mag: Nehmen Sie sich trotzdem genug Zeit für diesen Kauf.

Informieren Sie sich ausführlich bei verschiedenen Autohäusern und schlafen Sie dann ein paar Nächte über Ihre Entscheidung. Schließlich investieren Sie in einen Neuwagen in der Regel mindestens zehn bis zwölf Brutto-Monatsgehälter!

Außerdem wäre es auch nicht das erste Mal, dass ein Verkäufer Ihnen einen großen Schritt entgegenkommt, sollte er das Gefühl haben, Sie könnten doch noch abspringen – oder hätten von der Konkurrenz ein besseres Angebot bekommen.

Andere Länder – andere Preise

Seit der Öffnung des Wirtschaftsverkehrs innerhalb der EU kann es günstiger sein, ein Auto im europäischen Ausland zu kaufen. Je nach Hersteller und Modell betragen die Preisunterschiede hier zwischen 15 und 35 Prozent.

Besonders Belgien, die Niederlande, Spanien und Dänemark bieten sich für den grenzüberschreitenden Autokauf an. Denn in diesen Ländern wird eine Luxussteuer auf Autos erhoben, die man als Ausländer nicht bezahlen muss. Und diese Steuer ist deutlich höher als die Mehrwertsteuer, die bei der Einfuhr nach Deutschland fällig wird.

Aber auch in Italien und Frankreich können Sie, je nach Automarke, immer wieder gute Angebote finden. Weniger rentabel sind hingegen Fahrzeuge aus Österreich oder Großbritannien.

Sollten Sie einen so genannten Reimport für sich in Betracht ziehen, ist es wichtig, dass Sie sich zunächst genau über die Marke und die Ausstattung des gewünschten Modells im jeweiligen Land informieren. Bedenken Sie, dass Sie in Nordeuropa in der Regel andere Standards vorfinden werden als in Südeuropa: Während die Dänen beispielsweise Wert auf eine Standheizung legen, freut sich der Italiener mehr über die Klimaanlage.

Anschließend können Sie zielgerichtet bei den verschiedenen internationalen Händlern die Preise vergleichen – und das geht am schnellsten und besten übers Internet.

Wenn Sie weder Lust noch Zeit haben, sich lange mit der Autosuche aufzuhalten, können Sie sich an einen freien Importeur wenden. Dieser übernimmt die Suche nach dem richtigen Angebot gerne für Sie.

Natürlich möchte auch er seine Arbeit bezahlt sehen. Daher sollten Sie darauf achten, dass aus dem vermeintlichen Preisknüller nicht doch noch eine Preisfalle wird.

Tageslohn

Am zwölften Tag unseres Trainingsprogramms haben Sie sich einmal den Nutzen und die Kosten Ihrer Fahrzeuge vor Augen geführt:

- Sie wissen, was jedes Ihrer Fahrzeuge Sie im Schnitt pro Tag an Unterhalt kostet.
- Sie werden nachdenken, ob und welche Autos Sie tatsächlich brauchen – oder welche Sie sich leisten wollen.
- Sie kennen die Verhandlungsspielräume beim Autokauf – und werden sie das nächste Mal nutzen.
- Sie haben erfahren, wie Sie durch den Autokauf im europäischen Ausland den Preis Ihres neuen Wagens gering halten.

Den Tageslohn für meine Trainingskasse hole ich mir heute von Oliver: Durch den Verzicht auf seinen Sportwagen und den Kauf des Kombis spart er nicht nur den Unterhalt, sondern auch noch die Miete für den Stellplatz des zweiten Wagens in Höhe von 45 Euro im Monat.

TAGESLOHN EURO 45,00
Aktuelles Sparpotenzial EURO 855,60 !

TAG 13

Geld-Strom aus der Steckdose

Geld ist ein Argument –
und oftmals nicht das
schlechteste.

Werner Mitsch (deutscher Aphoristiker)

Strom brauchen wir mittlerweile fast genauso nötig wie die Luft zum Atmen, insbesondere in den westlichen Industrieländern. Ohne ihn wäre unser Leben und Arbeiten undenkbar.

Vielleicht können Sie sich noch an den letzten Stromausfall erinnern: Im Büro lief plötzlich gar nichts mehr, weil weder die Telefonanlage noch das Faxgerät oder die Computer funktionierten.

Sollte der Strom länger als ein paar Minuten weg gewesen sein, haben Sie vielleicht irgendwann mit leisem Unbehagen an Ihre Tiefkühltruhe gedacht, oder an all die Geräte, die Sie zu Hause neu programmieren müssen.

Dabei gehen wir sonst, wie ich finde, viel zu gedankenlos mit Strom um.

Wir lassen ihn – unsichtbar und damit zumeist auch vollkommen unbemerkt – Kilowattstunde um Kilowattstunde aus der Steckdose fließen. Allein in Deutschland verschleudern wir damit jedes Jahr Gelder in Milliardenhöhe!

Die meisten Stromräuber tun's heimlich

Sehen Sie sich doch einmal in Ihrer Wohnung um: Da dösen Stereoanlage, Videorecorder und Fernseher im Stand-by-Betrieb vor sich hin, die Lichterkette auf dem Balkon hat wahrscheinlich die Nacht ohne Sie durchgemacht. Der Computer signalisiert blinkend, dass er immer noch in Bereitschaft ist und Ihr Anrufbeantworter wartet gemeinsam mit dem Faxgerät auf eingehende Nachrichten.

Mit diesem Leerlaufbetrieb vergeudet ein Durchschnittshaushalt mindestens ein Zehntel seines Stromverbrauchs, schätzt das Umweltbundesamt. Die Zahlen sprechen für sich: Allein in Deutschland summieren sich diese »Annehmlichkeiten« auf mehr als 14 Milliarden Kilowattstunden pro Jahr – was nahezu drei Prozent des gesamten Stromverbrauchs ausmacht. Die Kosten: mehr als zwei Milliarden Euro!

Oder anders ausgedrückt: Um die Menge an Energie zu erzeugen, die den Geräten erlaubt, im Dämmerzustand zu sein, arbeiten zwei Großkraftwerke mit jeweils etwa 1000 Megawatt Leistung rund um die Uhr. Und ganz nebenbei setzen sie damit auch noch zehn Millionen Tonnen des klimaschädlichen Kohlendioxids frei. Wer seine Elektrogeräte also einfach ganz ausschaltet, verdient damit nicht nur bares Geld, sondern hilft damit auch der Umwelt!

Höchste Zeit zum Abschalten

Am siebten Tag unseres Trainingsprogramms haben Sie angefangen, Ihren durchschnittlichen Fernsehkonsum zu beobachten. Sicher erinnern Sie sich noch an Thomas: Er hatte erstaunt festgestellt, dass er pro Woche an die zwanzig Stunden vor dem Fernseher saß. Das sind also rund drei Stunden am Tag.

Die restlichen 21 Stunden des Tages lief sein Fernseher im Stand-by-Modus. Das entspricht im Jahr 7665 Stunden. Wenn wir jetzt davon ausgehen, dass ein handelsüblicher Fernseher im

Ruhezustand etwa 20 Watt Leistung aufnimmt, summiert sich das auf mehr als 150 Kilowattstunden im Jahr.

In konkreten Zahlen ausgedrückt bedeutet das, dass Thomas, der seine Kilowattstunde für etwa 15 Cent bezieht, pro Jahr 22,50 Euro dafür ausgegeben hat, seinen Fernseher mit der Fernbedienung auszuschalten – statt einfach aufzustehen und den Hauptschalter zu betätigen. Sie sehen: Es ist höchste Zeit zum Abschalten! Also tun Sie es – sofort!

Typische Haushaltsgeräte, die zusammen eine Menge Leerlaufkosten verursachen können, sind Anrufbeantworter, Faxgerät, Computer, Fernseh- und Videogerät, Stereoanlage und Satellitenempfänger. Dazu kommen Dimmer mit Fernbedienung, Fernsprechanlagen, Warmwasserbereiter oder Heizungsanlagen, die selbst im Sommer bei 30 Grad nicht abgeschaltet werden.

Transformatoren, wie sie beispielsweise vor Halogenlampen geschaltet werden, verbrauchen übrigens selbst dann noch Energie, wenn das Licht schon längst gelöscht wurde!

Machen Sie mal die Probe aufs Exempel und fassen einen Ihrer Transformatoren an: Fühlt er sich warm an, ist das ein sicheres Zeichen dafür, dass er gerade Strom verbraucht.

100 Cent sind auch ein Euro

Zu den heimlichen Stromräubern gehören auch sämtliche Steckernetzteile von Elektrogeräten! Auch hier gilt: Wärme ist gleich Energieverbrauch!

Ein Netzteil zieht im Ruhezustand normalerweise nicht besonders viel Strom ab: Im Durchschnitt hat es eine Leistung von gerade mal vier Watt. Die nimmt es allerdings auch 24 Stunden am Tag auf, 365 Tage lang. Im Jahr verbraucht es damit rund 35 Kilowattstunden – die Kosten pro Gerät betragen damit 5,25 Euro, wenn man die Kilowattstunde mit 15 Cent veranschlagt.

»Mensch, Markus, meinst du nicht, dass du jetzt ein bisschen übertreibst? Das ist doch nun wirklich nicht der Rede wert«, musste ich mir daraufhin von einem Bekannten anhören, als ich ihm dieses Beispiel vorgerechnet hatte. Das stimmt wohl. Aber Kleingeld ist eben auch Geld, das auf der Straße herumliegt!

Wer sich also nur nach Euros bücken und an Centmünzen weiterhin achtlos vorbeilaufen möchte, kann das natürlich tun. Doch dann soll er auch aufhören, sich darüber zu beklagen, es läge zu wenig Geld auf der Straße!

Als wir nach unserem Gespräch über unnötigen Stromverbrauch durch Rainers Wohnung gelaufen sind, haben wir Folgendes herausgefunden: In seinem Arbeitszimmer hing je ein Netzteil am Telefon, am Computer, am Fax und am Kopierer. Im Wohnzimmer gab es gleich sechs davon: fünf allein an der Musik- und TV-Anlage, ein weiteres gehörte zur Standleuchte. Mit dem Transformator der Halogenleuchten über dem Esstisch und der dimmbaren Nachttischlampe besaß Rainer also zwölf verschiedene Netzteile. Die verursachen im Jahr ungefähr 63 Euro an Stromkosten – ohne dass die dazugehörigen Geräte auch nur einmal angeschaltet werden.

Etwa 100 bis 150 Euro an reinen Leerlaufkosten könnten nach Schätzungen von Verbraucherzentralen in privaten Haushalten jährlich eingespart werden. Und das macht nicht einmal viel Aufwand: Sie müssen einfach nur die heimlichen Stromräuber konsequent vom Netz trennen!

Damit Sie dafür nicht jedes Mal alle Netzteile einzeln aus der Steckdose ziehen müssen, können Sie Steckdosenleisten mit Schalter benutzen. Ein Klick genügt – und alle Netzteile und Transformatoren der gesamten Musikanlage haben keinerlei Zugriff mehr auf den Strom.

Wollen Sie auf die permanente Bereitschaft eines Geräts nicht verzichten, beispielsweise beim Anrufbeantworter oder elektrisch betriebenen Boilern, dann lohnt sich die Anschaffung eins so genannten Power-Safers: Das ist ein Energie sparendes Zusatzgerät, das zwischen Steckdose und Elektrogerät geschaltet wird. Es erhält die Betriebsbereitschaft aufrecht, allerdings bei deutlich reduziertem Stromverbrauch!

Sie werden sehen: Mit nur wenigen Handgriffen zusätzlich können Sie jeden Tag Ihren Stromverbrauch senken und einige Cent an Kosten sparen.

Fangen Sie noch heute damit an und schalten Sie alle Geräte aus, die Sie gerade nicht benutzen.

Erst investieren – dann lossparen

Wer darüber nachdenkt, sich Elektrogeräte anzuschaffen, sollte auf jeden Fall darauf achten, sich ein verbrauchsgünstiges Neugerät zu kaufen. Das ist gerade bei Waschmaschinen und Kühlschränken besonders wichtig, da sie in Privathaushalten einen Großteil des Energieverbrauchs ausmachen.

Die Geräte der Energieeffizienzklasse A, wie sie im Fachdeutsch heißen, kosten zwar etwas mehr, doch der höhere Preis macht sich auf Dauer immer bezahlt.

Erkundigen Sie sich deshalb vor dem Kauf nicht nur im Fachgeschäft ausführlich nach den Betriebsdaten eines Geräts, sondern informieren Sie sich auch bei der nächsten Verbraucherzentrale oder Energieberatungsstelle. Die sind unabhängig, erklären Ihnen, worauf Sie achten müssen, helfen Ihnen bei der Auswahl des richtigen Geräts – und damit langfristig beim Geldsparen!

Verbraucherberatungsstellen sind auch dann der richtige Ansprechpartner für Sie, wenn Sie einen Wechsel Ihres Stromlieferanten in Betracht ziehen. Denn sie haben den Überblick über die »Farbvielfalt« der Stromsorten und können Ihnen bei der Wahl des geeigneten Anbieters mit Rat und Tat zur Seite stehen.

Denn der Umstieg auf den richtigen Stromversorger lohnt sich manchmal richtig: Untersuchungen haben ergeben, dass die Differenz zwischen dem teuersten und günstigsten Anbieter bis zu 30 Prozent betragen kann!

Tageslohn

Am 13. Tag haben Sie gelernt, wie Sie ab sofort und ohne viel Aufwand einiges an Stromkosten sparen können:

- Sie wissen, wie viel Geld Sie bislang einfach nur durch den vollkommen unnötigen Stand-by-Betrieb Ihrer Geräte verschleudert haben.
- Sie wissen um die Verstecke der heimlichen Stromräuber in Ihrem Haushalt – und werden sie ab heute konsequent abschalten.
- Sie werden ab sofort bei Stromkosten auch auf kleinere Beträge achten – denn auch die summieren sich aufs Jahr gesehen zu einer Menge Euros!

Den Tageslohn für meine Trainingskasse hole ich mir heute von Rainer, der nur durch das Abschalten seiner zwölf Netzgeräte die Leerlaufkosten von insgesamt 63 Euro im Jahr spart.

TAGESLOHN EURO 63,00

Aktuelles Sparpotenzial EURO 918,60

!

TAG 14

Auf Geldjagd mit der Sparbüchse

Sich mit wenigem zu begnügen, ist schwer,
sich mit viel zu
begnügen, noch schwerer.

Marie von Ebner-Eschenbach
(deutsche Dichterin)

Seit dem 1. Januar 2002 gehört er zu unserem Leben: der Euro. Manch einer hat sich auf ihn gefreut, andere sahen ihm eher skeptisch entgegen. In den ersten beiden Monaten wurde er zunächst sehr kritisch beobachtet. Dann begannen die ersten Verbraucher zu murren. »Alles ist teurer geworden«, »Seit Jahresanfang ist mein Konto schon immer lange vor Monatsende leer gefegt«, »Mit dem neuen Geld ziehen die uns das letzte Hemd aus!« Und dann hatte die Währung ihren Schimpfnamen weg: »Teuro«.

Nach fünf (T)Euro-Monaten brachte sich die Politik ins Spiel. Verbraucherschutzministerin Renate Künast lud zum »Anti-Teuro-Gipfel« ein. Dort wollte man den Preistreibern auf die Spur kommen und überlegen, wie man gegen freche Preiserhöhungen vorgehen könne. Andere Politiker wie Edmund Stoiber beurteilten den Gipfel – es waren die Zeiten des Bundestagswahlkampfs – als »nutzlose Showveranstaltung«, da die Politik keinen Einfluss auf die Preise des Einzelhandels haben könne und dürfe.

Nun, in anderen Ländern kam es mit der Euro-Einführung jedenfalls nicht zu enormen Preiserhöhungen. Offenbar kann die

Politik also doch Einfluss auf Preistreiber nehmen: In anderen Ländern wurde nämlich schon zu Jahresanfang gehandelt – statt getagt und diskutiert. In den Niederlanden zum Beispiel wachte schon seit Mitte 2001 eine Meldestelle über unverschämte Preiserhöhungen. Preissünder erhielten dort eine öffentliche Abmahnung. Österreich ging sogar noch weiter: Eine Preiskommission beurteilte mit der Einführung des Euros die dortige Preisentwicklung. Bei besonders ungerechtfertigten Preistreibereien meldete sich der Wirtschaftsminister zu Wort und legte einen Preis fest. Bis zu 7000 Euro Strafe erwartete denjenigen, der sich dann immer noch nicht an die Preisvorgaben hielt. Und die Franzosen hatten sogar spezielle »Preispolizisten« ausgebildet, die nach extremen Preiserhöhungen fahndeten. In Deutschland gab es nichts dergleichen.

Ich denke trotzdem nicht, dass man pauschal behaupten kann, bei uns sei seit Januar 2002 alles teurer geworden. Denn die großen Ausgaben wie Miete, Nebenkosten, Versicherungen oder Telefon sind in der Regel mit dem korrekten Kurs zu 1,95583 Mark umgerechnet worden. Diese Ausgaben sind für alle also exakt gleich geblieben.

Auf Sparkurs mit der neuen Währung

Manche Unternehmen mochten die Preise erhöht haben, aber es gab es auch Geschäfte, die ihre Preise reduzierten. Auch wenn es den meisten nicht so vorkam: In verschiedenen Großstädten hatten Verbraucherschützer zuerst im Jahr 2001 und dann zum Vergleich im Jahr 2002 Versuchskäufe an denselben Orten vorgenommen und festgestellt, dass nicht alles teurer geworden ist. Manches war sogar billiger als noch 2001.

Für den einzelnen Verbraucher entstand jedoch der Eindruck: Alles ist teurer. Denn schließlich sah niemand täglich auf seinen Mietvertrag oder auf die Gebührenabrechnung der Müllabfuhr. Die Milch im Supermarkt, die Brötchen beim Bäcker oder das

Glas Wein in der Kneipe dagegen – das alles merkte man fast täglich.

Ob der Euro nun ein Teuro ist oder nicht, in jedem Fall ist seit Januar 2002 ein neues Preisbewusstein in Deutschland eingezogen. Wo vorher das Geld mit beiden Händen aus dem Fenster geworfen wurde, überlegen es sich die Menschen nun zweimal, ob sie etwas kaufen oder nicht.

Das Ergebnis dieses neuen Preisbewusstseins zeichnete sich schnell ab: Der Einzelhandel beklagte sich über Umsatzeinbußen von bis zu 14 Prozent. Und auch andere hatte es böse erwischt. Die Möbelbranche war ebenfalls mit Umsatzeinbußen von rund 14 Prozent betroffen. Aber auch an Unterhaltungselektronik (zwölf Prozent), Bekleidung (ebenfalls zwölf Prozent) und Naturwaren (elf Prozent) sparen die Deutschen seit der Euro-Einführung deutlich.

Dass die Leute ihr Geld bewusster in die Hand nehmen und auch nicht leichtfertig wieder aus der Hand geben, hat damit einen positiven Nebeneffekt: Die Bürger sparen wieder!

1991 haben die Deutschen rund 13 Prozent ihres Einkommens auf die Seite gelegt. Seither nahm die Sparfreudigkeit konstant ab, 1999 lag die Sparquote sogar unter zehn Prozent.

Zur Verdeutlichung: Anfang der 90er Jahre hat ein durchschnittlich verdienender Handwerker etwa 7800 Mark im Jahr auf die hohe Kante gelegt, Ende der 90er Jahre waren es nur noch knapp 6000 Mark. Dann kam der Teuro und die Sparquote schnellte binnen weniger Monate hoch auf 13,9 Prozent. Unser Beispiel-Handwerker legt jetzt also 8340 Mark, umgerechnet 4264 Euro, aufs Sparbuch – so viel wie seit zehn Jahren nicht mehr! Vielleicht ist der Euro demnach gar kein »Teuro« – sondern in Wahrheit ein »Sparo«.

Wie auch immer: In jedem Fall finde ich es gut und richtig, besser auf sein Geld aufzupassen und es nicht sinnlos auszugeben! Denn Kostenbewusstsein ist der Grundstein für Reichtum. Das wusste schon meine Großmutter, und die führte deswegen gründlich ihr Haushaltsbuch.

Die Zehn-Prozent-Börse

Dieses alte Hausmittel gegen die Schuldengrippe empfehle ich auch heutzutage noch gern. Deswegen habe ich Ihnen ja auch bereits am dritten Tag unseres 30-Tage-Programms eine entsprechende Finanzübung aufgetragen: das »Geld-Tagebuch«. Einfach jeden Tag in ein kleines Schulheft notieren, wie viel Geld man den Tag über wofür ausgegeben hat. So weiß man immer, was man den Monat über schon ausgegeben hat und vor allem, wie viel bis zum Monatsende noch übrig bleibt.

Und noch etwas habe ich von meiner Großmutter gelernt, nämlich den Zehn-Prozent-Trick! Und der funktioniert so:

Immer wenn Sie Geld vom Konto abheben, legen Sie davon sofort zehn Prozent zur Seite. Dafür besorgen Sie sich am besten eine Extra-Geldbörse, die Sie immer bei sich tragen – genau wie Ihr normales Portemonnaie. Wichtig ist, dass Sie jedoch nie Geld aus dieser Zehn-Prozent-Geldbörse herausnehmen, sondern immer nur Geld hineintun!

Wenn Sie diese Strategie konsequent durchziehen, werden Sie sehr schnell sehen, wie sich Ihr Geld vermehrt. Und das ist ein wunderschönes Gefühl. Denn alles, was Sie in dieser Geldbörse haben, ist Geld, das Sie normalerweise unreflektiert ausgegeben hätten. Aber statt weniger zu werden, wird es immer mehr.

Sie spüren quasi täglich Ihren Besitz und sehen, wie er sich sogar auf wundersame Weise mehrt. Irgendwann werden Sie so viel Geld in dieser Zehn-Prozent-Börse haben, dass Sie etwas damit kaufen können, was Sie sich normalerweise nicht leisten würden. Oder aber Sie bringen das Geld auf die Bank. Dann ist die Geldbörse wieder leer und Sie können eine zweite Runde starten, während die Erträge aus der ersten Sparrunde Ihnen zusätzliche Zinsen bringen.

Dieser Zehn-Prozent-Trick funktioniert immer, egal wie wenig Geld Sie haben. Ich selbst habe ihn das erste Mal an meinem zehnten Geburtstag angewandt: Ich hatte von meinen Verwandten knapp 50 Mark zum Geburtstag geschenkt bekommen. Natürlich wollte ich mir gleich ganz viele tolle Sachen davon kaufen, aber dann erinnerte ich mich an den Trick von meiner Oma und steckte fünf Mark in mein Sparschwein. Fortan legte ich von allem, was ich geschenkt bekam oder verdiente, ein Zehntel beiseite. Und an meinem elften Geburtstag hatte ich schon über 100 Mark gespart.

Am Ende des Geldes noch ganz viel Monat übrig?

Auch meinem Bekannten Peter habe ich diesen Trick vor einiger Zeit verraten. Seit ich Peter kenne, und das sind mittlerweile schon acht Jahre, hat er ein Geldproblem. Und das, obwohl er gar nicht so schlecht verdient. Trotzdem reicht es für ihn und seine Familie doch nie so richtig. Selbst nach der lang ersehnten Gehaltserhöhung war es nach kurzer Zeit wieder das Gleiche: Am Ende des Geldes war noch ganz viel Monat übrig.

Eines Tages kam er auf mich zu und fragte mich verzweifelt, ob ich ihm denn nicht etwas leihen könnte, damit er an der Börse spekulieren könne. Natürlich wollte ich ihm aus der Patsche helfen. Aber ihm Geld zu leihen, damit er spekulieren geht, schien mir nicht der richtige Weg. Denn niemand sollte auf Kredit Aktien kaufen!

Selbst wenn man wirklich Ahnung vom Börsengeschäft hat, kann es passieren, dass eine Aktie an Wert verliert – es gibt keinen 100-prozentig sicheren Aktien-Tipp! Das wusste ich aus eigener Erfahrung. Also gab ich ihm statt Geld den Tipp, es einmal mit Omas Zehn-Prozent-Trick zu versuchen. Und siehe da: Selbst Peter hat es auf diese Weise geschafft, ein bisschen Geld auf die Seite zu legen. Und zwar nach wenigen Monaten genug, um damit Aktien zu kaufen.

Neulich kam er zu mir und dankte mir: »Weißt du«, sagte er, »zuerst habe ich mich gegen die Idee gesträubt. Aber als ich gesehen habe, wie meine Zehn-Prozent-Börse immer schwerer wurde, wie sich immer mehr und vor allem größere Scheine darin sammelten – da habe ich begriffen, was du meinst! Ich war stolz darauf, Geld zu haben.« Ich fragte ihn, ob es ihm schwer gefallen sei, zehn Prozent weniger Geld zur Verfügung zu haben, und da lachte er: »Nein, gar nicht. Denn als ich zehn Mark hatte, hat das Geld ja auch nie gereicht. Und nun hatte ich eben neun Mark, und die haben auch nicht gereicht. Meinen Lebensstil musste ich dadurch komischerweise gar nicht verändern. Ich hatte immer noch zu wenig Geld, aber in Wahrheit wurde ich langsam immer reicher. Denn im Gegensatz zu früher hatte ich nun ja einige Euro gespart, statt sie auch einfach noch auszugeben.«

Und in diesem Moment wusste ich, dass Peter nie wieder ein Geldproblem haben würde. Denn er hatte seine Einstellung zu Geld verändert. Früher ärgerte er sich, kein Geld zu haben, obwohl er welches hatte. Jetzt hatte er genauso viel, aber freute sich daran, es zu haben. Und weil es ihm Freude machte, passte er gut darauf auf und sorgte dafür, dass es mehr wurde.

Der Trick mit dem Extra-Lohn

Inzwischen geht Peter sogar noch einen Schritt weiter, denn er zahlt sich mittlerweile ein eigenes Gehalt. Wie, werden Sie jetzt erstaunt fragen, was ist das denn jetzt schon wieder für eine Idee? »Ein eigenes Gehalt kann man sich doch gar nicht zahlen, das bekommt man doch vom Arbeitgeber, oder?« Stimmt. Aber denken Sie mal in Ruhe nach: Wen in Ihrer Umgebung bezahlen Sie alles?

Sie bezahlen Ihren Frisör, Ihren Metzger, Ihren Bäcker und Ihren Getränkehändler. Sie bezahlen an der Supermarktkasse, in der Boutique, im Kino und in der Videothek. Die unterschiedlichsten Leute bekommen Geld von Ihnen für Leistungen – nur eine Person bekommt von Ihnen nie Geld. Das sind Sie selbst. Und das sollte Sie doch stutzig machen, oder?

Also fangen Sie doch einfach einmal damit an! Zahlen Sie sich jeden Monat selbst ein Gehalt: Zweigen Sie einfach sofort ein

Zehntel Ihres Einkommens als Ihren ganz persönlichen Zusatzverdienst vom Girokonto ab. Überweisen Sie diesen Betrag auf ein eigenes Konto – am besten per Dauerauftrag. Sie werden sehen: Schon sehr bald werden Sie ein stattliches Sümmchen angespart haben.

»Das mag ja eine schöne Idee sein«, werden Sie jetzt vielleicht einwenden, »aber mein Geld reicht doch auch so schon nicht.« Ich verstehe Ihre Skepsis. Aber derlei hat Peter eben auch gesagt und trotzdem sehr schnell gemerkt, dass das eigentlich nur eine dumme Ausrede ist.

Bedenken Sie: Wenn Sie sich zehn Jahre lang Ihr eigenes Gehalt auszahlen, haben Sie das auf dem Konto, was Sie jetzt in einem ganzen Jahr verdienen! Lohnt es sich dafür nicht, auf jedes zehnte Bier, auf jedes zehnte Eis, auf jedes zehnte T-Shirt zu verzichten? Und was noch besser ist: Wenn Sie dieses Geld für sich arbeiten lassen, also Aktien kaufen oder Pfandbriefe – dann wird es immer mehr werden.

Vom Spartag zur Sparwoche

Mein liebster Spartipp ist gleichzeitig mein ältester: Schon als kleiner Junge hielt ich nämlich mein Erspartes gerne zusammen und wollte es immer eher vermehren als verschleudern.

Im Alter von zwölf Jahren brachte mich die Mutter eines Schulkameraden auf eine besondere Idee: Sie wollte ihre schlanke Figur bewahren und legte deshalb einmal in der Woche einen »Obsttag« ein. Nun war mir meine Figur damals nicht so wichtig, aber ich erkannte: Was mit Kalorien geht, das geht auch mit Ausgaben! Also nahm ich mir vor: Einen Tag in der Woche wollte ich einfach kein Geld ausgeben. Keine Milch beim Schulbäcker, kein Kaugummi, keine *Bravo* am Kiosk, kein Kino.

Damit ich an diesem Spartag nicht in Versuchung geriet, ließ ich einfach meine Geldbörse zu Hause. Ich hatte einfach gar kein Geld dabei. Da konnten mich die tollen Sachen noch so sehr anlachen, ich hatte nichts in der Tasche und konnte also auch nichts ausgeben.

Irgendwann begann ich den Zeitraum ohne Geld auszudehnen, bald verbrachte ich eine ganze Woche, ohne Geld auszugeben. Und diese Sparwoche lege ich bis heute immer mal wieder ein. Ich gehe dann weder essen noch in die Kneipe, hole mir kein belegtes Brötchen beim Bäcker, gehe weder tanzen noch ins Theater oder Kino und auch nicht Eis essen. Kurzum: Ich gebe kein Geld für private Dinge aus.

Natürlich zahle ich in diesen Wochen meine Miete, meinen Strom, das Telefon und mein Benzin, aber wirklich nur das. Nur dann, wenn es mit Geldverdienen, also dem geschäftlichen Bereich zu tun hat, erlaube ich mir, Geld auszugeben.

Vor allem Frauen verstehen, welchen Effekt eine solche Woche für das eigene Bewusstsein hat. Viele Frauen legen nämlich ab und zu eine Fastenwoche ein, wo sie weniger oder gar nichts essen und sich nur von Gemüsesäften ernähren. Wenn die Woche um ist, schmeckt alles doppelt so gut, man ist schneller satt und vor allem merkt man, wie achtlos man vorher die Dinge in sich hineingestopft hat. Und genauso geht es einem nach der Sparwoche.

Genau wie die Fastenzeit sollten Sie auch eine Sparwoche ein bisschen planen und nicht gerade in einer stressigen Situation damit anfangen. Schließlich wollen Sie in dieser Woche nicht verhungern: Sie müssen deshalb vorher genügend einkaufen und natürlich mittags oder abends kochen.

Aber Sie werden erstaunt sein, wie leicht das Sparen damit funktioniert. Und Sie werden sich wundern, wie viel Spaß es macht. Ich fühle mich nach einer Sparwoche wie nach einer Diät. Ich bin richtig stolz, dass ich durchgehalten habe und freue mich, dass ich mit einer Menge Geld, das ich eingespart habe, belohnt werde. Vor allem macht mich die Erkenntnis froh, dass es mir trotzdem nicht schlechter geht als vorher. Ich merke, dass man auf vieles leicht verzichten kann und gebe hinterher wieder sehr viel bewusster Geld aus.

Tageslohn

Der 14. Tag war ein wirklicher Spartag, an dem Sie gelernt haben, wie leicht es ist, Geld zurückzulegen:

- Sie haben ab sofort ein neues Preisbewusstsein.
- Sie kennen den Zehn-Prozent-Trick.
- Sie werden sich eine Zehn-Prozent-Börse zulegen und täglich Ihren wachsenden Reichtum spüren.
- Sie wissen, wie man sich selbst ein eigenes Gehalt auszahlen kann.
- Sie haben erfahren, wie einfach und wie schön es sein kann, ab und zu eine Sparwoche einzulegen.

Den Tageslohn für meine Trainingskasse hole ich mir heute aus meiner Kindheit, in der ich innerhalb von einem Jahr hundert Mark, also etwa 50 Euro gespart habe.

! TAGESLOHN **EURO 50,00**
Aktuelles Sparpotenzial EURO 968,60

Börse: Grundlagen

TAG 15

In die Börse muss man gehen wie in ein kaltes Brausebad: Schnell hinein und schnell wieder heraus.

Salomon Rothschild
(österreichischer Bankdirektor)

Sie beobachten nun schon seit knapp einer Woche aufmerksam die Börse. Vielleicht lesen Sie schon die wichtigsten Aktienmagazine und haben sich sogar schon die eine oder andere Lieblingsaktie ausgeguckt.

Dann wird es nicht mehr lange dauern, bis Sie das Börsenfieber packt! Darum sollten Sie sich nun langsam an den Gedanken gewöhnen, demnächst mit echten Aktien an der Börse zu handeln. Und da wird es Ihnen nicht sehr viel anders ergehen als allen anderen Börsenanfängern.

Im April letzten Jahres war ich zu Gast bei dem Discountbroker Consors, um mit den Usern der Internet-Community zu chatten und mein Wissen zu teilen. Es kamen viele Fragen zu einzelnen Werten und verschiedenen Anlagestrategien. Im Anschluss an den Chat plauderte ich mit den Consors-Mitarbeitern. Sie alle hatten mein Buch »Ich mache Sie reich« gelesen, und ich wurde förmlich mit Fragen bombardiert: »Mensch, Herr Frick, erzählen Sie uns doch mal, wie Sie eigentlich so erfolgreich geworden sind. Wie handeln Sie mit Aktien? Haben Sie dabei eine bestimmte Strategie?«

Ich erklärte auch ihnen die Strategie, die ich Ihnen schon am neunten Tag verraten habe: Ich halte die Aktien nur kurzfristig und versuche jeweils 20 oder 30 Prozent Gewinn damit zu machen. Mit diesem Gewinn gebe ich mich zufrieden und verkaufe die Aktien, sobald ich ihn erzielt habe.

Dann verriet ich ihnen meine zweite Strategie: Ich halte niemals mehr als zwei bis drei Werte im Depot. Und da machten die Leute um mich herum große Augen: »Was? Nur zwei bis drei Werte? Und damit sind Sie Millionär geworden?« Das konnten sie gar nicht glauben. Aber genau so ist es. Es gehört zu meiner Grundüberzeugung, dass man sich immer nur so viele Aktien zulegen sollte, wie man sich zutraut, Kinder zu erziehen. Und ganz ehrlich: Mehr als drei kann ich mir nicht vorstellen. Oder könnten Sie über eine Rasselbande von zehn, zwölf Kindern immer den Überblick behalten? Wüssten immer, wo sich jedes gerade befindet und was es gerade macht? Mit Aktien ist es nicht anders.

Weniger ist mehr

Als ich diese Ansichten vor dem Leiter der Community vertrat, sprang er ganz aufgeregt auf. Er gab mir in allen Punkten Recht und meinte, dass diese Strategie in der Tat die richtige sein müsste. Darüber habe ich mich natürlich gefreut. Überraschend für mich war es, als er mir berichtete, dass er diesen Tipp von allen erfolgreichen Börsenspekulanten bekommt. Wirklich jeder, der an der Börse zu Geld gekommen ist und mit dem er bislang gesprochen hatte, hätte höchstens drei Werte zeitgleich im Depot, erzählte er mir. Und dass ich auch dieser Meinung sei, würde ihn nun endgültig darin bestätigen, das Gleiche zu tun.

Die meisten Menschen glauben, wenn sie zehn, 15 oder gar 20 verschiedene Werte in ihrem Depot haben, hätten sie ein perfektes Gewinn-Risiko-Verhältnis. Das klingt ja zunächst auch einleuchtend: Je mehr Aktien ich habe, desto geringer trifft es mich, wenn eine einzelne Aktie mal einbricht. Aber ich persönlich kenne keinen einzigen Menschen, der mit zehn oder mehr Werten eine außerordentliche Performance erzielt hätte.

»Das ist doch viel zu riskant und zudem hochspekulativ, wenn man nur einige wenige Werte besitzt«, widersprach mir bei einem meiner Vorträge ein Zuschauer in Stuttgart. »Warum?«, fragte ich nach. »Wenn eine der drei Aktien Verluste macht, eventuell sogar große Verluste macht, verlieren Sie gleich ein Drittel Ihres Vermögens!«, ereiferte sich der Stuttgarter. Und da hat er natürlich Recht: Wenn jemand tatsächlich sein ganzes Geld in nur drei Werte investiert, geht er ein sehr großes Risiko ein.

Deshalb empfehle ich Ihnen, niemals Ihr gesamtes Vermögen oder all Ihre Ersparnisse anzulegen. Angenommen, Sie haben 20 000 Euro auf der hohen Kante und kaufen dementsprechend für 2000 Euro einen Aktienwert. Selbst wenn diese Aktie 15 Prozent Minus macht, dann haben Sie – insgesamt gesehen – nur 1,5 Prozent Minus gemacht. Denn Ihre Aktien sind zwar nur noch 1700 Euro wert, und Sie haben 300 Euro verloren. Aber 19 700 Euro haben Sie immer noch auf der hohen Kante, also 98,5 Prozent Ihres Vermögens.

Stop – in the name of money!

Jeder, der an der Börse schon sehr viel Geld verloren hat, weiß, wie weh es tut, wenn eine Aktie ins Bodenlose stürzt. Jeder kennt das Gefühl der Ohnmacht, der Angst und der Wut. Auch ich habe es schon oft genug erlebt. Besonders als Börsenneuling ist es mir immer wieder passiert, dass ich den richtigen Zeitpunkt zum Verkauf eines Papiers verpasst habe.

Gehen 1000 Euro flöten, schmerzt es uns fast körperlich. Gewinnen wir aber 1000 Euro, meldet sich nach einem kurzen Moment der Freude sofort die Gier zu Wort: Wir wollen mehr Gewinn, dann noch etwas mehr Gewinn und zuletzt noch viel mehr Gewinn. Plötzlich schlägt der Kurs um. Aber statt die Aktie jetzt zu verkaufen – schließlich hat man doch schon so viel Gewinn verbucht –, hält man an den vermeintlichen Stars im Depot weiter fest.

Die Papiere werden nicht rechtzeitig abgestoßen und fallen womöglich sogar unter den Einstiegskurs.

Bekannt ist dieses Phänomen unter dem Namen »Risiko-Paradoxon«. Es bedeutet, dass Anleger – und zwar Anfänger wie Profis, denn davor ist niemand gefeit – dazu neigen, in Verlustsituationen die Lage positiver einzuschätzen, als es realistisch ist, und versuchen, die Situation einfach auszusitzen. Und dagegen hilft nur der »Stopp-Kurs«. Am zehnten Tag haben Sie gelernt, dass das größte Risiko beim Spekulieren die eigenen Gefühle sind. Sorgen Sie deshalb dafür, dass Sie an der Börse immer angeschnallt sind – und zwar bevor Sie aufs Gas treten. Den Gurt anzulegen, ist ganz einfach: Beim Kauf einer Aktie legen Sie sofort einen so genannten »Stopp-Kurs«, oder in der Börsensprache ein »Stop-Loss«, fest. Damit bestimmen Sie, wie weit Ihre Aktie maximal fallen darf. Sobald dieser Wert erreicht ist, wird Ihre Aktie automatisch verkauft. Und damit können Sie sicherstellen, dass die Aktie abgestoßen wird, bevor sie richtig viel Schaden anrichten kann.

Ich selbst setze meine Stop-Loss-Order immer genau 15 Prozent unter dem Einstiegskurs. Kaufe ich mir eine Aktie im Wert von 100 Euro, dann beobachte ich den Kurs und alle Schwankungen wie gewohnt. Doch sobald die Aktie unter 85 Euro fällt, stoße ich sie ab. Natürlich ist es mir auch schon passiert, dass die Aktie danach wieder gestiegen ist. Das ist dann Pech! Aber es hätte ja auch anders kommen können.

Sicherheitsgurt Stop-Loss-Orders

Die Stop-Order können Sie auf zwei Arten setzen: Entweder Sie geben Ihrer Bank gleich beim Kauf der Aktie den Auftrag, das Papier ab einem bestimmten Kurs wieder zu verkaufen, oder Sie setzen sich dieses Limit im Kopf. Das erfordert einiges an Selbstdisziplin. Denn wie oft habe ich gehört, dass ein Anleger eine fallende Aktie nicht rechtzeitig verkauft hat, weil er seinen eigenen Stopp-Kurs ignorierte. Da war dann die Hoffnung größer als alle Vernunft.

Im obigen Beispiel habe ich den Stopp-Kurs bei einer glatten Zahl, nämlich 85 Euro, gesetzt. Noch besser und erfolgreicher allerdings ist es, seinen Verkaufswert auf einen »krummen Betrag« zu setzen, also auf 85,5 Euro zum Beispiel. Das hat wieder mal etwas mit Psychologie zu tun – diesmal allerdings nicht mit Ihrer, sondern mit der von anderen Anlegern.

Die meisten Menschen setzen ihre Stopp-Kurse auf runden Beträgen, 80, 90 oder 100 Euro. Angenommen, Sie kaufen eine Aktie bei einem Aktienkurs von 103 Euro und setzen einen Stopp-Kurs von 90 Euro. Sobald der Wert bei 89,8 oder 89,9 angekommen ist, werden nun alle Aktien mit der Stop-Order von 90 Euro verkauft.

Durch die vielen Stop-Loss-Verkäufe allerdings kann es nun passieren, dass der Kurs bis auf 82 Euro fällt. Da Sie nun am selben Tag wie alle anderen mit der gleichen Stop-Order verkaufen, bekommen Sie nun nicht die erwarteten 90 Euro, sondern lediglich 82 – nämlich den aktuellen Tageswert. Trotz Ihres Stopp-Kurses sind Sie also zusammen mit all den anderen, die einen glatten Stopp-Wert gesetzt haben, der oder die Dumme.

Viel besser ist es deshalb, den Stopp-Kurs etwas oberhalb der runden Beträge anzusetzen: in unserem Beispiel also bei 90,8 oder 91,2 Euro. Denn dann können all die anderen, die glatte Werte angegeben haben, Sie nicht mit in den Sumpf ziehen. Sie erhalten stattdessen relativ sicher Ihre 91,2 Euro und rutschen nicht durch Panikverkäufe hinunter.

Diese Strategie möchte ich Ihnen anhand des folgenden Beispiels verdeutlichen: Ich kaufe eine Aktie bei 100 Euro und setze den Stopp-Kurs in meinem Kopf bei 87,5 Euro. Ausschlaggebend, ob ich verkaufe oder nicht, ist für mich immer der tägliche Schlusskurs. Sollte die Aktie nun zum Beispiel mit 87 Euro schließen, werde ich die Aktie am nächsten Morgen in den ersten zwei Handelsstunden verkaufen. Das tue ich allerdings nur dann, wenn diese Aktie nicht mehr über meinen Stopp-Kurs steigt. Sollte die Aktie am nächsten Tag jedoch wieder mit 89 Euro eröffnen, dann schicke ich sie nicht raus. Falls ihr Wert allerdings in den ersten zwei Stunden nicht mehr über 87,5 Euro geht, fliegt die Aktie aus meinem Depot. Ich höre dann auch nicht auf Meldungen, Ankündigungen oder gute Tipps, sondern ich handle konsequent, um meine Verluste möglichst klein zu halten.

Wer nicht stoppt, verliert

Wilhelm, ein guter Bekannter meines Vaters, hat vor einiger Zeit eine Aktie aus dem Neuen Markt gekauft. Es war die Aktie Team Communication, die inzwischen fast wertlos ist. Damals hatte er 20 Euro dafür bezahlt. Zunächst stieg die Aktie auf 24 Euro.

Als ich Wilhelm beim Geburtstag meines Vaters traf, machte er mir böse Vorwürfe: Ich hätte ihm die Aktie vor anderthalb Jahren schließlich empfohlen und nun hätte er 98 Prozent Verlust gemacht, weil die Aktie nur noch 40 Cent, also fast nichts mehr wert sei.

Ich schaute ihn etwas verdutzt an und fragte ihn, ob er denn keinen Stopp-Kurs gesetzt habe. Er meinte nur: »Nein, wieso denn? Die nutzen mir doch jetzt auch nichts mehr, oder?«

Natürlich war es jetzt dafür zu spät. Aber den Fehler hat er schließlich gleich zu Beginn gemacht. Er hätte den Stopp-Kurs bei einem Einkaufspreis von 20 Euro bei etwa 17,2 Euro setzen sollen und dann auch konsequent die Aktie wieder verkaufen müssen. Dann hätte er niemals noch eine Aktie im Depot, die bei 0,4 Euro herumdümpelt. Mit einem Stopp-Kurs, wie ich ihn empfehle, hätte er je Aktie 16,8 Euro weniger Verlust gemacht.

Das hat ihm zwar eingeleuchtet, aber er wollte es trotzdem nicht einsehen. Er hatte beschlossen, dass ich der Schuldige an seiner Misere sei. Immer wieder fällt es Börsianern schwer, sich einzugestehen, dass sie Fehler gemacht haben. Und genau das ist das Problem: Viele überschätzen ihr Börsenwissen und hoffen wie beim Roulette immer wieder auf den Sieg. Da es aber an der Börse wie beim Glücksspiel niemals eine Sicherheit gibt, sollte man sich immer durch den Sicherheitsgurt Stop-Loss-Order absichern.

Stopp-Kurs – ein Allheilmittel?

Eigentlich ist es logisch, aber es wird doch gerne wieder vergessen: Steigt Ihre Aktie, dann sollten Sie immer gleich daran denken, Ihren Stopp-Kurs dem aktuellen Stand anzupassen. Ein Beispiel: Sie haben eine Aktie bei 100 Euro gekauft und den Stopp-Kurs bei 88 Euro gesetzt. Jetzt steht die Aktie bei 114 Euro – den angepassten Stopp-Wert könnten Sie nun also bei etwa 103 Euro setzen. Steigt die Aktie weiter, dann freuen Sie sich und rücken mit Ihrer Stopp-Marke nach! So sichern Sie auch Ihre Gewinne nach unten ab.

Schon sehr häufig wurde ich nach Vorträgen von Menschen angesprochen, die von mir erstmals von dieser Möglichkeit des sicheren Ausstiegs gehört haben. Manche davon sind allerdings ganz enttäuscht, weil sie nur Fonds besitzen und denken, bei Fonds könnten sie keine Stop-Loss-Orders setzen. Das ist aber falsch.

Ich persönlich rate sogar dringend dazu! Und zwar aus eigener Erfahrung: Ich habe mir vor einigen Jahren bei 10,5 Euro einen Neuer-Markt-Fonds gekauft. Dafür investierte ich sogar einen Großteil meines Vermögens. Da ich bei Fonds die Stopp-Kurse sogar noch enger als bei Aktien setze, nämlich allerhöchstens zehn Prozent vom aktuellen Wert, verkaufte ich ihn bei 9,5 Euro. Das tat mir damals ziemlich weh.

Allerdings zeigte sich recht schnell, dass meine Entscheidung richtig war: Heute steht dieser Neuer-Markt-Fonds bei 0,8 Euro!

Meine Kritiker rechnen mir gerne vor, dass auch ein Stopp-Kurs nicht hilft, wenn eine Aktie an einem Tag um 40 Prozent fällt. Das ist natürlich richtig. Doch zum Glück kommt es an der Börse nicht oft vor, dass die Werte derartig ins Bodenlose stürzen.

Sicher ist der Stopp-Kurs kein Allheilmittel und wird Sie nicht vor jeglichen Verlusten bewahren, aber er gehört zu den Instrumenten, die Sie nutzen sollten.

Werden Sie Ihre Fehler los

Gerade in den vergangenen Monaten habe ich von vielen Menschen immer wieder den Satz gehört: »Ich gucke schon gar nicht mehr hin, meine Aktien gehen doch sowieso jeden Tag runter.«

Verständlich – aber trotzdem ist das die falsche Einstellung! Bevor Sie den Kopf in den Sand stecken und sich überhaupt nicht mehr um Ihre Aktien kümmern, sollten Sie die Aktien lieber schnell verkaufen und mit frischem Mut und einem guten Gefühl nach einiger Zeit wieder einsteigen.

Das hat einen psychologischen Grund, den ich begriffen habe, als ich mich mit einer früheren Bäckerkollegin unterhalten habe: Verena hatte sich in einem Geschäft im Schlussverkauf eine Jacke gekauft, dunkelrot, etwas extravagant, aber im Laden hatte sie ihr gefallen. Doch als sie die Jacke zu Hause noch mal anprobierte, erschrak sie: »Oh Gott, diese Jacke ist ja schrecklich!«

Ein absoluter Fehlkauf, wie er sicher jedem von uns schon mal passiert ist. Zuerst wollte Verena die Jacke in den Schrank hängen, schließlich war sie ja nagelneu. Normalerweise hätte sie die Jacke einfach umgetauscht, aber weil es sich um ein Schlussverkaufs-Schnäppchen handelte, nahm der Laden die Jacke nicht zurück. Doch Verena war klar, dass sie die Jacke niemals anziehen würde, ganz egal wie lange sie im Schrank hängt. Sie würde sie dort also jeden Tag anschauen müssen, und sich Tag für Tag über ihren Fehlkauf ärgern. Das wollte sie sich jedoch nicht antun. Denn jeden Tag an einen Fehler erinnert zu werden, war für sie schlimmer, als den Fehler einfach zuzugeben – und den Ärger schnell und möglichst schadlos zu beenden. Also trug sie die Jacke in einen Secondhandladen, wo sie noch etwas Geld dafür bekam. Nun hatte sie zwar Verlust gemacht und für nichts und wieder nichts Geld ausgegeben. Aber das wäre auch nicht anders gewesen, wenn sie die Jacke im Schrank gelassen hätte. Ihre Devise: Lieber den Verlust offen eingestehen, als sich täglich der hässlichen Erinnerung auszusetzen!

Genauso sehe ich das bei Aktienfehlkäufen. Einer meiner Seminarteilnehmer hatte eine Aktie bei 75 Euro gekauft, sie stand jetzt bei 35 Euro. Er meinte, dass er nun die Aktie doch behalten könne, denn jetzt wäre sie ja schon so tief, dass sie nur noch steigen könnte. Doch das halte ich für falsch. Und ich persönlich möchte auch keine solch negativen Aktien in meinem Depot haben. Da bekäme ich jedes Mal schlechte Laune – und deshalb verkaufe ich die Aktie lieber, freue mich darüber, sie los zu sein, kann neu investieren und es besser machen.

Tageslohn

Am heutigen 15. Tag haben Sie die Grundlagen des Börsengeschäfts kennen gelernt:

- Sie wissen, warum es klug ist, nie mehr als zwei oder drei Aktien im Depot zu haben.
- Sie haben erfahren, dass man niemals sein gesamtes Vermögen in Aktien investieren sollte, egal wie »sicher« sich der Aktientipp auch anhören mag.
- Sie werden ab sofort Stopp-Kurse setzen!
- Sie kennen die Nachteile von glatten Stopp-Kursen und wissen, wie man verhindert, in den Strudel von Panikverkäufen zu geraten.

Den Tageslohn für meine Trainingskasse hole ich mir heute von allen, die es anders machen als Wilhelm. Denn wer beim Kauf der Team Communications-Aktie zu 20 Euro eine Stop-Loss-Order von 15 Prozent unter dem Einstiegskurs gesetzt hat, hat im Gegensatz zu Wilhelm je Aktie 16,80 Euro mehr auf dem Konto.

TAGESLOHN EURO 16,80

Aktuelles Sparpotenzial EURO 985,40

!

TAG 16

Steuererklärungen lohnen sich immer

Auch ein Dummkopf kann zu Geld kommen. Aber nur ein Kluger wird es behalten.

Carmelo Saggio (italienischer Kaufmann)

Steuern – wer hasst sie nicht? Ich bin mir bewusst, dass über meine Steuergelder die öffentlichen Kindergärten und Schulen betrieben werden, dass damit Straßen gebaut und Ampelanlagen gewartet werden, dass Forschung und Wissenschaft, die Bundeswehr, Justizvollzugsanstalten, Sozial- und Kultureinrichtungen und so weiter finanziert werden.

Trotzdem zahle ich nicht gern Steuern. Denn ich weiß auch, wie viel Steuergelder jährlich verschwendet werden. Und dafür, dass andere mein Geld aus dem Fenster werfen, habe ich zu lange und zu hart gearbeitet.

Manche Menschen interessieren sich so wenig für Steuern, dass sie noch nicht mal eine Steuererklärung abgeben. Aber das ist dumm! Denn jeder kann sich vom Finanzamt so einiges zurückholen. »Ja klar, aber dann muss ich einen Steuerberater bezahlen und der kostet mehr, als er mir einbringt«, werden Sie jetzt vielleicht einwenden. Stimmt, aber nur dann, wenn Sie ein geringes Einkommen haben. Und dann können Sie Ihre Steuererklärung auch selbst machen. So schwer ist das nämlich gar nicht.

Mein Freund Robert allerdings hat jedes Jahr wieder missmutig vor einem unübersichtlichen Stapel Quittungen gesessen, die er im Lauf des vergangenen Jahres gesammelt hatte. Wochenlang hat er die Steuererklärung vor sich hergeschoben. Hätte er das nötige Kleingeld, würde er den ganzen Papierkram kurzerhand einem Steuerberater übergeben. Das hatte er nur leider nicht – aber dafür schlechte Laune, zumindest an den Wochenenden, an denen er sich mit seiner Steuererklärung herumquälte. Doch das ist jetzt vorbei – Robert hat nämlich die Lohnsteuerhilfevereine entdeckt.

Lohnsteuerhilfevereine – eine sinnvolle Alternative zum Berater

Rund 700 Lohnsteuerhilfevereine gibt es seit den 60er Jahren in Deutschland. Sie sind alle Selbsthilfevereine, in denen sich Arbeitnehmer gegenseitig in Lohnsteuersachen beraten, sich helfen und wichtige Tipps geben. Sie berechnen vorab die zu erwartende Steuererstattung, reichen die Steuererklärung beim Finanzamt ein, überprüfen den Steuerbescheid des Finanzamts, legen Einspruch gegen unrichtige Steuerbescheide ein, klagen nach Absprache mit dem Mitglied vor dem Finanzgericht, führen Gespräche mit den zuständigen Finanzbeamten, beantragen die Eintragung von Freibeträgen auf der Lohnsteuerkarte, beraten über steuerliche Gestaltungsmöglichkeiten für die Folgejahre, berechnen und beantragen Kindergeld bei der Familienkasse, legen Einspruch gegen falsche Kindergeldbescheide ein und und und.

Diese vielfältige Beratung können allerdings nur Mitglieder in Anspruch nehmen. Der Mitgliedsbeitrag richtet sich nach dem Jahresbruttoeinkommen. In Bayern zum Beispiel liegt der Jahresbeitrag zwischen 51 und 230 Euro, die Aufnahmegebühr beträgt 15 Euro. Und damit ist dann jeder Service kostenlos.

Robert, der in Bayern wohnt, hat sich nun für eine Mitgliedschaft im Lohnsteuerhilfeverein entschieden. Er hat ein Jahresgehalt von rund 30 000 Euro und zahlt nun einen jährlichen Beitrag von 107 Euro – alle Hilfen bei der Steuerklärung inklusive! Ein Steuerberater würde etwa 245 Euro für diese Arbeit verlangen. Roberts Ersparnis: 138 Euro!

Fischen Sie Ihr Geld aus dem Papierkorb!

Es gibt viel Literatur zum Thema Steuern, und da sich zudem ständig die Gesetze ändern, will ich hier nicht zu sehr ins Detail gehen. Aber ein paar Grundsätze und ganz einfache Tipps möchte ich Ihnen heute natürlich trotzdem mit auf den Weg geben. Denn obwohl ich mir als Selbständiger einen Steuerberater leiste, lerne ich doch täglich hinzu.

Früher zum Beispiel habe ich niemals sorgfältig alle Belege aufgehoben, schon gar keine über nur ein paar Mark. Der Aufwand, das alles abzulegen, lohnt doch gar nicht, habe ich gedacht – und die Zettel immer gleich weggeworfen. Bis mir mein Steuerberater deshalb mal richtig auf die Finger geklopft hat.

Er hat mir erklärt, dass bei meinem hohen Steuersatz von 50 Prozent ein achtlos verschusselter Beleg über drei Euro eigentlich 1,50 Euro in bar sind, die ich damit in den Papierkorb werfe. Und seit ich mir das bildlich vorstelle, hebe ich sämtliche Belege gut auf – und setze sämtliche absetzbaren Kosten auch wirklich ab! Denn selbst wenn ich nur zehnmal im Monat solche kleinen Quittungen bekomme, wären das schon wieder 15 Euro im Monat, 180 Euro im Jahr – und das lohnt sich doch wirklich, oder?

Viele denken, dass sie als Arbeitnehmer sowieso keinen Einfluss auf ihre Steuern nehmen können. Die Steuern werden gleich vom Gehalt abgezogen und fertig. »Was soll ich da Quittungen sammeln?«, werde ich oft gefragt. Aber hier ist Umdenken angesagt!

Grundsätzlich gesehen kann jeder Arbeitnehmer alle Ausgaben, die einen Bezug zu seiner Arbeit haben, steuerlich geltend machen. Doch die Sache hat natürlich einen Haken: So ist relativ klar geregelt, welche Kosten vom Finanzamt als arbeitsbezogener Aufwand auch wirklich anerkannt werden.

Es gibt dazu viele schlaue Bücher, die Sie sich jeweils aktuell besorgen sollten. Wenn Sie das Buch kaufen, können Sie die Quittung gleich mit beim Finanzamt einreichen. Oder aber Sie leihen die Ratgeber in der Stadtbücherei aus, das kostet nämlich gar nichts – und schließlich werden Bibliotheken auch von Ihren Steuergeldern finanziert!

Machen Sie Spekulationsverluste geltend

Wer an der Börse Geld verloren hat, kann die Verluste mit den Spekulationsgewinnen verrechnen. Das funktioniert, wenn Sie Aktien oder Fondsanteile gekauft und innerhalb eines Jahres mit Verlust abgestoßen haben. Den Verlustbetrag können Sie dann von den Spekulationsgewinnen abziehen, die Sie im selben Zeitraum erzielt haben.

Und so rechnet das Finanzamt: Es zieht vom Verkaufspreis einer Aktie den Kaufpreis und die Werbungskosten ab. Zu letzteren zählen beispielsweise Ausgaben für Börsenzeitschriften oder Fachbücher zum Thema. Was dann übrig bleibt, ist entweder ein Gewinn oder Verlust.

Nun addiert das Finanzamt alle im selben Jahr erzielten Spekulationsgewinne und alle im selben Zeitraum gemachten Verluste. Das Ergebnis beider Rechnungen wird dann nochmals miteinander verrechnet. Wenn dann noch Verluste übrig bleiben, können Anleger diese wahlweise mit Gewinnen aus dem letzten Jahr oder aus künftigen Jahren verrechnen lassen.

Wer mit Aktien spekuliert hat, muss in der Steuererklärung das Halbeinkünfteverfahren beachten. Das bedeutet: Wer Gewinne erzielt hat, muss davon nur die Hälfte versteuern. Seine Werbungskosten kann er allerdings dann auch nur zur Hälfte geltend machen. Verluste berücksichtigen die Finanzbeamten ebenfalls nur zu 50 Prozent. Anders läuft es hingegen für die Fondssparer: Sie müssen ihre Gewinne und Verluste weiterhin nach altem Recht abrechnen, also Gewinne voll versteuern.

Betragen die Gewinne aus allen Spekulationsgeschäften nicht mehr als 512 Euro, bleiben sie steuerfrei. Wer diese Grenze knapp überschreitet, sollte noch schnell Belege aus dem vergangenen Jahr für Börsenmagazine oder Fachbücher suchen. Mit diesen Ausgaben lassen sich die Gewinne nämlich oftmals unter die Freigrenze drücken.

Tageslohn

Der 16. Tag kreiste um das Thema Steuern, und Sie haben wieder einiges erfahren, was Ihnen am Ende des Jahres bares Geld einbringen wird:

- Sie werden ab sofort immer eine Steuererklärung abgeben!
- Sie werden nie wieder eine Quittung wegwerfen, egal wie klein der Rechnungsbetrag auch sein mag.
- Sie wissen, dass Sie auch die Steuerratgeber und Lohnsteuer-Software beim Finanzamt geltend machen können.

Den Tageslohn für meine Trainingskasse hole ich mir heute von Robert, der seine Steuererklärung nicht bei einem Steuerberater, sondern bei einem Lohnsteuerhilfeverein machen lässt. Damit spart er jährlich etwa 138 Euro.

!

TAGESLOHN **EURO 138,00**

Aktuelles Sparpotenzial EURO 1123,40

Oh Preis, lass nach!

TAG 17

Dem Geld darf man nicht nachlaufen,
man muss
ihm entgegengehen.

Aristoteles Onassis
(griechischer Reeder)

Früher gab es in Deutschland ein Rabattgesetz, nach dem es nur zu bestimmten Zeiten erlaubt war, durch Rabatte die Preise zu senken. Zweimal im Jahr – im Sommer und im Winter – gab es den so genannten »Schlussverkauf«. An diesen Tagen räumte der Einzelhandel seine Lager leer und warf die nicht mehr aktuelle Ware zu Schleuderpreisen unters Volk.

Seit 2001 gibt es dieses Gesetz nicht mehr, jeder kann überall nach eigenem Ermessen die Preise senken. Den Schlussverkauf gibt es trotzdem noch, denn vor allem die Modegeschäfte wollen ja weiterhin am Ende der Saison Platz für neue Ware schaffen. Und am Ende des Winters werden die dicken Pelzmäntel gegen Bikini und Boxershorts getauscht. Trotzdem: Inzwischen kann man in Deutschland jederzeit nach Preisnachlässen fragen, auch wenn die Ware nicht entsprechend ausgezeichnet ist.

Fragen kostet nichts, und ich möchte ergänzen: Fragen kann ohne jedes Risiko sogar Geld einbringen. Denn der simple Satz: »Geben Sie auf die Ware Rabatt?«, macht wenig Mühe. Sagt der Verkäufer »Nein!«, hat man nichts verloren, sagt der Verkäufer aber »Ja!«, hat man schon wieder Geld gespart, egal wie viel oder wenig. Will man seine Gewinnchancen erhöhen, fragt man besser nicht einfach nur nach einem Rabatt, sondern hat auch noch das eine oder andere Argument in der Tasche.

So könnten Sie zum Beispiel auf kleine Mängel an der Ware hinweisen: »Der Knopf ist lose, den muss ich zu Hause noch mal annähen.« Oder: »Das ist das letzte Exemplar, offenbar ein Auslaufmodell. Bekomme ich da einen Preisnachlass?« Oder: »Wie viel Nachlass geben Sie mir, wenn ich das Ausstellungsstück kaufe?« Fast immer reagieren die Verkäufer sehr freundlich auf solche Fragen und fast immer lassen Sie sich auf einen Handel ein.

»Geben Sie mir die Provision – nicht dem Kreditinstitut!«

Meine Nachbarin Beate kauft gern auch mal in teuren Boutiquen ein. Wenn sie etwas findet, das ihr gefällt, geht sie damit zur Kasse und zieht die Kreditkarte aus ihrem Portemonnaie. Gerade in edlen Geschäften ist es fast immer möglich, mit Kreditkarte zu bezahlen. Aber Beate will gar nicht mit der Karte bezahlen. Sie zieht nur die Karte heraus, um zu zeigen, dass sie mit Karte zahlen könnte. Sie »droht« gewissermaßen mit Kartenzahlung.

Denn der Verkäufer weiß, dass er etwa drei Prozent seines Umsatzes als Provision an das Kreditinstitut abführen muss. Wenn jemand mit Karte bezahlt, verdient der Laden also statt 100 Euro nur 97 Euro. Und genau diese Provision fordert Beate nun zumindest als Preisnachlass.

Mit aller Seelenruhe sagt sie zu dem Verkäufer: »Ich würde gern dieses Kostüm kaufen. Aber ich möchte darauf fünf Prozent Rabatt.« Wenn der Verkäufer stutzt, erklärt sie ihm: »Drei Prozent müssen Sie sowieso an das Kreditinstitut abführen, wenn ich mit Karte bezahle. Aber ich will bar bezahlen, damit haben Sie die Provision schon mal gespart. Und außerdem haben Sie das Geld schon heute in der Kasse und nicht erst, wenn Sie das Geld vom Kreditinstitut überwiesen bekommen. Dadurch können Sie mit

Ihrem Geld schon heute weiterarbeiten und haben demnach einen Zinsvorteil. Das beides zusammen sollte Ihnen fünf Prozent Nachlass wert sein!«

Meistens hat Beate mit dieser Methode Erfolg. Wenn der Verkäufer nicht darauf eingeht, verlässt sie den Laden, ohne irgendwas zu kaufen. Dann hat das Geschäft gar keinen Umsatz gemacht. Und wenn sie das nächste Mal den Laden betritt, ist der Verkäufer in der Regel verhandlungsbereit. Ihre Eheringe, die eigentlich 1500 Euro gekostet hätten, hat sie durch diesen Kartentrick für 1400 Euro bekommen. Der Brautstrauß war dadurch quasi gratis. Umso freudiger hat sie ihn deshalb am Hochzeitstag in die Luft geworfen.

Fragen Sie also immer nach einem Barzahlerrabatt. Zwei bis drei Prozent sind immer möglich! Meine Erfahrung hat gezeigt, dass es sich besser in kleineren Läden handeln lässt als in den großen Stores, Fachgeschäften oder Warenhäusern. Denn in den kleinen Läden hat man meist den Entscheider gleich vor sich – und der weiß auch Bargeld noch eher zu schätzen als der angestellte Verkäufer im Kaufhaus. Bei den großen Ketten ist es auch schwieriger, den richtigen Ansprechpartner ausfindig zu machen. Deshalb: Lieber in kleine Geschäfte gehen und dort um Rabatte, Nachlässe und Sonderleistungen feilschen!

Bargeldzahlung ist die eine Methode, ich selbst habe aber noch eine andere Methode, den Kaufpreis zu drücken. Dabei kommt mir zugute, dass ich ja sowieso immer alle meine Belege sammle.

Wenn ich mir nun zum Beispiel ein neues Paar Schuhe kaufen will, dann suche ich mir alle Quittungen von dem betreffenden Schuhgeschäft heraus. An der Kasse lege ich dann diese Quittungen auf den Tresen und rechne dem Verkäufer vor, wie viel Geld er schon durch meine Einkäufe in seinem Geschäft verdient hat. Dann frage ich nach einem entsprechenden Rabatt. Bis zu 15 Prozent habe ich dadurch schon erlassen bekommen. Das heißt umgerechnet, dass ich fast jedes achte Paar geschenkt bekomme. Nicht schlecht, oder?

Die Buchpreisbindung

Bei Büchern gibt es keine Möglichkeit, über den Preis zu verhandeln. Denn Bücher unterliegen der so genannten »Buchpreisbindung«: Ein Buch kostet danach immer so viel, wie der Verlag einmal festgelegt hat. Dadurch soll sichergestellt werden, dass Erna Schmidt in Klein-Flottbach nicht mehr für ein Buch bezahlen muss als Klaus Schulz in der Großstadt. Denn Bücher gelten in Deutschland als schützenswertes Kulturgut, das nicht durch Feilschen und Handeln im Wert gemindert werden soll. Trotzdem gibt es Möglichkeiten, auch beim Kauf von Büchern Geld zu sparen:

So können Sie Bücher im Antiquariat erstehen. Gebrauchte Bücher sind nämlich von der Buchpreisbindung enthoben. Im Antiquariat können Sie deshalb mit dem Verkäufer genauso verhandeln wie in jedem anderen Geschäft. In der Regel gibt es in normalen Antiquariaten jedoch nur ganz alte Bücher, die heute meist mehr kosten als zu ihrem Erscheinungstermin. In den so genannten »Modernen Antiquariaten« hingegen werden keine wertvollen Raritäten verkauft, sondern Ramschware. Und diese Restbestände oder Mängelexemplare kosten deutlich weniger als den normalen Preis.

Zeit ist Geld

Wer sich zum Einkaufen ausreichend Zeit nimmt, kann damit einige Euros sparen: Vor einigen Wochen war ich mit meinem Freund Roland in Miami in Urlaub. Seine Frau wünschte sich schon seit längerer Zeit eine ganz bestimmte Designer-Handtasche. Also gingen wir durch die Stadt und suchten nach dieser Tasche. Und wir fanden sie schließlich in einer exklusiven Boutique direkt am Meer.

Der Verkäufer war sehr nett, die Tasche sah schön aus, die Farbe stimmte, alles war perfekt. Der Verkäufer wollte 200 Dollar dafür und Roland zückte schon seine Geldbörse. Ich nahm meinen Freund kurz beiseite und schlug ihm vor, zuerst noch in anderen Geschäften nach einem günstigeren Exemplar dieser Tasche zu schauen. Roland gab also die Tasche dem Verkäufer zurück, und wir sahen uns weiter um. Nach kurzer Zeit haben wir in einem anderen Geschäft die gleiche Tasche für 160 Dollar entdeckt, also 40 Dollar weniger! Roland wollte schon wieder gleich zuschlagen, doch ich hielt ihn ein zweites Mal vom Kauf zurück. Denn ich war überzeugt davon, dass bei solchen Preisunterschieden sicher noch etwas mehr drin sein müsste.

Nach etwa einer Stunde entdeckten wir die Handtasche im Schaufenster eines anderen Geschäfts – dieses Mal für 140 Dollar. Wir gingen hinein und zeigten unser Interesse. Der Verkäufer war sehr freundlich und holte die Tasche auch sofort aus dem Schaufenster. Da fragte ich ihn, weshalb er denn 140 Dollar für die Tasche verlangte, wo sie doch in einem Geschäft weiter vorne nur 120 Dollar kosten würde?

Das stimmte zwar nicht, aber ich war neugierig, wie er reagieren würde. Zunächst war er etwas eingeschnappt und meinte, wir sollten die Tasche doch dann auch einfach in dem anderen Geschäft kaufen. »Schade«, entgegnete ich, »wir hätten die Tasche gerne bei Ihnen gekauft.« Da wurde er schließlich weich und gab uns die Tasche für 120 Dollar. Allerdings bestand er auf Barzahlung, aber das war natürlich kein Problem.

Roland hatte also durch ein bisschen Hin- und Herlaufen, Preisevergleichen und Reden 80 Dollar gespart! Also: Wo auch immer Sie sind, wo auch immer jemand Ihr Geld haben möchte, vergleichen Sie, verhandeln Sie, machen Sie Ihren Mund auf. Es ist schließlich Ihr Geld, für das Sie gearbeitet und das Sie sich erspart haben. Und diese Arbeit, diese Zeit und diese Gedanken, die Sie in Ihr Geld investiert haben, sollten Sie nicht so einfach vergeuden – weder durch unachtsame Einkäufe noch durch falsche Schüchternheit!

Tageslohn

Der 17. Tag drehte sich um Rabatte und Preisnachlässe. Dabei haben Sie wieder einiges gelernt:

- Sie werden ab sofort nach Rabatten fragen, handeln und feilschen!
- Sie haben immer genügend Bargeld dabei, um bar zahlen zu können.
- Sie kennen die Buchpreisbindung, wissen aber auch, wo man Bücher billiger bekommen kann.
- Sie werden sich bei Ihren Einkäufen in Zukunft mehr Zeit lassen und nicht bei erster Gelegenheit Ihr Geld auf den Kassentresen legen.

Den Tageslohn für meine Trainingskasse hole ich mir heute von Roland: Dank meiner Hilfe hat er durch Preisvergleich und geschicktes Verhandeln beim Kauf einer Designer-Handtasche 80 Dollar, also etwa 80 Euro gespart.

! TAGESLOHN **EURO 80,00**

Aktuelles Sparpotenzial EURO 1203,40

Hightech-Sparen mit Computern

TAG 18

Das Geld ist eines der großartigsten
Werkzeuge der Freiheit, die der
Mensch erfunden hat.

Friedrich August von Hayek
(britischer Nationalökonom
und Wirtschaftsnobelpreisträger)

Thomas Watson, Vorstandsvorsitzender von IBM, sprach im Jahr 1943 etwas aus, was sich als hoffnungslose Fehleinschätzung erweisen sollte: »Ich denke, dass es einen Weltmarkt für vielleicht fünf Computer gibt.« Denn er hielt Computer zwar für eine bemerkenswerte, aber nicht für eine marktrelevante Erfindung.

Gut drei Jahrzehnte später, nämlich 1977, als Computer bereits in der Industrie und Wirtschaft eingesetzt wurden, war es Ken Olson, Präsident, Vorstand und Gründer des Computergiganten Digital Equipment, der sich ebenfalls irrte: »Es gibt keinen Grund, warum irgendjemand in Zukunft einen Computer bei sich zu Hause haben sollte«, sagte er – und verpasste damit den Einstieg in den Massenmarkt.

Es war der amerikanische Unternehmer Bill Gates, der den Privatbedarf richtig einschätzte. Deshalb produzierte er günstige Kleincomputer, so genannte Personal Computer, kurz PC genannt. Doch selbst der Microsoft-Gründer Gates hatte mit seinen Visionen nicht immer Recht: »640 Kilobyte Arbeitsspeicher ist alles, was irgendeine Applikation jemals benötigen sollte«, so seine Einschätzung.

Wer ein wenig von Computern versteht, der weiß, dass 640 Kilobyte heutzutage noch nicht mal reichen, um einen Computer überhaupt zu starten. Inzwischen rechnet man in Gigabyte, also einer 1 000 000-mal größeren Einheit.

Dennoch: Trotz aller Fehleinschätzungen hat sich der Markt der Computerwelt prächtig entwickelt und das in allerkürzester Zeit. Deswegen gab es in den vergangenen Jahren auch im Aktienmarkt bei allen Computerwerten Spekulationsgewinne von bislang nicht gekanntem Ausmaß. So mancher hat sich dabei eine goldene Nase verdient, doch inzwischen ist die Euphorie etwas vergangen. Allzu viele Unternehmen der Informationstechnologiebranche sind so schnell wieder verschwunden, wie sie entstanden sind. Mittlerweile kämpfen selbst die Großkonzerne wie IBM und Microsoft um ihre Umsätze.

Das mag nicht zuletzt daran liegen, dass der Verbraucher sich nicht mehr so leicht an der Nase herumführen lässt wie früher. Es hat sich wohl schon herumgesprochen, wie viel heiße Luft rund um Computer produziert wird.

»Das Getränk im Internetcafé ist für mich ja quasi gratis«

Rosica, eine Studentin aus Mannheim, hat mir mal vorgerechnet, warum sie sich gar keinen Computer zulegt: Sie ist auf diese Weise wesentlich billiger dran – obwohl sie in keinster Weise auf neue Medien verzichtet!

Ihre Rechnung ging ungefähr so: Ein halbwegs gut ausgestatteter Computer mit den Standardprogrammen und einem Tintenstrahldrucker kostet mindestens 1500 Euro – und ist nach zwei Jahren veraltet.

Um den Computer zu betreiben, braucht man darüber hinaus Strom und für den Internetzugang ein Modem. Dazu kommen die

Zugangsgebühren. Zum Drucken wird Tinte und Papier fällig. Und ansonsten gibt's da noch den ganzen Kleinkram wie Disketten, CDs oder Zips, Kabel und Stecker, die man »nebenbei« mal hier und mal dort mitkauft.

Rosica hat für ihren Bedarf – zumal sie relativ viel durchs Internet surft und Mailfreunde in aller Welt hat – Kosten von insgesamt etwa 20 Euro im Monat angesetzt. In einem Jahr würden ihr rund um den Computer also Kosten von 240 Euro entstehen. Macht zusammen mit den Anschaffungskosten pro Jahr einen Aufwand von 1740 Euro für den privaten PC.

Daraufhin hat sie sich ihre Alternativen angesehen: Als Studentin kann sie kostenlos die Computer an der Universität benutzen, einzige Bedingung: Sie muss ihren Studentenausweis vorlegen und sich vorher anmelden. Kosten: 0 Euro!

Zum Surfen kann sie ins Internetcafé gehen. Was sie sonst fast täglich tun würde, wenn ihr Computer zu Hause stünde, begrenzt sie damit auf höchstens dreimal pro Woche für etwas mehr als eine Stunde. Sie kalkuliert maximal zehn Stunden pro Woche, bei zwei Euro Stundenpreis kommt sie damit auf etwa 80 Euro im Monat.

Wenn sie etwas ausdrucken will oder andersherum irgendetwas einscannen möchte, dann kann sie in den Copyshop gehen. Hier gibt es starke Preisstaffelungen, aber Rosica hat ihren Druckbedarf genau aufgeschlüsselt – hier mal eine Hausarbeit von 30 Seiten, dort mal einen schönen Liebesbrief, den sie per Mail erhalten hat. So hat sie einen maximalen Druckbedarf von 200 Seiten pro Monat für sich ermittelt. Mit dem Abo-Coupon ihres Copyshops macht das etwa Kosten von acht Euro im Monat.

Rechnet man nun alle Kosten zusammen, kann Rosica für 1056 Euro im Jahr mit allen neuen Medien umgehen, ohne einen eigenen Computer zu besitzen. Sie spart gegenüber der Kalkulation mit dem eigenen Computer 684 Euro im Jahr, jeden Monat 57 Euro. Und dabei hat sie im Internetcafé noch den schnellen Internetzugang, kann an der Uni immer mit den allerneusten Programmen arbeiten und im Copyshop auf Qualitätsdruckern hervorragende Ausdrucke anfertigen.

»Ich könnte fast jeden Tag zwei Stunden länger im Internetcafé sitzen und käme immer noch günstiger dabei weg«, schwärmte sie mir vor. Und als ich sie fragte, ob sie es denn nicht sehr unbequem fände, immer zwischen den verschiedenen Stationen pendeln zu müssen, lachte sie bloß: »Klar, aber wenn ich meine Faulheit in Geld umrechne, dann stört es mich nicht mehr. Im Gegenteil: Jetzt freue mich jedes Mal, wenn ich mir im Internetcafé was zu trinken bestelle – denn das Getränk ist ja quasi gratis!«

Kaufen Sie bei Software nichts »auf Vorrat«!

Falls Sie auf einen eigenen Computer dennoch nicht verzichten möchten, dann können Sie trotzdem mit ein wenig Wachsamkeit jede Menge Geld sparen!

Die allererste Frage gilt natürlich Ihrem wirklichen Bedarf: Schreiben Sie die meiste Zeit oder arbeiten Sie grafisch und wollen sogar Fotos bearbeiten? Benutzen Sie Ihren PC auch gerne einmal als Spielkonsole? Oder haben Sie vielleicht Kinder, die ebenfalls an den Rechner dürfen? Brauchen Sie einen Internetzugang oder brennen Sie sich gelegentlich CDs?

All das sind Fragen, die Sie möglichst nicht erst im Laden klären sollten. Denn auf die ehrliche Frage an den Verkäufer: »Brauche ich das wirklich?« wird dieser Ihnen aus vollster Überzeugung antworten: »Aber selbstverständlich!« Und während in seinen Augen die Dollarzeichen erscheinen, leert sich Ihr Portemonnaie Euro um Euro.

Also passen Sie auf! Bis Sie all die tollen Anwendungen und Möglichkeiten, von denen Ihnen der Verkäufer vorschwärmt, wirklich nutzen können, gibt es garantiert schon wieder ein Update. Haben Sie deshalb den Mut, »Nein« zu sagen! Und kaufen Sie auf keinen Fall etwas »auf Vorrat«! Wenn Sie irgendeine Anwendung in Zukunft wirklich brauchen sollten, können Sie sich dann gleich die neuste Version kaufen – oder die veraltete zum billigeren Tarif erstehen!

Wenn Sie genau wissen, was Sie wollen, sollten Sie sich zusätzlich auch detailliert über die Anbieter informieren. Nach wie vor bieten Großmärkte wie Saturn oder MediaMarkt sehr günstige Gesamtpakete an. Doch immer wieder schaffen es auch die kleineren Fachgeschäfte, diesen Preis zu unterbieten. Außerdem bieten sie oft zusätzliche Serviceleistungen, ein besonderes Softwarepaket vielleicht, oder Hilfe bei Installation und Service – das sind Leistungen, die Sie vor allem als Anfänger nicht unterschätzen sollten.

Den Computer tunen, ohne den Geldbeutel tiefer zu legen

Die Schnelllebigkeit des Computermarkts können Sie übrigens auch zu Ihrem Vorteil nutzen: Denn wenn die neuen Produkte in die Geschäfte kommen, wollen die Händler alte Versionen möglichst schnell aus den Regalen haben. Da purzeln die Preise, was oft zu beachtlichen Sonderrabatten führt.

Auch Unternehmen, die technisch immer auf dem neusten Stand sein wollen, werfen ihre gebrauchten Rechner billig auf den Markt – für eine Privatperson ist da so manches Schnäppchen drin.

Denn auch ein »alter« Rechner ist mit ein paar Software-Modifikationen wieder auf dem neusten Stand. Mit den richtigen Handgriffen haben Sie auf diese Weise schnell einen Computer zu Hause, der nicht nur gut, sondern auch günstig ist. Das gilt allerdings nur, wenn Sie sich auch beim Kauf der Software ein paar Tipps zu Herzen nehmen.

Um sich eine neue Softwareversion zu besorgen, müssen Sie nicht immer gleich in den Fachhandel laufen. Denn es gibt auch andere Wege den Computer zu tunen, ohne Ihren Geldbeutel gleich tiefer zu legen: So genannte Test- oder Lightversionen, Klassenlizenzen oder Freeware sind entweder ganz oder fast umsonst zu haben.

Testversionen sind, was ihr Name bereits verspricht: Testversionen der aktuellen Programme. Die bekommen Sie manchmal als Serviceleistung der Anbieter. So kann der Kunde zunächst einmal überprüfen, ob das Programm überhaupt das richtige für ihn ist. Der Verbraucher kann sich solche Testversionen kostenlos auf den Webseiten der Anbieter herunterladen und eine Weile mit dem Programm arbeiten.

Natürlich sind die nicht vollständig, manchmal laufen sie nur zeitlich befristet. Wer beim Testen feststellt, dass er mit dem Programm arbeiten will, muss dann natürlich eine lizensierte Vollversion kaufen. Aber immerhin wissen Sie dann, dass Sie sich für das richtige Programm entschieden haben.

Wollen oder müssen Sie nicht alle Funktionen nutzen, dann könnte auch die so genannte Lightversion eines Programms für Sie ausreichend sein. Damit bezeichnet man die in manchen Arbeitsgebieten eingeschränkte Version einer Software. Wer nur wenige Funktionen eines Programms benötigt, fährt mit dieser Variante sehr viel besser, da sie günstiger ist. Denn warum sollten Sie für etwas zahlen, was Sie gar nicht brauchen?

Sollten Sie eines Tages doch noch feststellen, dass Sie auch die anderen Systemfunktionen benutzen möchten, können Sie sich natürlich nachträglich jederzeit die Vollversion zulegen. Das Beste: Sie zahlen dann nur noch die Preisdifferenz zwischen Voll- und Lightversion.

Kennen Sie eine Gruppe von Gleichgesinnten, dann sollten Sie sich zusammentun. Denn hin und wieder bekommen Gruppen bei Softwareanbietern Rabatte. Egal, ob Sie in einer Schul- oder Volkshochschulklasse sitzen oder einfach eine Interessengemeinschaft gebildet haben, je mehr Leute das gleiche Produkt gemeinsam bestellen, desto geringer wird der Preis.

Unter Freeware versteht man kostenlose Programme, die Sie einfach aus dem Internet herunterladen können. Denn nicht hinter jedem Programmierer steckt ein Kaufmann. Manche entwickeln einfach aus Spaß neue Software und freuen sich, wenn möglichst viele Menschen damit arbeiten.

Tageslohn

Der 18. Tag galt der Hightech-Kostenspirale, der Sie ab sofort Einhalt gebieten können:

- Sie werden niemandem mehr glauben, dass er die Zukunft der Informationstechnologie vorhersagen kann.
- Sie werden sich auch beim Computerkauf vorher genau überlegen, was Sie wirklich brauchen, wie viel Geld Ihnen das wert ist und wie groß die Preisunterschiede zwischen den verschiedenen Anbietern sind.
- Sie haben erfahren, dass Sie sich die Schnelllebigkeit des Computermarkts zunutze machen können, indem Sie gebrauchte Rechner kaufen und durch entsprechende Software modernisieren.
- Sie kennen im Bereich der Software die Vorteile von Test- und Lightversionen, Klassenlizenzen und so genannter Freeware.

Den Tageslohn für meine Trainingskasse hole ich mir heute von Rosica, die sich auf höchstem Niveau in der virtuellen Welt bewegt, ohne einen eigenen Computer zu haben, und damit jeden Monat 57 Euro spart.

TAGESLOHN **EURO 57,00**

Aktuelles Sparpotenzial EURO 1260,40

!

TAG 19

Reichtümer kann man tauschen

Wer andern eine Grube gräbt,
bekommt den Gartenzaun
gestrichen!

Tauschring-Motto

Ich persönlich verfüge nicht über besonders viel handwerkliches Geschick. Ich kann zwar Brot backen, aber dann ist es mit meinen Begabungen auch schon ziemlich schnell zu Ende. Weder beherrsche ich ein Musikinstrument noch eine außergewöhnliche Sportart, ich bin kein guter Bastler, habe keinen grünen Daumen und kann auch nicht besonders gut kochen. Meine Stärke heißt ganz klar: Geld verdienen. Darin bin ich richtig gut.

Das ist doppelt schade. Denn alle die, die irgendein besonderes Talent haben, besitzen ein hervorragendes Sparinstrument! Wer zum Beispiel nähen kann, muss seine Sachen nicht in die Änderungsschneiderei geben. Wer etwas von Autos versteht, kann einige Reparaturen selbst vornehmen. Und wer sich mit Computern auskennt, behebt kleinere Probleme selbst und spart den teuren Servicetechniker.

Doch nicht nur das: Wer eine Begabung hat, kann damit nicht nur sich selbst, sondern auch anderen helfen. Renate, eine meiner Seminarteilnehmerinnen, singt zum Beispiel gut und gern. Zusammen mit einem Freund, der Klavier spielen kann, tritt sie bei

Festen und Feiern in ihrer Nachbarschaft auf und verdient sich auf diese Weise mit ihrem Hobby sogar etwas dazu.

Philipp, ein anderer Seminarteilnehmer, fotografiert sehr gut und hat auch ein kleines Entwicklungslabor daheim. Inzwischen hat er sich in seinem Heimatort als Hochzeitsfotograf einen Namen gemacht und kommt so immer mal wieder zu einem attraktiven Nebenverdienst: Mittlerweile kann er – nach Abzug aller Kosten – monatlich im Schnitt mit 150 Euro Gewinn rechnen.

Aber Philipp kann noch mehr: Er liebt es, an Fahrrädern herumzuschrauben – und schafft es immer wieder, selbst die ältesten Drahtesel wieder straßentauglich zu machen. Auch diese Fähigkeit bietet er seinen Nachbarn gern an – und das hat sich mittlerweile herumgesprochen. Immer öfter kommen die Leute aus seinem Ort mit ihren Fahrrädern zu ihm, damit er einen Platten flickt oder den berühmten Achter im Rad repariert.

Dafür nimmt Philipp allerdings kein Geld. Sondern er bittet die Fahrradbesitzer, irgendetwas für ihn zu tun, was er selbst ungern macht: bügeln zum Beispiel oder nähen. Und so gern er auch an den Fahrrädern herumbastelt – kleinere Reparaturen am Haus sind überhaupt nicht seine Sache. Da freut er sich, wenn jemand ein verstopftes Rohr wieder frei bekommt.

Tausche Tapezieren gegen Rasenmähen

»Bartering« nennen Experten dieses Geben und Nehmen kleiner Gefälligkeiten. Das kommt vom englischen Wort »to barter« – tauschen. Diese Tauschgeschäfte sind in manchen Städten bereits derart gang und gäbe, dass sich schon Vereine gebildet haben. Ob sie sich nun Tauschclub, Tauschbörse oder Tauschring nennen, grundsätzlich funktionieren sie alle nach demselben Prinzip:

Zunächst wird man Mitglied in einem solchen Verein. Dafür zahlt man eine einmalige Aufnahmegebühr von etwa 10 Euro oder einen jährlichen Mitgliedsbeitrag von etwa 20 Euro. Der Verein sammelt und veröffentlicht die verschiedenen Angebote und Nachfragen – entweder in einer regelmäßigen Mitgliederzeitschrift oder im Internet. Hat jemand Interesse an einem Angebot, nimmt er Kontakt zu dem anderen Mitglied auf.

Diese beiden vereinbaren dann einen angemessenen Preis für die Arbeit. Doch dabei geht es niemals um Geld! Sondern der »Lohn« desjenigen, der die Arbeit leistet, wird in Form von Punkten, »Talern«, »Peanuts« oder anderen Werten ausgezahlt. Und diese Punkte werden zentral bei der Verwaltung des Vereins gesammelt.

Hat zum Beispiel Philipp ein Fahrrad repariert, dann bekommt er Pluspunkte in der vereinbarten Höhe auf seinem Tauschkonto gutgeschrieben. Dem Fahrradbesitzer werden die natürlich abgezogen. Hat jemand für Philipp die Hemden gebügelt, dann werden ihm diese Punkte abgezogen – dafür hat die Bügelfee dann ein Plus auf ihrem Konto.

Und was sind Ihre Stärken?

Alle, die an einem Tauschring teilnehmen, können Fähigkeiten, Talente, Bildung und Waren miteinander tauschen. Der Vorteil des »Tausch-Punkte-Konto-Systems« ist, dass dabei nicht unbedingt direkt getauscht werden muss. Zum Beispiel: Sie helfen Felix beim Englischlernen, Felix geht für Petra einkaufen und Petra passt zweimal im Monat auf Ihr Kind auf.

Der Tauschhandel ist perfekt! Sie können sich einen Babysitter leisten, ohne dafür einen Cent bezahlen zu müssen! Als Gegenwert setzen Sie einfach Ihre eigenen Fähigkeiten und Talente ein: Vielleicht kennen Sie sich gut im Behördendschungel aus, können exotisch kochen, Stereoanlagen oder Waschmaschinen reparieren, Klavierunterricht geben oder tapezieren. Oder Sie haben ein Auto, mit dem Sie Kleintransporte anbieten. Selbst gemachte Marmelade lässt sich ebenso tauschen – die Möglichkeiten sind einfach unerschöpflich!

Zusätzlich lassen sich neue Kontakte knüpfen: In der Regel findet monatlich ein Tauschtreffen statt, bei dem man sich persönlich kennen lernen kann. Auch der Besuch zum Babysitten oder Renovieren kann der Beginn einer neuen Bekanntschaft oder Freundschaft sein. Philipp jedenfalls hat im Tauschring seine Freundin kennen gelernt.

Manche Vereine nehmen nicht einmal eine Jahresgebühr, sondern sammeln auch für die Verwaltungs- und Organisationsarbeit regelmäßig Punkte von den Mitgliedern ein.

Und das ist wichtig! Denn wer Geld für seine Leistung verlangt, verstößt eindeutig gegen gesetzliche Bestimmungen – nämlich gegen das »Gesetz zur Bekämpfung der Schwarzarbeit«. Arbeitslose sollten deshalb unbedingt unter der Grenze von 15 Stunden Arbeitseinsatz pro Woche bleiben. Auch Handwerkskammern schauen sich die Angebote der Tauschclubs sehr skeptisch an, weil sie fürchten, dass sich hier billige Konkurrenz zu den klassischen Meisterbetrieben breit machen könnte.

Sommer-Picknick mit flotter Verkaufsaktion

Wenn Sie keine Dienstleistung anbieten oder in Anspruch nehmen möchten, sondern lieber bei Dingen sparen, die man sehen und anfassen kann, dann sind die klassischen Tauschbörsen vielleicht das Richtige für Sie!

Solche Tauschbörsen werden in regelmäßigen Abständen in fast jeder größeren oder kleineren Stadt veranstaltet. Sie sind – im Gegensatz zum klassischen Flohmarkt – meist einem einzigen Thema verpflichtet, wie etwa die Comic-Tauschbörse, der CD-Tauschmarkt oder der Ski-Basar. Zwar verdienen Sie hier kein Geld, aber Sie können welches sparen, indem Sie einfach Ihre Sachen gegen die der anderen eintauschen.

Sollte Ihnen Bargeld jedoch lieber sein, dann empfehle ich Ihnen, einfach mal den Dachboden oder Keller zu entrümpeln! Wer einmal im Jahr mit kritischem Blick an den Regalen entlangwandert, wird dabei allerhand verborgene Schätze finden: Dinge, die zu schade sind, um sie wegzuwerfen, die man selbst aber eigentlich nicht mehr braucht.

Packen Sie doch einfach alles in eine Kiste – und ab damit auf den Flohmarkt! Nehmen Sie sich gute Freunde und ein wenig zu essen und zu trinken mit, und dann kombinieren Sie Ihr nächstes Sommer-Picknick mit einer flotten Verkaufsaktion. Mit etwas Verhandlungsgeschick können Sie hier an einem Nachmittag das Budget für die nächste Grillparty verdienen.

Tageslohn

Der 19. Tag galt diversen Arten von Tauschgeschäften:

- Sie wissen nun, dass es auch organisierte Formen von Nachbarschaftshilfe gibt.
- Sie haben erfahren, was sich hinter dem Fachbegriff »Bartering« versteckt.
- Sie werden fortan darüber nachdenken, welche Talente in Ihnen schlummern – und sie Gewinn bringend einsetzen.
- Sie werden demnächst vielleicht Ihren Dachboden oder Ihren Keller entrümpeln – und damit bare Euros dazuverdienen.

Den Tageslohn für meine Trainingskasse hole ich mir heute von Philipp, der sich mit seinem Hobby jeden Monat 150 Euro dazuverdient.

!

TAGESLOHN **EURO 150,00**

Aktuelles Sparpotenzial EURO 1410,40

Bildung macht doppelt reich

TAG 20

Wer mit der Weiterbildung aufhört,
um Geld zu sparen, könnte genauso gut seine
Uhren anhalten,
um Zeit zu sparen.

Felix Haas (Herzchirurg)

»Ich habe ausgelernt«, ist ein Satz von gestern. Vor allem wer im Berufsleben vorankommen will, muss sich ständig weiterentwickeln. Eine Sekretärin hat heute gänzlich andere Aufgaben als ihre Kolleginnen von vor 20 Jahren. Ihr Stellenprofil hat mit dem ihrer Vorgängerin oft nur noch wenig gemeinsam. Auch mancher Handwerker, der seine Arbeit noch vor kurzem mit traditionellen Werkzeugen erledigte, arbeitet heute ausschließlich mit Hightech-Maschinen. Wer einst die Buchhaltung noch handschriftlich erledigte, muss heute längst mit dem Computer arbeiten.

Das Leben ist ein ewiges Lernen. Um mit den Veränderungen im Berufsleben Schritt halten zu können, muss man immer wieder die Schulbank drücken. »Weiterbildung« heißt das Zauberwort für Karriere und berufliches Fortkommen, für den Wiedereinstieg nach der Babypause oder gegen drohende Arbeitslosigkeit. Doch Weiterbildung kostet leider nicht nur Zeit, sondern meist auch Geld. Fachseminare für bestimmte Berufsgruppen erreichen schnell Preise von mehreren hundert Euro, die man sich erst mal leisten können muss. Und diese Kosten scheuen viele.

Doch es gibt zahlreiche Möglichkeiten, das Lernen wenn schon nicht zum Nulltarif, dann wenigstens mit Geld-zurück-Garantie zu bekommen: Oft übernimmt nämlich der Arbeitgeber die Kosten. Und wenn der nicht zahlt, dann hilft der Staat.

Wer sich schlau macht, kann Steuern sparen

Für Aus- oder Weiterbildung bietet der Staat verschiedene Steuererleichterungen an: Wie, wann und wo sich der Fiskus konkret an den Kosten beteiligt, muss man für jeden Einzelfall gesondert herausfinden. In den regionalen Arbeitsämtern liegen Infobroschüren aus, die Auskunft über die Förderungen geben. Informieren Sie sich also, damit Sie alle Möglichkeiten ausschöpfen können!

Grundsätzlich gilt, dass Arbeitnehmer die Ausgaben für eine Weiterbildung als Werbungskosten komplett absetzen können – ganz gleich, ob sie an ihrem Arbeitsplatz schlicht mithalten, in eine höhere Position aufsteigen oder eine neue Stelle finden möchten. Es gibt bei den Ausgaben nach oben keine Grenze. Allerdings werden die Weiterbildungskosten den allgemeinen Werbungskosten zugerechnet, und dafür gibt es ja bereits den Arbeitnehmerpauschbetrag von 1 023 Euro pro Jahr. Die Steuervergünstigungen greifen also erst dann, wenn die Kosten über diesem Betrag liegen.

Achtung: Wer für seine Paukerei Geld von Vater Staat kassieren will, sollte darauf achten, dass die Qualifizierung typisch für den ausgeübten Beruf ist!

Natürlich gibt es spannende Grenzfälle, bei denen das Finanzamt zweimal hinschaut, ob die Fortbildung allein dem Beruf dient. Zum Beispiel beim Spanischkurs auf Mallorca. Es wird fast jeder behaupten können, dass Fremdsprachenkenntnisse in seinem Job von Vorteil sind. Gerade deswegen ist das Finanzamt aber doppelt pingelig. Es prüft bei Sprachkursen genau, ob der Kurs an einem typischen Touristenort und vielleicht sogar während der Urlaubszeit stattfand. Wichtig ist auch, inwieweit das Kursprogramm Exkursionen vorsah oder Zeit für Ausflüge ließ, und ob die Veranstaltung mit vergleichbarem Erfolg im Inland möglich gewesen wäre. Auch eine Anwesenheitsbestätigung muss vorgelegt werden.

Wer Sprachkurse absetzen möchte, muss zudem nachweisen, dass er die Sprache für seinen Beruf braucht. Von Vorteil ist dabei eine Bescheinigung vom Arbeitgeber: dass das Unternehmen viel Kontakt mit ausländischen Firmen hat, dass es im Ausland eine Niederlassung der Firma gibt oder dass viele Dienstreisen ins Ausland nötig sind. Je präziser der Chef beschreibt, wofür die Sprachkenntnisse bei der Arbeit gebraucht werden, desto eher kann man die Kosten mit dem Fiskus teilen. Wer nicht nachweisen kann, dass es einen konkreten beruflichen Anlass dafür gibt, die Fremdsprachenkenntnisse aufzubessern, bleibt auf den Kosten sitzen.

Wenn Sie Ihre Bildungsmaßnahme jedoch als Weiter- oder Fortbildung deklarieren können, haben Sie gewonnen. Denn hier können Sie die meisten Kosten steuerlich geltend machen: Das Finanzamt akzeptiert alle finanziellen Aufwendungen, die im Rahmen einer Fort-, Weiter- oder Ausbildung entstehen – angefangen bei den Kosten für den Lehrgang selbst, dem Aufwand für Übernachtung und Verpflegung bis hin zu den Ausgaben für Telefon, Computer oder Fahrtkosten zwischen Wohnung und Ausbildungsstätte.

Studienreisen – das Finanzamt zahlt dazu

Wer das Finanzamt an den Kosten für seine Reisen beteiligen will, muss nicht unbedingt ein Seminar besuchen. Claus zum Beispiel, der als Einkäufer für ein Industrieunternehmen arbeitet, hat im letzten Jahr zahlreiche Kurztrips in verschiedene Städte und Regionen Europas gemacht. Dabei hat er sowohl bestehende Lieferanten seiner Firma besucht als auch potenzielle Geschäftspartner getroffen. Da seine Reisen allesamt berufliche Gründe hatten, wurden sie als Studienreisen vom Finanzamt anerkannt.

Claus war zum Beispiel zwei Tage in Madrid und hat dort einen Röhrenhersteller und einen Kunststoffproduzenten besucht. Die dortigen Verkäufer haben ihm den Betrieb vorgestellt und die Produktpalette erläutert. Abends hatte er dann natürlich frei – und genoss das spanische Nachtleben.

Seine nächste Reise führte ihn nach Nordfrankreich, wo er eine Plexiglasproduktion und eine Gumminoppenfabrik besichtigte. Dass er dabei auch die Normandie kennen lernte, war für ihn ein angenehmer Nebeneffekt.

Insgesamt machte Claus in diesem Jahr fünf Kurztrips, die ihn insgesamt 1 900 Euro gekostet haben. Alle Belege und Quittungen seiner Reisen legte er der jährlichen Steuererklärung bei – dadurch hat er die betrieblichen Aspekte seiner Reisen ausführlich nachgewiesen. Von seinen Gesamtkosten zog ihm das Finanzamt dann die ohnehin gewährte Werbekostenpauschale von 1 023 Euro ab – aber danach blieb ihm trotzdem noch ein Steuervorteil von 877 Euro!

Ein Recht auf Bildung per Gesetz!

Doch es gibt noch einen dritten Weg, an den Kosten für Reisen oder Weiterbildung entweder das Finanzamt oder den Arbeitgeber zu beteiligen: »Bildungsurlaub« heißt das Zauberwort. Wer sich weiterbilden möchte, muss von seinem Unternehmen für die entsprechende Zeit von der Arbeit freibekommen.

In der Regel hat jeder Beschäftigte gesetzlichen Anspruch auf fünf Tage Bildungsurlaub pro Jahr. Das gilt für Auszubildende, Arbeiter und Angestellte ebenso wie für Heimarbeiter. Vorausgesetzt: Das Arbeitsverhältnis besteht seit mindestens sechs Monaten.

Bildungsurlaub zu beantragen, ist ziemlich einfach: Sie schauen sich rechtzeitig um, was wo angeboten wird. Die Veranstalter geben Broschüren heraus und auch die Arbeitsämter informieren über die Angebote. Sie melden sich an und bekommen eine Bescheinigung vom Veranstalter. Diese geben Sie Ihrem Arbeitgeber mindestens sechs Wochen vor Beginn der Veranstaltung. Ganz wichtig: Der Arbeitgeber muss den Bildungsurlaub gewähren, denn Sie haben ein Recht darauf! Sollte er sich trotzdem weigern, können Sie Ihren Anspruch notfalls sogar beim zuständigen Arbeitsgericht einklagen!

Die Kosten für den Bildungsurlaub tragen Sie natürlich selbst – es sei denn, Sie haben einen hochspendablen Chef. Der Arbeitgeber stellt Sie während des Bildungsurlaubs aber auf jeden Fall von der Arbeit frei und zahlt auch Lohn und Gehalt für diese Zeit weiter. Ihr Unternehmen kann den Antrag auf Bildungsurlaub nur ablehnen, wenn es wirklich zwingende betriebliche oder dienstliche Gründe dafür gibt. Zum Beispiel, dass die halbe Abteilung krank ist oder dringende Aufträge erledigt werden müssen.

Aber keine Angst: Sollte Ihr Chef diesmal Nein sagen, verfällt Ihr Anspruch damit nicht! Er wird lediglich auf einen späteren Zeitpunkt übertragen. Sie könnten also auch den Anspruch aus zwei Jahren addieren – und sich im nächsten Jahr einfach zweimal fünf Tage weiterbilden!

Der Skikurs als Bildungsurlaub

Doch nicht jeder Urlaub ist Bildungsurlaub. Anerkannt werden nur Veranstaltungen, die politisch oder beruflich weiterbilden – oder die jemanden für die Wahrnehmung ehrenamtlicher Tätigkeiten qualifizieren: Politische Bildung soll das Verständnis der Arbeitnehmer für gesellschaftliche, soziale und politische Zusammenhänge verbessern. Der Gesetzgeber will damit die Mitsprache und Mitverantwortung in Staat, Gesellschaft und Beruf fördern.

Berufliche Weiterbildung soll den Arbeitnehmern dazu verhelfen, ihre berufliche Qualifikation und Mobilität einerseits zu erhalten und andererseits natürlich auch zu verbessern. Zur beruflichen Weiterbildung zählt deshalb alles, was Arbeitnehmer im Beruf anwenden können: etwa Fremdsprachen- oder Computerkenntnisse, Rhetorikseminare oder ein Kurs über Verhandlungstechniken.

Wer sich weiterbildet, um dadurch ehrenamtliche Tätigkeiten ausüben zu können – beispielsweise als Vormund, als Trainer im Rehabilitations- oder Breitensport oder für die Jugendleitung in Vereinen, kann dafür ebenfalls Bildungsurlaub beantragen.

Doris zum Beispiel ist Jugendwart in ihrem Skiclub. Sie fährt einmal im Jahr auf einen Jugendwartlehrgang des Deutschen Skiverbands ins Zillertal nach Österreich. Dieser fünftägige Skilehrgang wird ihr als Bildungsurlaub anerkannt. Dadurch spart sich Doris ihren Jahresurlaub für den Sommer auf. Das entspricht bei ihr etwa 750 Euro Gehalt – die Steuereinsparungen, die sie mit den Belegen für die Kosten der Weiterbildung beim Finanzamt einreichen kann, nicht mitgerechnet!

Tageslohn

Am 20. Tag unseres 30-Tage-Programms drehte sich alles um die Frage, wie Sie schlau werden können, ohne dabei arm zu werden:

- Sie wissen, dass der Staat für Aus- und Weiterbildung verschiedene Formen der Steuererleichterung anbietet.
- Sie haben erfahren, dass Sie eine Bescheinigung Ihres Arbeitgebers brauchen, damit Sprachkurse vom Finanzamt anerkannt werden.
- Sie werden Ihren beruflichen Marktwert durch Bildung steigern und dazu auch die Möglichkeit eines Bildungsurlaubs nutzen.
- Sie kennen die Möglichkeit, Studienreisen von der Steuer abzusetzen!

Den Tageslohn für meine Trainingskasse hole ich mir heute von Doris, die ihren jährlichen Skikurs als Bildungsurlaub abrechnet und damit fünf Tage Urlaub spart – oder umgerechnet 750 Euro.

! TAGESLOHN **EURO 750,00**

Aktuelles Sparpotenzial EURO 2160,40

Meckern statt Geld verkleckern

TAG 21

> Geld ist in der Welt dasjenige, was macht, dass ich das Kinn höher trage, freier aufsehe, sicherer auftrete, härter an andere anlaufe.
>
> Georg Christoph Lichtenberg
> (deutscher Naturwissenschaftler)

Sonne pur, Essen satt, Swimmingpool in der Hotelanlage und weißer, von Palmen gesäumter Strand – das ist der Traum aus den schicken bunten Reisekatalogen. Die Wirklichkeit ist jedoch oft ein Trauerspiel: stundenlange Flugverspätungen, überbuchte Hotels, Mängel bei der Unterkunft, mieses, lauwarmes Essen, Baulärm in unmittelbarer Nähe oder verschmutzte Strände. Statt Urlaubsfreude zu empfinden, schlägt man sich mit einer Lebensmittelvergiftung, feuchten Wänden oder einer kaputten Klimaanlage herum.

Gerade beim sauer verdienten Urlaub ist so etwas doppelt bitter: Denn nicht nur, dass die schönste Zeit des Jahres in einem Horrortrip endet. Nein, man hat meist auch noch ein horrendes Geld dafür ausgegeben! Grund genug, beim Reiseveranstalter an die Tür zu klopfen! Wenn man schon die wertvolle Zeit nicht wieder zurückbekommen kann, so will man wenigstens vom Geld was wiedersehen. Jedes Jahr beschweren sich rund 500 000 Urlauber über verpatzte Ferien.

Denn tatsächlich ist hier einiges zu holen: Das Frankfurter Landgericht hat eine Tabelle zur Reisepreisminderung erstellt.

Hier können Sie nachschauen, wie viel Geld Sie bei welchen Mängeln zurückverlangen können:

Für den Meerblick, der zwar im Katalog stand, im Hotel aber nicht zu finden war, kann man fünf bis zehn Prozent mindern. Wer Ungeziefer als Hotelgäste beherbergen musste, kann – je nach Art und Menge – bis zu 50 Prozent zurückverlangen. Musste man statt im gebuchten Hotel in einem Ausweichquartier wohnen, hält das Gericht ein Viertel der Kosten als Erstattung angemessen.

Frustrierte Urlauber fordern derlei immer wieder. 70 000 ziehen bis vors Gericht. Doch 85 Prozent der Klagen werden abgewiesen. Denn Jammern ist leicht – richtig Reklamieren dagegen ist es nicht. Wenn Sie Geld vom Reiseveranstalter zurückverlangen wollen, müssen Sie auf Verschiedenes achten:

Zunächst: Maßgeblich sind immer die konkreten Beschreibungen in den Katalogen des Veranstalters. Überprüfen Sie also, ob tatsächlich versprochen wurde, was Sie vermissen – oder ob Sie sich das bloß dazugeträumt haben. Wenn Sie zu Recht unzufrieden sind, melden Sie die Mängel dem Reiseleiter – nicht dem Hotel oder dem Flugpersonal –, und zwar vor Ort und sofort. Setzen Sie eine Frist zur Mängelbeseitigung, zum Beispiel drei Tage.

Wird keine Abhilfe geschaffen, dann listen Sie die Mängel detailliert auf, und dokumentieren Sie diese möglichst auch mit Fotos oder Videos. Ganz wichtig: Lassen Sie sich Ihre Mängelliste vom Reiseleiter bestätigen. Von Vorteil sind auch Zeugen, die Ihre Aussagen im Streitfall bestätigen können.

Schicken Sie Ihre Beschwerden und Forderungen innerhalb eines Monats nach der Reise schriftlich an den Reiseveranstalter – am besten per Einschreiben. Wird die Zahlung verweigert, leiten Sie innerhalb von sechs Monaten ein Mahnverfahren ein – oder gleich die Klage.

Übrigens: Falls Sie Recht bekommen, haben Sie einen Anspruch auf Bargeld. Einen Gutschein müssen Sie nicht akzeptieren!

Ärger bei 1001 Gelegenheit

Aber es ist nicht nur der Urlaub, der schief gehen kann. Auch sonst gibt es zahlreiche Gelegenheiten, bei denen man Leistungen oder Ware bezahlt hat und kurze Zeit später feststellt, dass irgendetwas nicht stimmt. Das kann Streit mit dem Vermieter sein, weil die Heizung nicht funktioniert. Das kann Stress mit einem Handwerker sein, der die Kacheln im Bad krumm und schief verlegt hat. Das kann auch Ärger mit einer Behörde sein, die einem den Anwohnerparkausweis verspätet zukommen lässt.

In jedem Fall muss man sich nichts gefallen lassen. Denn meistens kostet der Gleichmut, mit dem man Fehler anderer verzeiht, bares Geld. Die Miete ist überwiesen, die Handwerkerrechnung bezahlt – also warum still bleiben, wenn die Leistung nicht stimmt? Aus Nettigkeit auf Ansprüche verzichten? Nein danke. Schließlich haben Sie selbst Ihr Geld ja auch hart erarbeitet. Warum sollen andere es von Ihnen geschenkt bekommen?

Ein Sprung für 50 Euro

Ich gebe zu, Reklamieren ist nicht ganz einfach. Man will ja schließlich nicht als Nörgler gelten. Und natürlich scheue auch ich den Konflikt mit anderen Menschen – selbst wenn ich eigentlich im Recht bin. So hatte ich mir zum Beispiel vor zwei Jahren einen neuen Badezimmerschrank bei einem Versandhandel bestellt. Ich hatte das Ding gerade mühselig fertig montiert, als ich feststellte, dass eine der Spiegeltüren einen Sprung hatte. Vermutlich war sie beim Transport kaputt gegangen. Jedenfalls war der Fehler jetzt deutlich zu sehen. Jeden Morgen, wenn ich ins Bad kam, blickte ich darauf und ärgerte mich.

Aber der Aufwand, den ganzen Schrank wieder abzubauen und an die Versandfirma zurückzuschicken, schien mir viel zu groß. Also seufzte ich bloß einmal schwer und beschloss, nicht weiter auf den Sprung zu gucken.

Der Ärger allerdings blieb. Irgendwann erzählte ich einem Freund davon. Der konnte es nicht fassen. »Was ist denn mit dir los, Markus? Du lässt dir doch sonst nicht alles gefallen?«, fragte er verwundert. Ich verwies auf den großen Aufwand. »Quatsch«, sagte er. »Jetzt ruf doch da einfach mal an. Erzähl denen von dem Sprung und dann warte mal ab, wie die reagieren.«

Gesagt, getan: Ich rief beim Kundenservice des Versandhauses an. Natürlich fürchtete ich einen heftigen Wortwechsel, bei dem ich mich womöglich rechtfertigen müsste. Schließlich konnten die ja einfach behaupten, ich hätte den Badezimmerschrank beim Aufbauen kaputtgemacht.

Aber dann kam alles ganz anders. Die Beraterin am Telefon war richtig nett. Zuerst entschuldigte sie sich dafür, dass ich solchen Ärger mit ihrem Produkt hatte. Dann fragte sie, wie es mir am liebsten wäre: »Wollen Sie einen neuen Schrank haben? Dann müssten Sie uns den defekten zuschicken und wir würden Ihnen umgehend einen neuen liefern. Oder möchten Sie lieber eine Gutschrift von uns haben?«

Es war klar, dass ich mich sofort für die Gutschrift entschied: Ich bekam 50 Euro vergütet, die ich irgendwann im Lauf eines Jahres bei dem Versandhaus einlösen könnte. Ich war begeistert: Jetzt gucke ich den Sprung im Spiegel immer ganz glücklich an: »Du bist 50 Euro wert!«, sage ich dann zu ihm und freue mich, dass ich doch noch zum Hörer gegriffen habe.

Neue Gesetze, die den Verbraucher schützen

Erst hinterher machte ich mir klar, dass die Versandfirma im Grunde ein gutes Geschäft gemacht hatte. Ich stellte mir vor, was passiert wäre, wenn ich den Badschrank wieder abgebaut zurückgeschickt hätte: Bei dem Versandhaus hätte jemand den defekten Badschrank entgegennehmen und prüfen müssen. Er hätte repariert oder entsorgt werden müssen. Es hätte entsprechenden Verwaltungsaufwand gegeben. Mir wäre kostenlos ein neuer Badschrank geschickt worden. Und die Firma hätte obendrein für die Hin- und Herschickerei die Versandkosten tragen müssen.

Über den Daumen gerechnet hätte die Firma Personal- und Transportkosten von etwa 150 Euro gehabt – und dazu noch einen genervten Kunden, der zwar jetzt einen heilen Badschrank, aber zuvor eine Menge Aufwand hatte.

Stattdessen war die Mitarbeiterin freundlich geblieben, hatte mir spontan eine Gutschrift gegeben und ich war auch so zufrieden. Lieber einen zufrieden Kunden, an dem man wenig verdient, als einen unzufriedenen, für den man draufzahlt. Solche Art von Reklamationsbehandlung durch die Unternehmen ist klug und effizient. Und deshalb verhalten sich viele Unternehmen schon immer so kulant.

Seit Januar 2002 gibt es aber auch neue Gesetze, die den Verbraucher schützen und die Unternehmen zu mehr Kundenorientierung zwingen sollen. Konnte man früher nur sechs Monate nach dem Kauf eine mangelhafte Ware reklamieren, so hat man heute zwei Jahre Zeit. Bewahren Sie Ihre Kaufbelege deshalb ab sofort zwei Jahre lang auf. Trotzdem sollten Sie mit der Reklamation nicht unnötig lange warten.

Fehler sollten Sie am besten immer sofort reklamieren. Denn im ersten halben Jahr wird ohne Nachfrage davon ausgegangen, dass das Produkt schon von Anfang an fehlerhaft war. Andernfalls müsste der Händler beweisen, dass der Fehler beim Kauf nicht vorhanden war. Später kehrt sich die Beweislast jedoch um: Dann müssen Sie den Nachweis antreten, dass der Mangel, von dem Sie sprechen, schon zum Zeitpunkt des Kaufes vorlag.

Bei einer Reklamation haben Sie das Recht, den Kaufvertrag komplett rückgängig zu machen. Sie müssen also kein Ersatzgerät mitnehmen, brauchen keinen Gutschein zu akzeptieren, sondern können einfach Ihr Geld zurückfordern. Natürlich müssen Sie dann das Produkt auch zurückgeben. Wollen Sie das Gerät aber behalten und stören sich nicht allzu sehr am Fehler – so wie ich bei meinem Badschrank – dann können Sie die Herabsetzung des Kaufpreises verlangen.

Gekauft wie gesehen?

Wichtig: Diese Regelungen gelten in sämtlichen Bereichen. Ob es der Liter Milch im Supermarkt, die Schachtel Zigaretten am Kiosk oder der neue Fernseher im Fachgeschäft ist. Immer handelt es sich um einen Kaufvertrag und entsprechend gelten immer die gleichen Grundregeln.

Sie gelten mittlerweile übrigens auch für den Kauf von Gebrauchtwagen. Früher ging man bei gebrauchten Autos immer ein gewisses Risiko ein. »Gekauft wie gesehen« – diese Formel gilt beim Gebrauchtwagenhandel seit 2002 nicht mehr. Ein volles Jahr Garantie ist nun – zumindest für kommerzielle Händler – seit Jahresanfang gesetzliche Pflicht. Die »Kür«, zu der sich der eine oder andere Händler hinreißen lassen dürfte, könnte angesichts des scharfen Wettbewerbs sogar zwei oder drei Jahre umfassen.

Und noch eine wichtige Verbesserung gilt seit 2002: Die Verkäufer haften jetzt auch für falsche Werbeaussagen. Das heißt, wenn ein Wagen als Drei-Liter-Auto angepriesen wird und später mehr verbraucht, kann der Käufer alle seine Rechte geltend machen. Allerdings gilt diese Regelung nur für Händler. Wenn Sie von privat ein Auto kaufen, bleibt alles wie gehabt. Private Verkäufer können nach wie vor jede Haftung ausschließen.

In jedem Fall sollten Sie beim Einkauf im Geschäft darauf achten, dass Sie immer eine Quittung bekommen und diese dann sorgfältig aufbewahren. Denn nur mit dem richtigen Kaufbeleg können Sie reklamieren, falls Sie im Nachhinein irgendeinen Fehler entdecken.

Tageslohn

Der 21. Tag drehte sich um Geld, das Sie bislang verschenkt haben, weil Sie sich mit fehlerhafter Ware oder schlechten Dienstleistungen zufrieden gegeben haben:

- Sie kennen die Grundregeln, um nach einem enttäuschenden Urlaub Ihr Geld beim Reiseveranstalter zurückfordern zu können.
- Sie werden ab sofort bei allen Einkäufen und Geschäften eine Quittung verlangen und diese zwei Jahre aufbewahren.
- Sie werden nie wieder aus falsch verstandener Nettigkeit oder aus Schüchternheit stillhalten, wenn Sie mit einer Ware oder Leistung unzufrieden sind.
- Sie wissen, dass Sie ein Recht darauf haben, dass fehlerhafte Ware zurückgenommen und ersetzt oder der Kaufpreis erstattet wird.

Den Tageslohn für meine Trainingskasse hole ich mir heute von dem Versandgeschäft, das mir die Enttäuschung über den defekten Badschrank mit einer Gutschrift von 50 Euro versüßt hat.

TAGESLOHN EURO 50,00
Aktuelles Sparpotenzial EURO 2210,40

TAG 22

Muss das Heim eigen sein?

Geld allein macht nicht glücklich.
Es gehören auch noch Aktien, Beteiligungen,
Gold und
Grundstücke dazu.

Danny Kaye
(russisch-amerikanischer Humorist)

»Es gibt drei Typen der Altersvorsorge«, behauptete mein Vater neulich: »den Wasser-, den Stein- und den Lufttyp. Der Wassertyp zahlt jeden Monat einen kleinen Betrag in eine Versicherung oder einen Sparfonds und kommt so nach langer Zeit – Dröppche für Dröppche – irgendwann zu einem ordentlichen Geldfluss. Der Steintyp baut Stein auf Stein und investiert in ein Haus oder eine Eigentumswohnung, damit er nach langer Zeit einen dicken Brocken Geld beiseite geschafft hat. Und der Lufttyp flattert eifrig umher, gründet ein Unternehmen oder kauft mit Aktien diverse Unternehmensbeteiligungen und lässt seine Finanzen irgendwann wie einen Heißluftballon in die Höhe schnellen.«

Ich bin da wohl am ehesten der Lufttyp. Der Wasserweg jedenfalls erscheint mir nicht viel versprechend: Denn ich kenne genügend Beispiele, bei denen trotz aller Mühen und Strapazen am Ende doch nur ein klägliches Rinnsal herauskam. Steintypen kenne ich auch sehr viele und ich führe oft Diskussionen mit ihnen, ob ihr Weg nicht in Wahrheit ein Holzweg ist.

Zugegeben: »Mietfrei wohnen« – die Vorstellung klingt verlockend. Unter diesem Siegel bieten die Verkäuferhorden der Finanzdienstleister die abenteuerlichsten Produkte – auch als Kombipackung – an. Bausparvertrag plus Lebensversicherung ist eine häufig angepriesene Variante. Schließlich bringt eine solche Kombination dem Verkäufer auch eine hohe Provision. Doch da rate ich zur Vorsicht: Die Investition in eine eigene Wohnung oder ein eigenes Haus sollte wohl überlegt sein!

Drei Jahrzehnte auf Sparflamme – lohnt das wirklich?

So traf ich kürzlich eine ehemalige Kollegin aus der Bäckerei wieder, die ich einige Jahre nicht gesehen hatte. Elke war damals als Teigmacherin eingestellt und hatte mir das Teigmachen beigebracht. Jetzt erzählte sie, dass sie mit ihrem Mann und den beiden Kindern in einer recht beengten Mietwohnung lebe. Ihr Wunschtraum wäre ein eigenes Haus. Der Traum müsste jedoch vorerst einer bleiben, da sie momentan über keine finanziellen Mittel verfügten. Zu viele Schulden hätten sich durch die Unternehmensgründung ihres Mannes angehäuft.

Auf meine Frage, was das Haus etwa kosten dürfte, nannte mir Elke den Betrag von etwa einer Viertelmillion Euro. Sie hatten sich schon gründlich informiert, und dieser Betrag schien ihnen realistisch. Bei einer Anzahlung von etwa 25 000 Euro müssten Sie einen Kredit von etwa 200 000 Euro aufnehmen und anschließend monatlich abbezahlen.

Ich hörte ihr aufmerksam zu und machte ihr dann einen anderen Vorschlag: Sie solle sich mit ihrem Mann lieber ein hübsches Haus mieten – und die beiden wären dafür im Rentenalter Millionäre. Sie dachte, ich würde einen Witz machen, und schaute mich verwundert an. Ich aber rechnete ihr vor: Bei einem angenommenen Zinssatz von sechs Prozent bezahlt sie jedes Jahr 12 000 Euro – allein für Zinsen. Also jeden Monat tausend Euro.

Wenn Elke und ihr Mann außerdem 500 Euro pro Monat abstottern, dann werden sie dieses Haus etwa 30 Jahre lang abbezahlen. Ganze 30 Jahre lang müsste sie jeden Monat 1 500 Euro auf die Bank bringen, um den Kredit von 200 000 Euro abzubezahlen und für die hohen Zinsen aufzukommen.

Wenn das endlich abbezahlt wäre, hätte Elke das stolze Alter von 65 Jahren erreicht und die Kinder wären schon lange aus dem Haus. Vermutlich wollten sie dann eigentlich schon längst nicht mehr in dem Haus wohnen, da es für zwei Personen eigentlich zu groß wäre. Sie würden das Haus, für das sie so lange gearbeitet hatten, womöglich sogar verkaufen wollen.

Miete zahlen bringt bares Geld ein

Die meisten glauben, dass das Haus in Zukunft sicher an Wert gewinnt. Doch das ist leider gar nicht sicher. Denn niemand weiß, wie sich die Immobilien in den nächsten 30 Jahren entwickeln werden – und erst recht nicht, wie sich die Gegend, in der das Haus steht, verändert. Vielleicht wird eine Autobahn in der Nähe gebaut und das Haus steht dadurch plötzlich in einer unattraktiven Gegend. Oder es werden lauter schicke Neubauten außenrum gebaut, und niemand will das 30 Jahre alte Haus dann noch haben.

Die Zeit bis dahin wäre auch nicht besonders lustig gewesen. Denn drei Jahrzehnte lang hätte sich die Familie nicht viel leisten können, kaum Urlaube gemacht und immer nur auf Sparflamme gelebt. Und das alles, nur um ein eigenes Haus zu besitzen?

»Wir hätten aber viel mehr Platz in einem Haus«, meinte Elke zu mir. »Ich hätte einen kleinen Garten, in dem die Kinder im Sommer spielen können, und eine Terrasse, auf der ich sitzen könnte.«

»Stimmt«, sagte ich. »Aber dafür müsst ihr doch kein Haus kaufen! Ihr könntet doch eins mieten. Da habt ihr dann auch Platz, einen Garten und eine Terrasse.« Ich rechnete ihr vor, dass sie dabei viel Geld sparen könnten: »Jetzt müsstet ihr jeden Monat 1 500 Euro bezahlen. Bei uns in Sinsheim kann man ein ordentliches Einfamilienhaus schon für 750 oder 800 Euro mieten. Damit hättet ihr also rund 700 Euro pro Monat mehr zur Verfügung. Dieses Geld könntet ihr in einen Aktienfonds oder einen Fondssparplan investieren und da habt ihr vermutlich eine viel höhere Rendite als bei dem Haus.«

Elke hatte schnell nachgerechnet und musste mir uneingeschränkt Recht geben: »Klar, nach einem Jahr hätten wir schon 9600 Euro gespart. Nach zehn Jahren schon 96 000 Euro und nach 30 Jahren fast 300 000 Euro!« Ich nickte und fügte hinzu: »Und wenn ihr nun für euer Geld Zinsen von der Bank oder Dividende von der Aktiengesellschaft bekommt, statt Zinsen an die Bank zu zahlen, ist es sogar noch mehr!«

Trotzdem träumt sie noch immer vom schnieken Eigenheim. Sie ist wohl doch ein unbelehrbarer Stein-Typ! Sie behauptet, dass es dabei um Vorsorge für die Kinder geht. Schließlich würden sie später das Haus erben, und da gäbe es erhebliche Steuervorteile. Wenn sie jetzt ein Eigenheim bauen, bekämen sie ja vom Staat entsprechende Fördermittel – und dadurch wäre der Kauf dann auch gar nicht mehr so teuer.

Bauen und vermieten kann sich rechnen

Ich diskutiere an dieser Stelle meist nicht weiter. Denn letztlich muss jeder selbst wissen, was er mit seinem Geld macht. Aber ehrlich gesagt will mir das Steuerargument nicht einleuchten. Denn die steuerlichen Vorteile sind noch größer, wenn man zwar ein Haus baut, aber nicht selbst einzieht, sondern das Haus an andere vermietet.

Das Finanzamt beteiligt sich nämlich an vier Kostenblöcken: an den Finanzierungskosten, an den Abschreibungen, an den Instandsetzungskosten und an den Betriebskosten. Vermieter können diese Posten als Werbungskosten in der Steuererklärung geltend machen. Unter Werbungskosten versteht man Ausgaben, die nötig sind, um Einnahmen erzielen zu können.

Mit den Finanzierungskosten lassen sich häufig die meisten Steuern sparen. Vermieter können die Schuldzinsen ebenso wie gezahlte Bereitstellungszinsen, Kreditnebenkosten und Schätzgebühren geltend machen. Die Tilgungsraten hingegen sind nicht absetzbar.

Auch die Abschreibungen sind bares Geld wert. Vermieter können die Anschaffungs- oder Herstellungskosten in der Regel über 40 bis 50 Jahre absetzen. Nach diesem Zeitraum gelten die Gebäude für die Finanzämter als wertlos.

Ein weiterer großer Block sind die Instandhaltungskosten. Dazu gehören zum Beispiel der Einbau von Fenstern und Heizungen, das Auffrischen der Fassade oder das Decken eines Daches. Auch andere Reparaturen, darunter Elektro- und Malerarbeiten, sind absetzbar.

Instandhaltungskosten haben einen großen steuerlichen Vorteil: Immobilienbesitzer können sie im Jahr der Zahlung voll geltend machen. In den ersten drei Jahren nach dem Kauf einer Immobilie erkennt das Finanzamt allerdings höchstens bis zu 15 Prozent der Anschaffungskosten an.

Darüber hinaus können Steuerzahler auch die laufenden Ausgaben für den Unterhalt ihrer Immobilie absetzen. Zu den so genannten Betriebskosten gehören Ausgaben für die Müllabfuhr, die Straßenreinigung, die Heizung oder auch den Strom.

Sind die Einnahmen aus Vermietung oder Verpachtung niedriger als die Ausgaben, hat der Immobilienbesitzer einen Verlust gemacht. Den erkennt das Finanzamt allerdings nicht in voller Höhe an. Immobilienbesitzer müssen ihre sonstigen Einkünfte nach einem detaillierten Schema gegenrechnen. Lediglich der Restbetrag vermindert dann die Steuerschuld.

Mehr Genuss: das Leben als Mieter

Ich selbst habe weder ein eigenes Haus noch eines, das ich vermiete. Obwohl ich es mir sicher leisten könnte, wohne ich dennoch in der gleichen Wohnung wie damals, als ich noch Bäcker war und wesentlich weniger Geld verdient habe als heute. Mit Sicherheit werde ich eines Tages aus dieser kleinen Wohnung ausziehen. Aber im Moment sehe ich dafür keine Veranlassung. Ich lebe gern in dieser Wohnung und brauche derzeit keine größere. Außerdem bin ich das ganze Jahr so viel unterwegs, dass mir diese kleine Wohnung voll und ganz ausreicht. Das Geld, das ich an Miete dadurch spare, kann ich schon wieder vermehren, um es wiederum zu investieren.

Außerdem kann man meiner Ansicht nach das Leben als Mieter eher genießen: Denn die eigenen vier Wände machen auch viele Sorgen. Das Dach ist leck, die Wasserleitung kaputt, die Heizung muss modernisiert werden, weil es neue Umweltauflagen gibt oder die Fassade muss neu verputzt werden. Das alles sind Kosten, die die wenigsten beim Hauskauf oder Neubau berücksichtigen. Wohnen Sie aber zur Miete, dann rufen Sie einfach den Vermieter an, geben ihm den Schaden durch – und er hat dann den Aufwand und Ärger mit den Handwerkern. Vor allem können Sie problemlos aus dem Haus wieder ausziehen, wenn es zu groß geworden ist, Sie aus beruflichen Gründen den Wohnort wechseln müssen oder Ihnen das Haus einfach nicht mehr gefällt.

Zudem ist man als Mieter auch finanziell flexibler. Lieber zahle ich 600 Euro Miete und lege den Rest zur Seite, gönne mir ab und zu einen Urlaub, und leiste mir das eine oder andere. Statt sechs Prozent Minus (wegen der Schuldzinsen) mache ich doch lieber sieben oder acht Prozent Plus (zum Beispiel mithilfe eines Fondssparplans). In meinem Bekanntenkreis gibt es einige, die werden eines Tages das Elternhaus erben. Aber darin wohnen will keiner von ihnen. Der Geschmack hat sich verändert oder man wohnt sowieso schon längst nicht mehr in der Gegend, weil die Arbeit einen ans andere Ende von Deutschland verschlagen hat.

Das bedeutet, dass die meisten das Elternhaus verkaufen werden, wenn sie es eines Tages erben. Da kommen dann Makler, das Finanzamt und die Banken und versuchen, wieder ein Stück von dem Kuchen für sich herauszuschneiden. Die Erben haben dafür den Ärger und Verwaltungsaufwand am Hals, denn so ein Hausverkauf ist ja auch nicht mal eben nebenbei gemacht. So richtig freuen tut sich niemand auf diese Erbschaft. Ein ordentlich gefülltes Aktiendepot wäre den meisten lieber.

Tageslohn

Der 22. Tag drehte sich rund um das Thema Bauen und Wohnen und brachte Ihnen folgende Ergebnisse:

- Sie kennen nun die drei Typen der Altersvorsorge.
- Sie haben erfahren, dass auch eine Immobilie keine risikofreie Geldanlage ist.
- Sie wissen, dass der Staat nicht nur Häuslebauer, sondern auch Vermieter steuerlich belohnt.
- Sie werden doppelt gut darüber nachdenken, ob sich der Kauf oder Bau eines Hauses wirklich lohnt.

Den Tageslohn für meine Trainingskasse hole ich mir heute von Elke, jedenfalls theoretisch. Denn würde sie, statt ein Eigenheim zu finanzieren, Miete zahlen, könnte sie jeden Monat 800 Euro sparen und zum Beispiel in einen lukrativen Aktienfonds investieren.

! TAGESLOHN **EURO 800,00**
Aktuelles Sparpotenzial EURO 3010,40

Unbeachtete Geldflüsse

TAG 23

Alles fließt, nur wir sind nicht flüssig.

Manfred Hirch (Deutscher Philosoph, Aphoristiker und Schriftsteller)

Ein Leben ohne Wasser wäre auf unserem blauen Planeten undenkbar. Wir Menschen bestehen zu 60 Prozent daraus und ernähren uns zu 90 Prozent davon. Wir brauchen es zum Duschen und zum Waschen. Darüber hinaus ist Wasser unverzichtbar für die Landwirtschaft und die Industrie.

In Deutschland nehmen wir Wasser als Selbstverständlichkeit hin. Das liegt daran, dass es uns unbegrenzt zur Verfügung steht. Wir sind es gewohnt, einfach den Hahn aufzudrehen – und heraus fließt sauberes Trinkwasser in bester Qualität.

430 Millionen Menschen haben jedoch keinen solchen Wasserreichtum. Von akutem Wassermangel sind insbesondere die Länder des Nahen Ostens betroffen: Rund 89 Prozent der arabischen Staaten sind Dürregebiete. Akute Wasserknappheit ist jedoch nicht nur ein Problem in weit entfernten Ländern. Auch viele unserer europäischen Nachbarn sind zunehmend davon bedroht.

Eine Freundin, die vor etwa zwei Jahren in Südspanien Urlaub gemacht hat, erzählte mir damals, dass die Duschen auf dem

Campingplatz nur zu bestimmten Zeiten offen waren, weil dringend Wasser gespart werden musste. Mallorca geriet deswegen etwa zur gleichen Zeit in die Schlagzeilen: Die Forderung, den Hotelgästen wegen der drohenden Wasserkrise den Hahn einfach für mehrere Stunden am Tag zuzudrehen, löste eine Welle der Verunsicherung unter Touristen und Reiseveranstaltern aus.

Wir in Deutschland sollten deswegen nicht sorglos oder verschwenderisch mit Wasser umgehen. Denn erstens ist Trinkwasser ein kostbarer Rohstoff, der weltweit immer knapper wird. Und zweitens kostet Trinkwasser auch jeden von uns Geld!

Zugegeben: Viel ist das nicht. Trinkwasser gehört zu den billigsten Rohstoffen in Deutschland. Das finanzielle Sparpotenzial ist deshalb nicht gerade gewaltig: Statistisch gesehen haben wir in Deutschland im Jahr 2001 im Durchschnitt pro Person und Tag ganze 22 Cent für Trinkwasser ausgegeben. Das macht für jeden von uns gerade mal 80 Euro im Jahr – gemessen am verfügbaren jährlichen Einkommen waren das etwa 0,5 Prozent.

Trotzdem: Wasser sparen lohnt sich auf jeden Fall – nicht nur für Ihren Geldbeutel, sondern auch für die Umwelt. Also fangen Sie am besten noch heute damit an!

Und was spülen Sie so alles runter?

Kaum zu glauben, aber wahr: Das meiste Trinkwasser brauchen wir für die Toilettenspülung. Bis zu 50 Liter davon rauschen täglich pro Person durch den Abfluss, nämlich jedes Mal neun bis 14 Liter – sofern Sie nicht die Spartaste bedienen, mit der heutzutage jede Toilette ausgerüstet sein sollte.

»Wissen Sie, Herr Frick, die Spartaste stoppt den Spülvorgang nach der Hälfte. Das heißt, Sie können mit der gleichen Menge Wasser zweimal spülen«, erklärte mir der Hausmeister eines Bekannten. Ich war gerade bei Gerhard zum Frühstücken, als der Hausmeister klingelte, um im Bad der schönen Altbauwohnung einige Modernisierungsarbeiten durchzuführen – und eine davon war der Einbau dieser besagten Stopptaste.

»Und überlegen Sie mal«, rechnete mir der Hausmeister begeistert weiter vor, »was Sie damit an Wasser sparen können! Dieser Spülkasten hier hat ein Fassungsvolumen von neun Litern. Wenn Sie also am Tag bisher nur viermal gespült haben, sind damit 36 Liter Wasser einfach ungebremst in den Kanal geflossen. Bei unserem Wasserpreis von 1,90 Euro pro Kubikmeter sind das schätzungsweise etwa 25 Euro pro Person und Jahr – und das kostet unsere Mieter ab jetzt nur noch die Hälfte.«

Anschließend reparierte Herr Krawzcik auch gleich den tropfenden Wasserhahn in Gerhards Badezimmer: »Messungen haben ergeben, dass da bis zu 100 Liter Wasser im Monat einfach rauströpfeln können«, erklärte mit der engagierte Hausmeister. Schadhafte Toilettenspülungen, die ein andauerndes kleines Rinnsal verursachen, können sogar bis zu einen Kubikmeter Wasser im Monat verschwenden.

Zudem versah er alle Wasserhähne und den Duschkopf mit einem Durchflussbegrenzer. Diese Geräte verringern die durchfließende Wassermenge von 20 Litern pro Minute auf die Hälfte, erklärte er mir stolz. Hat man das warme Wasser aufgedreht, dann spart man damit auch gleichzeitig noch Heizkosten. »Und merken tun Sie das beim Duschen gar nicht, da das fehlende Wasser durch Luft ersetzt wird. Der Wasserstrahl fühlt sich also fast genauso an wie vorher.«

Beim Thema »Wasser sparen« kannte Herr Krawczik sich bestens aus, wie ich im Lauf des Vormittags erfuhr. Dass man eine Menge Wasser sparen kann, wenn man duscht, statt sich in die Badewanne zu legen, war mir natürlich klar. Was ich nicht wusste: Ein Vollbad verbraucht ungefähr genauso viel Strom und Wasser wie vier Mal duschen – ohne Durchflussbegrenzer wohlgemerkt. Gerhard kann ab sofort also achtmal duschen, statt nur einmal zu baden.

»Und greifen Sie mal wieder auf den guten alten Zahnputzbecher zurück, wenn Sie die Zähne putzen«, gab der Hausmeister mir zwinkernd einen letzten Tipp mit auf den Weg. »Damit können Sie bis zu 20 Liter am Tag sparen. Macht bei unserem Wasserpreis noch mal knapp 14 Euro im Jahr!«

Wasser verwenden statt verschwenden

Wasser wird in Deutschland seit Jahren erfolgreich gespart: Von 1990 bis 2000 verringerte sich der personenbezogene Wasserverbrauch um sage und schreibe zwölf Prozent – das entspricht heute wieder dem Verbrauch von vor 25 Jahren.

Mit einem durchschnittlichen Pro-Kopf-Verbrauch von etwa 130 Litern Trinkwasser am Tag gehören wir zusammen mit den Belgiern mittlerweile zu den sparsamsten Wasserverbrauchern in Europa.

Dieser Rückgang ist auf ein verändertes Verbraucherverhalten zurückzuführen: In der Industrie wird das Wasser in Produktionsprozessen heute mehrfach genutzt und im Kreislaufverfahren gleich wieder aufbereitet.

Aber auch im Haushalt hat sich viel getan: Wasser sparende Geräte und Armaturen und moderne Wasch- oder Spülmaschinen zeichnen sich heute allesamt durch einen sparsamen Verbrauch aus.

Und wir haben alle unsere Einstellung geändert. In den meisten Haushalten ist es mittlerweile die Regel, Wasch- oder Spülmaschinen erst dann einzuschalten, wenn sie auch wirklich gefüllt sind. Denn dass selbst das Sparprogramm für halbvolle Geräte höchstens ein Drittel an Strom und Wasser einspart, ist mittlerweile jedem bekannt – ebenso wie die Tatsache, dass wir Gemüse oder Nudeln beim Kochen nicht in Unmengen von Wasser zu ertränken brauchen.

Deutschland hat nach Ansicht von Niedersachsens Umweltminister Wolfgang Jüttner sein Ziel beim Wassersparen erreicht. Es gehe daher nicht mehr darum, »den Wasserverbrauch weiterhin dramatisch zu reduzieren«, schrieb der Politiker deshalb im

Abschlussbericht der Regierungskommission zur Wasserversorgung in Niedersachsen.

Ziel erreicht – Grenze erreicht?

Doch die Grenze der Einsparmöglichkeiten ist trotzdem noch weit: Nahezu die Hälfte unseres gesamten Trinkwasserverbrauchs könnten wir zusätzlich sparen – durch die Verwendung von Regenwasser!

Denn unser hochwertiges Trinkwasser brauchen wir eigentlich weder durch die Toilette zu spülen, noch müssen wir unsere Blumen damit gießen oder unsere Wäsche damit waschen. Und da Regenwasser kaum Kalk enthält, würden sich lästige Verkalkungen nicht mehr bilden und der Waschmittelverbrauch würde um die Hälfte sinken – was wiederum Kosten bei der Wiederaufbereitung des Abwassers einspart.

Zudem könnte das die Trinkwasserkosten, gemessen am durchschnittlichen Wasserverbrauch einer vierköpfigen Familie, um etwa 160 Euro im Jahr senken. Doch die Voraussetzung dafür ist natürlich eine Regenwassernutzungsanlage, mit der die erforderliche Wasserqualität erzeugt werden kann – und die kostet eine Menge Geld, das man erst einmal haben muss.

Wer jedoch mit dem Gedanken an die eigenen vier Wände spielt, sollte sich diese Alternative einmal durchrechnen lassen. Denn dabei könnte es sich um eine sinnvolle Investition in die Zukunft handeln, die sich irgendwann in Euro und Cent bezahlt macht.

Tageslohn

Am 23. Tag unseres Trainingsprogramms haben Sie sicher keine enormen Einsparmöglichkeiten für sich entdeckt. Trotzdem:

- Sie haben erfahren, dass Wasser zwar nicht viel kostet, aber trotzdem eigentlich nicht mit Geld aufzuwiegen ist.

- Sie kennen die größten Wasserverschwender in Ihrem Haushalt und werden ihnen ab sofort Einhalt gebieten.
- Sie werden ab sofort bei der Anschaffung von neuen Geräten oder Armaturen auf die Versionen mit dem sparsamsten Verbrauch setzen.

Den Tageslohn für meine Trainingskasse hole ich mir heute von Gerhard: Durch den Einbau der Stopptaste in seiner Toilette spart die vierköpfige Familie Trinkwasser in Höhe von 50 Euro pro Jahr.

! TAGESLOHN **EURO 50,00**

Aktuelles Sparpotenzial EURO 3060,40

Mit weniger Energie Geld verdienen

TAG 24

Geld ist eine Form der Energiespeicherung.

John Culkin (amerikanischer Publizist)

Die so genannte »zweite Miete« kostet jeden von uns immer mehr Geld – die Rede ist von den Nebenkosten für Strom, Wasser und Heizung. Während die Kaltmieten von 1996 bis 2001 um 7,1 Prozent stiegen, kletterten die Nebenkosten um das Doppelte: 2001 musste jeder Bundesbürger dafür 14 Prozent tiefer in die Tasche greifen als fünf Jahre zuvor.

Die größten Preistreiber sind neben der Müllabfuhr vor allem die Energielieferanten Gas, Fernwärme und Heizöl: Jedes Jahr, wenn der Herbst kommt, das Wetter unwirtlicher wird und die Temperaturen sinken, fangen die Schornsteine an zu qualmen – und nicht selten löst sich dabei bares Geld in Rauch auf!

Mehr als drei Viertel des gesamten Energieverbrauchs wird hierzulande im wahrsten Sinne des Wortes verheizt: Für die warme Stube geben wir ganze 76 Prozent der Energiekosten aus – im Schnitt kostet uns der beheizte Quadratmeter zwischen 8,88 Euro und 10,75 Euro – je nachdem, welche Art von Energie wir dabei verbrennen.

Heizöl kaufen, wenn die Preise im Keller sind

Heizöl gehört dabei seit mehr als zwei Jahrzehnten zu den preisgünstigsten Wärmelieferanten: Nach den Daten des Statistischen Bundesamtes musste man 2001 im Schnitt rund 1140 Euro für 3000 Liter Heizöl bezahlen. Die vergleichbare Menge Erdgas kostete rund 1550 Euro – und damit war die Wärmeversorgung eines Einfamilienhauses mit Heizöl durchschnittlich etwa 400 Euro günstiger. Mit dieser Jahresbilanz wurde zum 22. Mal in Folge bestätigt, dass Öl die kostengünstigere Alternative ist.

Heizölpreise sind Tagespreise – und damit ständigen Schwankungen unterworfen. Deshalb gilt hier im Grunde das Gleiche wie beim Wertpapierhandel: Wer den Markt genau im Blick behält, sich ausführlich informiert und zur richtigen Zeit am richtigen Ort kauft, der kann dadurch bares Geld sparen!

Schon innerhalb einer Woche können sich deutliche Preisveränderungen ergeben. Nutzen Sie deshalb den vorhandenen Spielraum möglichst Gewinn bringend für sich und Ihren Geldbeutel. Schätzen Sie Ihren Verbrauch ab und holen Sie frühzeitig Angebote von verschiedenen Anbietern ein. Kaufen Sie nie erst dann, wenn der Öltank fast leer ist, sondern dann, wenn die Preise gerade im Keller sind. Generell gilt: Betrachten Sie auch Ihr Heizöl als eine Form der Geldanlage. Und investieren Sie deshalb langfristig und gezielt!

Auf den richtigen Dreh kommt's an

Das größte Sparpotenzial liegt jedoch auch bei den Energiekosten in einer Senkung des Verbrauchs. Wer nicht gerade in ein neu gebautes Niedrigenergiehaus eingezogen ist, der kann durch die Änderung seines Heizverhaltens in der Regel einiges an Kosten sparen – auch ohne den nächsten Winter frierend im Wohnzimmer verbringen zu müssen!

Ob Sie noch Energie sparen können oder vielleicht sogar dringend sollten, hängt von Ihrer persönlichen Energiekennzahl ab. Und die lässt sich ganz einfach berechnen: Teilen Sie den Jahresverbrauch von Öl oder Gas – ein Liter Öl entspricht dabei einem Kubikmeter Gas – durch die Quadratmeterzahl der beheizten Wohnfläche. Wenn also Ende des Jahres etwa 1500 Kubikmeter auf Ihrer Nebenkostenabrechnung auftauchen und Sie in einer 80-Quadratmeter-Wohnung leben, beträgt Ihre Energiekennzahl 18,75.

Und damit wäre sie eindeutig zu hoch: Bei einer Energiekennzahl von mehr als 15 Litern oder 15 Kubikmetern pro Quadratmeter ist es nämlich allerhöchste Zeit, Gegenmaßnahmen zu ergreifen, um den Energieverbrauch zu senken!

Günther zum Beispiel, den ich bei einem meiner Vorträge getroffen habe, erklärte mir, wie er im Jahr 150 Euro an Heizkosten sparen konnte: Einfach nur dadurch, dass er anfing, auf seine Zimmertemperaturen zu achten – und im Winter eben auch zu Hause mal einen dicken Pullover anzog.

»Markus, wusstest du, dass jedes Grad weniger Raumtemperatur rund sechs Prozent weniger Heizkosten bedeutet?«, fragte er mich. Ich erinnerte mich dunkel daran, diese Zahl schon einmal gehört zu haben. Doch was sie in Euro und Cent bedeutet, hatte ich mir bis zu diesem Treffen noch nie bewusst vor Augen geführt.

Dafür sorgte Günther nun. Er erzählte mir, dass er bis vor einigen Jahren nie auf den genauen Wert der Zimmertemperatur geachtet hatte – bis er zufällig durch einen Artikel in seiner Fernsehzeitung über diese 1 : 6-Regel stolperte: Ein Grad spart sechs Prozent Kosten! Bis dahin hatte er den Regler einfach so lange hochgedreht, bis ihm angenehm warm war. Egal, ob er gerade ein T-Shirt oder einen Pullover anhatte.

Helfen Sie der Luftzirkulation auf die Sprünge

Günther achtet mittlerweile jedenfalls sehr bewusst auf die Temperaturen – und zwar in allen Räumen seiner Wohnung. Denn Diele, Küche oder Schlafzimmer müssen schließlich nicht genauso warm sein wie Kinder-, Wohn- und Arbeitszimmer oder das Bad.

Heizkosten lassen sich auch dadurch sparen, dass man die Raumtemperatur möglichst konstant hält. Wer seine Heizung an kalten Tagen zu stark herunterdreht, wenn er morgens zur Arbeit fährt, zahlt in der Regel drauf. Denn dann kühlen die Wände zu stark aus und die feuchte Raumluft kondensiert. Das Raumklima wird nasskalt, abends muss wieder völlig durchgeheizt werden – und das geht ans Portemonnaie.

Grundsätzlich gilt: Wärme muss sich in allen Zimmern schnell und ungehindert ausbreiten können. Die Wärmestrahlen werden vom Heizkörper geradlinig und gleichmäßig nach allen Seiten abgegeben. Sie erwärmen die Wandinnenflächen, Möbel und andere Einrichtungsgegenstände, und der Raum heizt sich nach und nach auf.

Deshalb sollten die Heizkörper so frei wie möglich stehen. Zu dicht herangestellte Möbel, lange Gardinen oder Rollos vor den Heizkörpern führen zu einem Wärmestau, die Luft kann nicht zirkulieren, und das Zimmer bleibt kühl, obwohl die Heizung auf vollen Touren läuft. Auch Ventilatoren, insbesondere an der Decke angebracht, helfen der Luftzirkulation auf die Sprünge. Die unter der Decke angestaute Warmluft kann so mit der am Boden angesammelten Kaltluft vermischt werden – und dadurch entsteht im gesamten Raum eine angenehme Mischtemperatur, ohne dass der Temperaturregler am Heizkörper höher gedreht werden muss.

Ebenfalls sinnvoll ist die Installation von Thermostatventilen. Damit können Sie die Temperatur für jedes Zimmer individuell regeln, ohne permanent auf die Temperaturanzeige achten zu müssen. Ein solches Ventil öffnet und schließt automatisch, je nachdem, ob die Raumtemperatur erreicht oder unter das eingestellte

Niveau gefallen ist. Und mit einem Stückpreis von höchstens 20 Euro machen sich die Ventile im Vergleich zu anderen Energiesparinvestitionen schon nach zwei Jahren bezahlt.

Energieberater helfen sparen

Ebenso wichtig wie die Kontrolle der Zimmertemperatur ist die richtige Wärmedämmung. Durch eine möglichst gute Isolierung von Türen und Fenstern, Wänden, Böden und Dächern lassen sich bis zu 60 Prozent Heizenergie einsparen! Früher lagerte man zu diesem Zweck Heu und Stroh auf dem Dachboden. Heute gibt es moderne Dämmstoffe, die für niedrige Heizkosten sorgen.

Achten Sie vor allem darauf, dass Fenster und Türen gut abgedichtet sind! Dazu müssen nicht immer gleich neue Fenster eingebaut werden. Gerade wenn Sie in einer Mietwohnung wohnen, und Ihr Vermieter sich gegen die eigentlich notwendige Investition wehrt, können Sie selbst Abhilfe schaffen: Bekleben Sie einfach verglaste Fensterscheiben mit einer durchsichtigen Isolierfolie und entlasten Sie dadurch Ihren Geldbeutel.

Sollte Ihre Energiekennzahl trotz aller Dämmungsversuche weiterhin über der kritischen Marke von 15 Litern bzw. Kubikmetern pro Quadratmeter bleiben, können Sie einen unabhängigen Energieberater hinzuziehen: So genannte Vor-Ort-Energieberater können feststellen, wo bei Ihnen die Schwachpunkte liegen.

Dazu kommt der Energieberater zu Ihnen ins Haus, besichtigt das Gebäude und erstellt ein Energiegutachten, das er Ihnen im Gespräch erläutert. Er informiert Sie über die Durchführung von Dämm- und Modernisierungsmaßnahmen.

Darüber hinaus geben Energieberater Auskunft über die Nutzung von Solarenergie oder das Heizen mit nachwachsenden Rohstoffen, sie stellen Wirtschaftlichkeitsberechnungen an und wissen vor allem auch Bescheid darüber, welche Fördermittel Bund und Länder zur Verfügung stellen. Eine solche Energieberatung wird übrigens vom Bundesamt für Wirtschaft bezuschusst.

Tageslohn

Der 24. Tag stand wieder ganz im Zeichen heißer Einsparmöglichkeiten – diesmal rund um das Thema Heizen:

- Sie haben erfahren, dass 76 Prozent Ihrer gesamten Energiekosten durch die Heizkörper fließen.
- Sie wissen, wie Sie Ihre persönliche Energiekennzahl berechnen – und wie hoch diese maximal sein darf.
- Sie werden ab sofort Ihre Zimmertemperaturen im Auge behalten – und erst mal einen Pullover anziehen, bevor Sie die Heizung höher stellen.

Den Tageslohn für meine Trainingskasse hole ich mir heute von Günther, der durch die Kontrolle der unterschiedlichen Raumtemperaturen in seiner 90-Quadratmeter-Wohnung im Jahr 150 Euro an Heizkosten spart.

! TAGESLOHN **EURO 150,00**

Aktuelles Sparpotenzial EURO 3210,40

Telefonieren mit der Spardose

TAG 25

Geld ist die einzige Macht, auf die Verlass ist.

Madonna (amerikanische Pop-Ikone)

»Da werden Sie geholfen«, säuselte Verona Feldbusch für die Werbung in die Kamera. Die Leute lachten über den Grammatikfehler und übersahen vor lauter Schadenfreude, dass ihnen plötzlich für Etwas Geld aus der Tasche gezogen wurde, was früher eine kostenlose Serviceleistung gewesen war: die Telefonauskunft.

Aber nicht nur das kostet seit der Privatisierung der Telefonwirtschaft Geld, sondern auch zahlreiche andere früher kostenlose Leistungen: Wenn das Telefon knistert, ruft man die Störungsstelle an. Kam früher der Techniker einfach vorbei, so muss man heute Anfahrt und Arbeitszeit bezahlen – es sei denn, man kann nachweisen, dass der Fehler bei der Telekom lag.

Pech gehabt, seufzen die meisten und zahlen murrend, was sie in punkto Kommunikation für unvermeidlich halten. Der Festnetzanschluss ist da nur der Anfang. Weiter geht's mit dem Internetzugang und dem Mobiltelefon – womöglich nicht nur für sich selbst, sondern auch für den Lebenspartner und die beiden Kinder. Es ist ja auch alles so praktisch: Dank der modernen Kommunikationsmittel ist jeder zu jeder Zeit problemlos erreichbar. Und warum sollte man sich in seinen Möglichkeiten beschneiden?

Tatsache ist aber, dass diese Dinge in den letzten Jahren erheblich teurer geworden sind.

Denn wer rund um die Uhr erreichbar ist, der kann auch rund um die Uhr erreichen. Den Vorsatz jedes Mobilfunk-Neulings, er wolle mit dem Handy ja nur erreichbar sein und höchstens im Notfall telefonieren, gehört mittlerweile zu den häufigsten Fehleinschätzungen.

Insgeheim hat sich doch jeder mit seiner zweiten Telefonrechnung abgefunden.

»Was gestern das Billigste war, ist morgen das Teuerste.«

Dabei weiß eigentlich jeder, dass man beim Telefonieren – auch vom Festnetz aus – sparen kann. In hunderten von Zeitschriften, auf zig Internetseiten, auf jeder zweiten Party ist das so genannte »Call-by-Call-Verfahren« bereits Thema.

Umso mehr wundert es mich jedes Mal, dass die Menschen trotzdem einfach den Hörer abnehmen und ohne jede Gebühren sparende Vorwahl telefonieren. Nach fünf Minuten Gespräch haben sie damit vielleicht das Doppelte, möglicherweise sogar das Dreifache von dem bezahlt, was sie eigentlich bezahlen müssten. Bei Auslandstelefonaten vielleicht sogar das Zehnfache. Aber den meisten scheint das egal zu sein.

»Da muss man so lange Nummern vorwählen und da vertippe ich mich dauernd.« – »Ach, da ist immer besetzt, weil alle diese billigen Vorwahlen benutzen, und dann kommt keiner mehr durch.« – »Da ändern sich dauernd die Tarife. Was gestern das Billigste war, ist morgen das Teuerste.«

Das etwa sind die Argumente, die mir nörgelnd entgegengebracht werden, wenn ich die Menschen auf die billigen Telefonanbieter anspreche.

Ich will Ihnen sagen, wie ich selbst es mache – und dann können Sie selbst entscheiden, ob in Ihrem Leben die Faulheit oder die Sparsamkeit gewinnen soll:

Einmal pro Woche gehe ich kurz ins Internet und steuere die dortigen Tarifvergleichsseiten an. Ich drucke mir die 24-Stunden-Übersicht aus und hänge sie neben mein Telefon. Die Vorwahlen der zehn wichtigsten Anbieter habe ich mir per Kurzwahltaste in mein Telefon einprogrammiert. Auf diese Weise muss ich nur zwei Tasten mehr drücken, um an den billigen Tarif zu kommen.

Wenn wirklich mal besetzt ist – was ich relativ selten erlebt habe –, versuche ich es zweimal über die Wahlwiederholungstaste. Komme ich dann immer noch nicht durch, wähle ich die zweitbilligste Vorwahl. Ich persönlich finde das alles sehr wenig aufwändig und werde an diesem Verfahren sicher so lange festhalten, wie es diesen Telefon-Tarifdschungel gibt.

Handy-Regel Nr. 1: »Drum prüfe, wer sich ewig bindet.«

Noch weniger kostenbewusst werden die Leute aber, wenn es um den Mobilfunk geht. Das geht schon beim Vertragsabschluss los, wenngleich die meisten da wenigstens noch kurz die verschiedenen Tarife miteinander vergleichen.

Dabei gibt es kaum einen Bereich, in dem sich ein gründlicher Preisvergleich mehr lohnt! Zum einen wimmelt es auf dem Markt von verschiedenen Direktanbietern wie T-Mobile, E-Plus, Viag O2 oder D2 Vodafone, die jeweils mit eigenen Tarifgefügen dem individuellen Kundenwunsch zu entsprechen versuchen. Zum anderen gibt es die netzunabhängigen Telefongesellschaften wie Debitel, Arcor, Hutchinson, Talkline und Mobilcom, die eine ebenso reiche Angebotsvielfalt bieten.

Je nachdem, ob Sie mehr am Tag oder an den Wochenenden telefonieren, mehr regionale oder internationale Gespräche führen, können Sie den für Sie passenden Grundtarif wählen. Manche Anbieter machen auch Offerten, was die monatliche Grundgebühr angeht: Sie können einen niedrigen Grundtarif wählen, zahlen dann aber für jedes Gespräch etwas mehr.

Oder Sie wählen eine höhere Grundgebühr und jede Gesprächsminute wird dann billiger. Hier müssen Sie sich realistisch selbst einschätzen: Telefonieren Sie eher viel oder wenig, eher lang oder kurz? Nachdenken und nachrechnen lohnt sich allemal.

Doch das ist noch lange nicht alles. Denn während manche Anbieter Ihnen zwar enorme Rabatte auf das schicke Handy geben, schlagen sie gleichzeitig auch enorme Summen bei der Taktung und den Gebühren drauf. Bei anderen Anbietern ist es genau anders herum. Es kann also durchaus günstiger für Sie sein, einmal für das mobile Gerät viel Geld auf den Tresen zu legen, statt ein vermeintliches Schnäppchen zu machen – das bezahlen Sie hinterher unter Umständen teuer mit der Telefonrechnung!

Telefon-Ping-Pong ist teuer

Haben Sie Ihren Handyvertrag in der Tasche, summieren sich die eigentlichen Kosten: hier eine SMS verschickt, da ein Gespräch geführt und noch schnell die Mailbox abgehört. Da kommt nach und nach ein stolzes Sümmchen zusammen und am Ende des Monats der große Schrecken: Oh Gott, die Telefonrechnung ist schon wieder so hoch.

Letzten Sommer wurde ich in einer Eisdiele zufällig Zeuge eines Streits von einem jungen Pärchen. Er war genervt, sie aber auch. Offenbar hatte sie die Angewohnheit, vor einem Treffen noch einmal kurz durchzuklingeln, ob die Verabredung auch wirklich noch steht, und ob ihr Freund pünktlich kommen würde. Denn bevor sie am Ende alleine im Café wartet, wollte sie einfach noch mal sichergehen.

Grundsätzlich hatte er daran nicht einmal etwas auszusetzen. Trotzdem war er genervt: »Warum schickst du mir nicht eine SMS, das geht doch viel einfacher?« – »Aber warum denn? Es ist doch nur ein kurzer Anruf, und dann habe ich gleich eine Antwort. Bis du die SMS beantwortest, sitze ich da und warte«, entgegnete sie.

Daraufhin kam er aufs Geld zu sprechen und rechnete ihr vor: »Okay, aber eine SMS ist viel billiger. Denn erstens reden wir meistens dann doch länger, obwohl wir uns ja gleich sehen. Und zweitens kommt es verdammt oft vor, dass du mich gar nicht erreichst und mir auf die Mobilbox sprichst. Die muss ich dann erst abhören und dich anschließend zurückrufen. Das heißt, wir führen drei Telefonate, die zusammen einige Minuten dauern, nur um sicherzustellen, dass wir uns treffen – was wir ja vorher schon wussten. Eine SMS hin, eine SMS her – das kostet dagegen nur wenige Cent.«

Der Freundin leuchtete das wohl ein, aber sie wollte trotzdem keine SMS schicken. Das sei unhöflich, beendete sie das Gespräch abrupt.

Ich hätte mich beinahe eingemischt – meiner Ansicht nach hatte der Freund nämlich mehr als Recht. Das Gespräch ließ mich dann auch nicht los, und als ich zu Hause war, habe ich mich an den Rechner gesetzt und die Kosten kurz überschlagen.

Angenommen, die beiden hätten jeweils wirklich nur kurz telefoniert, erst sie mit der Mailbox, dann er mit der Mailbox, dann er mit ihr. Im Schnitt jeweils 120 Sekunden Gesprächszeit. Ich nahm zuerst an, die beiden hätten sich für den günstigsten Grundtarif von E-Plus entschieden. Da das Gespräch am Wochenende stattfand, waren für die Terminabstimmung dadurch Kosten von 90 Cent entstanden.

Dann stellte ich eine zweite Berechnung an, bei der ich davon ausging, dass die Gespräche jeweils vielleicht doch drei Minuten gedauert hätten und die beiden sich mit dem Premium-Tarif bei Vodafone gebunden hatten. Dann ergaben sich für die Terminabstimmung Kosten von 1,71 Euro.

Natürlich konnte ich durch diese Rechnung nicht herausfinden, welches der günstigere Anbieter ist. Denn schließlich hatte ich mir hier völlig verschiedene Angebote verschiedener Anbieter herausgepickt, die sich wie Äpfel und Birnen nicht vergleichen lassen, sonst hätte ich die Grundgebühr, die Serviceleistung und so weiter ebenfalls hypothetisch in meine Kalkulation einbeziehen müssen.

Aber mich interessierte gar nicht, welcher Anbieter günstiger war, sondern lediglich, welche Kosten durch eine derart komplizierte Terminbestätigung entstehen können – und dafür wollte ich eine möglichst breite Preisspanne ermitteln.

»Mal eben schnell« Kosten in die Mailbox geblasen

Irgendetwas zwischen 0,90 und 1,71 Euro hatten die Telefonate also vermutlich gekostet. Die SMS dagegen hätte bei Vodafone 0,19 Cent gekostet, die Antwort ebenfalls. Das hätte eine Ersparnis von 1,33 Euro gebracht. Bei E-Plus hätte die SMS jeweils 20 Cent gekostet und immer noch eine Ersparnis von 0,50 Euro ergeben.

Und dann habe ich mir vorgestellt, was diese Zahlen bedeuten, wenn man sie mal hochrechnet: Wie oft werden sich die beiden treffen? Wie oft telefonieren die beiden »mal eben schnell« und hinterlassen sich eine Nachricht auf der Mailbox, die dann zu diesem komplizierten Rückrufsystem führt?

Und sicher führen nicht nur die beiden solche Telefonate miteinander, sondern tun das auch mit anderen Freunden und Bekannten. Ich habe mal überschlagen, wie oft ich selbst andere nicht sofort erreiche und ihnen auf die Mailbox ihres Mobiltelefons spreche. Wenn ich nur meine Privatgespräche rechne, ist das ungefähr einmal am Tag. Das heißt, dass man allein dadurch, dass man eine Nachricht hinterlässt, Mehrkosten von erheblichem Ausmaß im Monat produziert: nämlich 30-mal mindestens 0,50 Euro, also 15 Euro – wohlgemerkt: mindestens!

Das finde ich ziemlich viel Geld. Natürlich habe ich noch den Einwand der Freundin im Ohr, eine SMS sei unhöflich. Aber ist es wirklich unhöflich, den anderen nicht aus irgendeiner Situation herauszuklingeln, sondern ihm eine SMS zu schicken, die er abrufen und lesen kann, wenn er gerade Zeit und Lust dazu hat? Ich finde eine SMS – ehrlich gesagt – viel höflicher als einen Anruf. Meine Freunde kommen übrigens erst gar nicht in die Verlegenheit, mir auf die Mailbox sprechen zu müssen. Die habe ich nämlich deaktiviert. Wenn ich nicht gestört werden will, bin ich eben nicht erreichbar. Und wenn ich dann das Handy wieder einschalte, finde ich alle SMS, lese und beantworte sie. So lebt es sich nicht nur angenehm, sondern für mich und meine Freunde auch deutlich preiswerter!

Tageslohn

Den 25. Tag haben wir dem Telefon gewidmet, und zwar jenseits der allgemeinen Tarifverwirrung:

- Sie werden sich ab sofort von den komplizierten Tarifen nicht mehr einschüchtern lassen, sondern kostenbewusster zum Telefon greifen!
- Sie kennen den Speicher-Trick, um beim Call-by-Call-Verfahren nicht so viele Tasten drücken zu müssen.
- Sie ermitteln zukünftig die Gesamtkosten eines Mobilfunkvertrags und lassen sich nicht durch Schnäppchenangebote bei den Geräten auf die teure Fährte locken.
- Sie werden Ihre Mailbox abstellen und vermutlich bald ein echter SMS-Fan sein.

Den Tageslohn für meine Trainingskasse hole ich mir heute von dem Freund aus der Eisdiele, der seiner Freundin erklärt hat, dass ihr Telefon-Ping-Pong sehr viel teurer ist als das Simsen. Denn damit könnten die beiden etwa 15 Euro im Monat sparen, wenn nicht sogar deutlich mehr.

TAGESLOHN EURO 15,00
Aktuelles Sparpotenzial EURO 3225,40

TAG 26

Schnäppchentour durchs Outlet-Paradies

Geld ist immer da.
Es wechselt nur
den Besitzer.

Kaufmannsspruch

In der 20. Auflage musste die Duden-Redaktion in das Wörterbuch der deutschen Sprache ein englisches Wort aufnehmen, das sich mittlerweile genau wie »Sommerschlussverkauf«, »Lagerverkauf« oder »Schnäppchenmarkt« in unseren Wortschatz eingefügt hat: Die Rede ist vom »Factory-Outlet«.

Dabei handelt es sich um ein Wort, für das es in der deutschen Sprache schon ganz viele Bezeichnungen gab: Barverkauf, Kleinverkauf, Werksverkauf, Sonderverkauf, Zweite-Wahl-Verkauf, Resteverkauf, Fabrikverkauf, Herstellerverkauf und Lagerverkauf. Jetzt heißen all diese Dinge eben Factory-Outlets. Gemeint ist immer dasselbe: die Direktverkaufsstelle einer Firma.

Es klingt zwar neu, ist aber eigentlich ein alter Hut: Denn schon immer konnte man in den Bahlsen-Werken in Hannover Kekse kaufen, bei Rosenthal im fränkischen Selb gab es Geschirr und im Betty-Barclay-Werk bei Heidelberg wurden schicke Kleider zu Billigpreisen verscherbelt.

Vor allem Mitarbeiter und ihre Angehörigen sollten hier die Möglichkeit bekommen, fabrikneue Ware zu Sonderkonditionen einzukaufen. Dabei profitierten beide Seiten. Die Unternehmen machten Gewinn, denn was sie sonst als Zwischenrabatte an den Handel abgeben mussten, konnten sie nun an den Kunden weitergeben. Und die sparten ebenfalls entsprechend viel Geld, mussten dafür aber auf Beratung verzichten. Außerdem war die Ware, die in den Fabrikverkauf kam, oft Mangelware: bei Bahlsen Bruchkekse, bei Rosenthal Gläser mit kleinen Luftblasen oder bei Betty Barclay gab es Kostüme mit Webfehlern.

Was in Deutschland jahrelang eher stiefmütterlich behandelt wurde, entwickelte sich derweil in anderen Ländern zur Boombranche. Insbesondere in den USA wurden Factory-Outlets zunehmend zum Verkaufsschlager. Denn dadurch, dass die Ladenmieten in den Innenstädten immer mehr stiegen, stiegen auch die Preise in den herkömmlichen Geschäften. Die Preisunterschiede zwischen der Ware, die man in den Direktverkaufsstellen der Firmen bekam und den Produkten aus dem Laden wurden immer größer. So groß, dass sich bald sogar eine weite Anfahrt lohnte.

Mit der Zeit schwappte die Welle zu uns herüber und die Factory-Outlets hielten auch in Deutschland Einzug. Hier hatten die Firmen bislang Rücksicht auf den Einzelhandel genommen – man wollte seinen Geschäftspartnern keine Konkurrenz machen. Doch von den amerikanischen Factory-Outlets lernten die deutschen Unternehmen, dass Fabrikverkauf und Einzelhandel durchaus nebeneinander gestellt werden können: Man muss bloß unterschiedliche Ware anbieten. Denn wenn in den schicken Innenstadtgeschäften die topaktuelle Mode angeboten wird, stört es nicht, wenn im Factory-Outlet die Restmodelle vom vergangenen Jahr verkauft werden.

Designerkleidung zu Schleuderpreisen

Und so wagten erst einzelne, dann immer mehr Firmen auch in Deutschland das bislang Undenkbare: Sie gründeten Direktverkaufsstellen an mehreren Orten, und zwar unabhängig von der eigenen Produktionsstätte. Irgendwo im Gewerbegebiet wurde zu günstiger Miete eine Lagerhalle gemietet, und darin nach dem Aldi-Prinzip direkt aus dem Karton an den Kunden verkauft. Keine nette Dekoration, keine schmeichelnde Beleuchtung, keine kompetente Beratung. Einfach nur die Ware – und fertig!

Der Verzicht auf alles Drumherum, dazu die günstige Miete – das alles ermöglicht den Betreibern der Factory-Outlets supergünstige Preise.

Vor allem bei Kleidung sind die Outlets schon lange kein Geheimtipp mehr: Ob Marc O'Polo, Tom Tailor Sportswear, Diesel Jeans, Esprit, Daniel Hechter, Hugo Boss, Bogner, adidas, René Lezard oder Otto Kern – sie alle sind beim Lagerverkauf mit dabei. Markenartikel zu reduzierten Preisen, wo gibt's das sonst?

Schon das Gefühl, einen Anzug zum Bruchteil des Einzelhandelspreises zu ergattern, lässt die Schnäppchenjäger schneller atmen und zugreifen. Und wie toll ist es doch, im bewunderten Designeroutfit auf die Party zu gehen und dabei zu wissen, dass dieses Teil spottbillig war!

Auch zum Einkaufen von Lebensmitteln lohnen sich zuweilen die langen Fahrten hinaus auf die grüne Wiese. Die Waren der Lebensmittelanbieter stammen häufig aus Überproduktionen. Wer zum Beispiel Süßigkeiten gerne mag, ist gut beraten, einen Ausflug in die Rheinebene zu unternehmen. Denn im Raum Köln/Aachen/Bonn sind etliche Süßwaren- und Schokoladenproduzenten zu finden.

So zum Beispiel die Stollwerk AG, die Lindt & Sprüngli Schokoladenfabrik, Ludwig Schokolade, Trumpf Schokolade und Haribo. Weitere feine Leckerlis zum Knabberpreis gibt es bei Ritter-Sport, Wissoll, Sprengel und De Beukelaer. Wenn Ihnen dann noch nicht schlecht ist, fahren Sie am besten gleich weiter zu Schöller, Erasco oder Meica.

1a: Die »zweite Wahl« sieht man erst auf den dritten Blick!

Ein Besuch in einem der großen Outlet-Zentren oder einem Verkauf ab Werk lohnt sich auf jeden Fall. Für die Verbraucher liegen die Preise bis zu 50 Prozent unter den Preisen des Einzelhandels. Die Hersteller haben über diese Verkaufsschiene die Möglichkeit, ihre Überproduktion, Fehlerwaren, Auslaufmodelle oder auch Warenretouren, also Umtäusche, wieder loszuwerden. Manches in den Regalen ist zwar offiziell als »Zweite Wahl« gekennzeichnet, aber die Qualitätsansprüche in deutschen Unternehmen sind hoch – meistens sieht man die Fehler wirklich erst auf den dritten Blick!

Wer wissen will, wo es solche Outlets gibt, sollte sich einen Schnäppchenführer besorgen. Die gibt es in vielen Variationen: regionale oder branchenbezogene Schnäppchenführer, Führer für Kinder, für Mode, für Elektroartikel und viele mehr. In jedem Fall weisen sie dem interessierten Einkaufswütigen den Weg in die große Welt der Schnäppchen, informieren über die Öffnungszeiten, Anfahrtswege und das Angebot der einzelnen Firmen.

Mithilfe dieser Planer können Sie richtig große Shoppingtouren ausarbeiten, die Sie dann schon mal quer durch Deutschland führen können. Ob Sie das mit einer Dienstreise oder dem Wochenendausflug kombinieren, ist dabei egal. Um unnötige Wege zu vermeiden, sollten Sie jedoch, bevor Sie sich auf den Weg machen, bei den Anbietern telefonisch rückfragen, ob die Öffnungszeiten und Adressen noch aktuell sind. Sonst stehen Sie eventuell vor verschlossenen Türen.

Factory-Outlets gibt es in allen Ländern – halten Sie deshalb auch im Urlaub ruhig die Augen offen. Mein Rechtsanwalt hat mir kürzlich erzählt, dass seine Frau so gerne eine schicke Espressomaschine haben wollte. Doch sie war der Meinung, dass die Geräte viel zu teuer seien. Als sie auf dem Heimweg vom Italienurlaub zufällig in der Schweiz an dem Fabrikgelände der Firma Saecco vorbeifuhren, kam der Geistesblitz gerade noch rechtzeitig:

Sie schlug vor, kurz eine Pause und dabei einen kurzen Abstecher zur Fabrik zu machen. Dann könnten sie sehen, ob es die Espressomaschinen dort nicht vielleicht günstiger gäbe. Und in der Tat, die Pause sollte sich lohnen: Statt 650 Euro – so viel kostet die Maschine in den deutschen Kaufhäusern – bezahlte mein Anwalt für die Espressomaschine nur 350 Euro – für exakt dasselbe Gerät. Seine Frau war selig und der Anwalt hatte mal eben 300 Euro gespart. Die Kaffeebohnen und die Milch waren die nächste Zeit quasi schon bezahlt.

Doch die Outlets haben nicht nur Vorteile. Der größte Nachteil: Ein Umtausch ist ausgeschlossen!

Und das ist doppelt schlimm: Denn die Outlets haben mit ihren Billigpreisen natürlich eine verführerisch niedrige Hemmschwelle für den Käufer gesetzt. Alles zur Hälfte des normalen Ladenpreises – da denkt man nicht lange nach, wenn man ein nettes Teil gefunden hat. Wer seinen Einkauf etwas später bereut, für den gibt es kein Zurück mehr.

Wertvoll: Einkaufszettel für die Outlet-Shopping-Tour

Nicht überall, wo billig drauf steht, ist auch wirklich billig drin. Wenn Sie nicht wissen, was das eine oder andere Stück im regulären Verkauf kostet, können Sie die Höhe des Rabatts gar nicht ermessen.

Deshalb empfehle ich Ihnen vor jeder Schnäppchentour: Schauen Sie sich zuvor die Preise im normalen Fachhandel genau an! Und machen Sie sich also auch für die Outlet-Shopping-Tour einen Einkaufszettel! Dann vermeiden Sie überflüssige Spontankäufe, die Ihren Geldbeutel mehr be- als entlasten!

Tageslohn

Den 26. Tag haben Sie sich mit den Direktverkaufsstellen der Fabriken beschäftigt und dabei einiges dazugelernt:

- Sie wissen, warum Factory-Outlets ihre Ware so günstig anbieten können.
- Sie kennen die Vorteile, aber auch die Nachteile von Einkäufen in Outlets.
- Sie werden sich zukünftig nicht nur für den Einkauf im Supermarkt einen Einkaufszettel schreiben, sondern auch für die Schnäppchentour zum Outlet-Center.

Den Tageslohn für meine Trainingskasse hole ich mir heute von meinem Anwalt, der auf der Urlaubsreise für seine Frau eine Espressomaschine direkt in der Fabrik gekauft und dadurch 300 Euro gespart hat.

TAGESLOHN EURO 300,00
Aktuelles Sparpotenzial EURO 3525,40

!

TAG 27

Gesundheit ist kostbar

Manche opfern ihre Gesundheit, um reich zu werden.
Dann opfern sie ihren Reichtum,
um wieder gesund
zu werden.

John Boyston Priestley
(englischer Schriftsteller)

Wer kennt das nicht: Es ist Winter. Schnupfen, Erkältung und grippale Infekte greifen um sich. Die Hausärzte haben Hochkonjunktur und stellen Rezepte aus wie am Fließband. Doch welche Arznei steht auf diesen Rezepten? Sicher ist es stets die richtige, doch ist es auch immer die günstigste?

Auch auf dem Arzneimittelmarkt gibt es enorme Preisunterschiede. Da lohnt es sich, einmal genauer nachzufragen. Also: Erkundigen Sie sich nach der günstigsten Alternative – entweder gleich bei Ihrem Arzt oder eben später bei Ihrem Apotheker.

Der Grund für die teilweise beachtlichen Preisunterschiede bei Medikamenten liegt in der Forschung und Entwicklung: Die Suche nach einem neuen Wirkstoff ist aufwändig und sehr teuer. Nehmen wir einmal das Beispiel Aspirin:

Aspirin besteht aus dem Wirkstoff Acetylsalicylsäure (ASS). Vor rund 100 Jahren hat Bayer diesen Wirkstoff gefunden, chemisch hergestellt und zum Hauptbestandteil der allgemein bekannten Kopf- und Schmerztablette gemacht. Um die Konkurrenz daran zu hindern, den neuen Wirkstoff einfach billiger herzustellen, ließ Bayer ihn durch ein Patent schützen. Das bedeutet: Für eine bestimmte Zeit darf nur Bayer diesen Wirkstoff herstellen und vertreiben – und den Preis dafür festlegen.

Das macht für die Entwickler auch Sinn: Denn sobald ein Patent ausläuft, können auch andere Pharmakonzerne Medikamente mit demselben Wirkstoff auf den Markt bringen. Und das in der Regel zu einem wesentlich günstigeren Preis: Denn schließlich haben sie im Gegensatz zum Erfinder des Arzneimittels ja keinerlei Kosten für Forschung und Entwicklung gehabt – sie müssen nur noch produzieren und vertreiben.

Pille ist nicht gleich Pille

Diese Kopien von Originalmedikamenten nennt man »Generika«. Und wie am Kopiergerät unterscheidet sich auch in der Medizin die Kopie kaum vom Original – jedenfalls nicht wesentlich. Egal, ob Sie bei Kopfschmerzen also auf die Aspirintabletten von Bayer zurückgreifen oder Medikamente wie ASS-ratiopharm, ASS 500 von ct oder etwa ASS 500 von Hexal kaufen – Sie schlucken stets denselben Wirkstoff!

Wie überall kann es auch bei Medikamenten Qualitätsunterschiede zwischen Original und Kopie geben. Das liegt zum einen an den unterschiedlichen Produktionsverfahren. Denn wenn ein Patent ausläuft, wird zwar der Wirkstoff zur Nachahmung freigegeben, aber nicht das Herstellungsverfahren. Zum anderen können sich in unterschiedlichen Ausführungen eines Arzneimittels auch die Hilfsstoffe unterscheiden, die sich in allen Medikamenten befinden.

Das können bestimmte Trägersubstanzen sein, die dafür sorgen, dass der Wirkstoff im Körper dahin transportiert wird, wo er wirken soll. Oder es handelt sich um Stoffe, die dafür sorgen, wie schnell oder langsam der benötigte Wirkstoff im Körper freigesetzt und über welchen Zeitraum hinweg er abgegeben wird. Andere Hilfsstoffe sorgen dafür, wie gut oder schlecht Sie eine Tablette schlucken können. Deshalb ist Kopie eben doch nicht gleich Original. Fest steht: Mit guten Generika lässt sich ein neues Marktsegment erschließen – und auf lange Sicht eine Menge Geld verdienen. Anders ist es wohl nicht zu erklären, dass einige Pharmakonzerne mittlerweile ihre eigenen Nachahmungsprodukte herstellen, die sie einfach unter einem anderen Namen auf den Markt bringen als das Markenprodukt. So fließt das Geld für die billigen Medikamente jedenfalls in ihre Firmenkasse und nicht in die der Konkurrenz.

Billiger heißt nicht unbedingt schlechter

Über die Sparmöglichkeiten bei Generika habe ich mich kürzlich mit Hermann, dem Vater eines meiner Schulkameraden, ausführlich unterhalten. Den traf ich zufällig in der Apotheke, als bei mir eine Grippe im Anzug und ich auf der Suche nach einem schnell wirkenden Mittel gegen Halsschmerzen war.

Hermann leidet an zu hohem Blutdruck und muss deshalb regelmäßig Medikamente nehmen. Sein Arzt hatte ihm ein bekanntes Präparat empfohlen, das in der Hunderter-Packung etwa 48 Euro kostet. Da Hermann davon zweimal täglich eine Tablette einnimmt, kommt er damit 50 Tage hin. Oder anders gerechnet: Er braucht davon im Jahr 7,3 Packungen – Kosten: etwa 350 Euro im Jahr.

Als die Diskussion um Generika vor Jahren losbrach, hat er sich bei seinem Apotheker über billigere Ersatzprodukte informiert. »Stell dir vor, Markus, da gibt es wirklich beträchtliche Unterschiede«, erzählte er mir. Er hatte ein Generikum seines Blutdruckmittels ausfindig gemacht, für das er nur die Hälfte bezahlen würde – und sogar eines, das weniger als ein Viertel kostet!

»Statt für eine einzige Packung 48 Euro auszugeben, bekomme ich für den gleichen Preis jetzt vier davon!« Das heißt, Hermann bezahlt im Jahr nur noch gut 87 Euro, hat also 263 Euro gespart!

Wenn Pillen eine Reise tun

Geld sparen kann man aber nicht nur durch die Frage nach Billigmedikamenten. Kaum zu glauben, aber wahr: Wie beim Autokauf gibt es auch bei Arzneimitteln so genannte Reimporte! Denn auch in der Welt der Medizin ist der deutsche Markt als besonders hochpreisig bekannt.

Pikanterweise sind pharmazeutische Reimporte oftmals Medikamente, die in Deutschland speziell für den Exportmarkt produziert wurden. Sie unterscheiden sich also in nichts von den deutschen Produkten, lediglich in der Verpackung, der Sprache des Beipackzettels – und natürlich im Preis.

Es gibt mittlerweile eine ganze Reihe von Unternehmen, die darauf spezialisiert sind, preiswerte Medikamente aus dem Ausland zu reimportieren und somit wieder in die deutschen Apotheken zu bringen. Und trotz des logistischen und personellen Aufwands für die Wiedereinfuhr sind die Kosten oft niedriger als für das entsprechende Präparat auf dem deutschen Markt. Dafür sorgt sogar der Gesetzgeber: Laut Gesetz muss der Preis des Reimports immer mindestens zehn Prozent unter dem Originalpreis liegen!

Also: Fragen Sie Ihren Arzt oder Apotheker nach solchen Medikamenten. Gerade wer chronisch krank ist und seine Medikamente selbst bezahlen muss, kann auf Dauer gesehen dadurch eine Menge Geld sparen! Und lassen Sie sich von dem Argument »Das muss ich aber erst bestellen, das dauert etwas« nicht verunsichern. Denn in der Regel werden Reimporte innerhalb von zwei Tagen geliefert – oft geht's sogar innerhalb von 24 Stunden.

Der Trick mit der Reiseapotheke

Eine andere Möglichkeit besteht darin, die Medikamente gleich im Ausland zu kaufen. Schauen Sie mal in Ihre Reiseapotheke: Die übliche Grundausstattung besteht sicher aus einem Erste-Hilfe-Paket mit Pflaster, Desinfektionsmittel, etwas gegen Grippe, Halsschmerzen, Übelkeit sowie leichte Infektionen oder Verbrennungen. Und je nachdem, welche Art von Urlaub Sie planen oder in welches Land Sie fahren, werden Sie diese Medikamente dann noch um Arzneimittel gegen Durchfall, Sportverletzungen oder auch Malaria ergänzen.

Sicher haben Sie für jeden Fall Ihren besonderen Favoriten, auf den Sie seit Jahren schwören. Und nichts spricht dagegen, sich mit derartigen Medikamenten erst im Ausland zu versorgen, statt in deutschen Apotheken teures Geld dafür zu bezahlen – Mullverband ist schließlich Mullverband. Und wenn Sie nicht gerade in den entlegensten Ecken von Afrika oder Asien Urlaub machen, dann bekommen Sie den im Ausland auch genauso steril verpackt wie bei uns in der Apotheke – allerdings kostet er dort nur ein paar Pfennige.

Gerade bei teuren Medikamenten wie denen zur Malariaprophylaxe lohnt sich der Einkauf im Ausland auf jeden Fall – vorausgesetzt, Sie müssen mit der Einnahme nicht schon vier Wochen vor Reiseantritt beginnen.

Beatrice, eine gute Freundin von mir, füllt nicht nur ihre Reiseapotheke, sondern auch ihre Haushaltsapotheke regelmäßig im Ausland auf. Dabei nutzt sie jede Gelegenheit, nicht nur wenn sie selbst in Urlaub fährt, sondern sie bittet auch Freunde, ihr Medikamente mitzubringen.

Denken Sie nur einmal an Aspirin: Für ein Päckchen mit zehn Brausetabletten legen wir in Deutschland etwa 4,50 Euro auf den Ladentisch – so viel kostet in den USA eine Großpackung mit 500 Stück! Wir zahlen für eine Tablette also das 50-fache! Beatrice spart durch ihren Medikamenten-Einkauf im Ausland allerdings in erster Linie teure Verhütungskosten. Denn gerade Antibabypillen gibt es in vielen anderen Ländern oft ohne Rezept und zu einem wesentlich günstigeren Preis. Kostet die Packung hier in der Regel um die 25 Euro, ist sie beispielsweise in der Türkei schon für umgerechnet zehn Euro zu haben – macht eine Jahresersparnis von 60 Euro!

Klicken Sie sich gesund

Arzneimittel können Sie mittlerweile auch in der virtuellen Welt der unbegrenzten Möglichkeiten kaufen – und dabei Klick für Klick bares Geld sparen! Denn erstens werden viele Medikamente im Netz bis zu 60 Prozent billiger angeboten, und zweitens entfallen beim Bezug übers Internet die teuren Rezeptgebühren.

In Deutschland ist der Internethandel von Medikamenten allerdings ein ziemlich heißes Eisen, denn laut deutschem Arzneimittelgesetz ist der Versand apothekenpflichtiger Arzneimittel hierzulande immer noch verboten. Die Geschichte vom Streit um die Cyber-Arznei ist schnell erzählt:

Eine holländische Firma hatte im Juni 2000 angefangen, sowohl verschreibungspflichtige als auch rezeptfreie Medikamente übers Internet zu vertreiben. Dagegen liefen sowohl die deutsche Pharmaindustrie als auch der deutsche Apothekerverband Sturm: »Das Risiko für die Verbraucher ist viel zu hoch«, hieß es, »da die kompetente Beratung der Apotheker entfällt, und die Patienten auf gefährliche Wechselwirkungen zwischen unterschiedlichen Medikamenten nicht aufmerksam gemacht werden können.«

Horrorszenarien von »erhöhtem Medikamentenmissbrauch« bis hin zur »ernsthaften Gefährdung der Gesundheit durch Qualitätsmängel« wurden gezeichnet, und man warnte die Verbraucher sogar ausdrücklich vor der »möglicherweise tödlichen Pille aus dem Netz«.

Im November 2000 war es dann soweit: Die Oberlandesgerichte in Frankfurt und Berlin verboten der niederländischen Internetapotheke per einstweiliger Verfügung, Medikamente an deutsche Besteller zu liefern. Und die Kläger – der deutsche Apothekerverband und ein Pharmaunternehmen – feierten die Entscheidung der Richter als Sieg für den Verbraucherschutz.

Die Arbeitsgemeinschaft der Verbraucherschutzverbände (AgV) sah das allerdings ganz anders: Sie forderte eine Aufhebung des Versandhandelsverbots. Denn durch den Bezug von Medikamenten übers Internet könnten die Verbraucher nicht nur viel

Geld sparen. Darüber hinaus könne auch die Versorgung der Patienten gewährleistet werden, die aufgrund ihrer Krankheit nicht mobil genug sind, um einfach in die nächste Apotheke zu laufen. Die Qualität der pharmazeutischen Produkte müsse dabei natürlich sichergestellt werden.

Der Streit um die Cyber-Pille geht weiter

Das holländische Versandunternehmen argumentierte ebenfalls: »Das Gericht hat gegen die Interessen von 80 Millionen deutschen Verbrauchern und für die Geldbeutel der deutschen Apotheker entschieden.« Es umging die einstweilige Verfügung der deutschen Gerichte mit einem juristischen Trick: Im Dezember forderte die Site alle Kunden dazu auf, ihre Bestellung entweder selbst beim Stammsitz in den Niederlanden abzuholen oder sich die Ware von einem Kurier bringen zu lassen. Die Kosten für den Fahrer würden von der Online-Apotheke selbstverständlich übernommen.

Fakt ist, dass die Entscheidung der deutschen Richter gegen eine europäische E-Commerce-Richtlinie verstößt, die dem freien Warenverkehr den Vorrang vor nationaler Gesetzgebung gibt. Nach geltendem EU-Recht müssen Medikamente durch Apotheken ausgegeben werden – aber Online-Apotheken sind eben auch Apotheken.

Die Rechtslage ist zwar immer noch nicht eindeutig geklärt, doch auch die Politik kümmert sich mittlerweile um das Thema. So hat die Bundesgesundheitsministerin Ulla Schmidt im April 2002 versichert: »Wir wollen den Internethandel mit Arzneien und moderne Vertriebswege bei der Arzneimittelversorgung gewährleisten«. Voraussetzung sei allerdings, dass Sicherheit und Verbraucherschutz garantiert und faire Wettbewerbsbedingungen geschaffen würden, um die Versorgung der Patienten auch durch wohnortnahe Apotheken weiter sicherzustellen.

Immer mehr Unterstützung kommt auch vonseiten der Krankenkassen, die Einsparungen in Millionenhöhe wittern. Viele fordern ihre Mitglieder mittlerweile sogar ausdrücklich dazu auf, Medikamente im Internet zu bestellen – und übernehmen im Gegenzug die Kosten. Damit bewegen sie sich jedoch noch auf dünnem Eis: Das Bundesversicherungsamt hat den Kassen bislang ausdrücklich die Kostenerstattung von Medikamenten untersagt, die per Versand bezogen werden.

Die Betriebskrankenkasse BKK Continental hat sich daran jedoch nicht gehalten: Sie empfahl ihrem Mitglied die Einlösung der Rezepte beim holländischen Medikamentenversand. Der 51-jährige Patient braucht täglich Insulin sowie Blutdruckpräparate und hatte dafür pro Jahr etwa 460 Euro an Zuzahlungsgebühren ausgegeben. Jetzt bestellt er seine Medikamente per Mausklick – und ohne weitere Kosten! Seine Krankenkasse steht öffentlich zu ihrer Zusammenarbeit mit der Onlineapotheke: »Wenn alle gesetzlichen Krankenkassen so mutig wären wie die BKK Continental«, so der Geschäftsführer Bernd Hillebrand, »dann könnten langfristig die Beitragssätze um 0,2 Prozentpunkte gesenkt werden.«

Tageslohn

Der 27. Tag unseres Trainingsprogramms stand ganz im Zeichen der Preise für Medikamente, auf die Sie bislang nur wenig Einfluss nehmen konnten:

- Sie haben erfahren, was so genannte Generika sind – und warum diese Produkte weniger kosten.
- Sie wissen, dass nicht nur Autos, sondern auch Arzneimittel reimportiert werden und günstiger zu haben sind als deutsche Medikamente.
- Sie werden ab sofort Ihren Arzt oder Apotheker jedes Mal nach preiswerten Reimporten oder Generika fragen.
- Sie kennen die Möglichkeit, sich im Ausland günstig mit allen notwendigen Medikamenten einzudecken.
- Sie wissen, dass Sie Ihre Arznei bei Online-Apotheken per Mausklick bestellen und damit bares Geld sparen können.

Den Tageslohn für meine Trainingskasse hole ich mir von Hermann, der Generika für sein Blutdruckmittel ausfindig gemacht hat und dadurch 263 Euro im Jahr spart.

!

TAGESLOHN EURO 263,00
Aktuelles Sparpotenzial EURO 3788,40

Zeit ist Geld

TAG 28

Der Dummkopf beschäftigt sich mit
der Vergangenheit, der Narr mit der Zukunft
und der Kluge
mit der Gegenwart.

Volkstümliches Sprichwort

Spätestens seit ich mich im Aktiengeschäft bewege, weiß ich, dass Börsenerfolg auch eine Frage des richtigen Umgangs mit Zeit ist. Und damit meine ich jetzt nicht die komplizierten Methoden des so genannten »Optionshandels«. Hier spielt der Zeitwert einer Option zwar eine große Rolle, aber die Zusammenhänge von Zeit und Geld bei Optionen verstehen wohl selbst unter den Wirtschaftsexperten nur die wenigsten.

Nein, ich meine tatsächlich den ganz alltäglichen Umgang mit Zeit. Wer seinen Tag, seine Woche, seine Lebenszeit nicht im Griff hat, der wird auch seine Finanzen nicht in den Griff bekommen – davon bin ich überzeugt!

Als ich vor kurzem auf zwei alte Bekannte traf, jammerte mir der eine die Ohren voll, wie wenig Geld er hätte, und der andere, wie wenig Zeit.

Doch in einem waren sich die beiden einig: »Reichtum kann man sich nicht erarbeiten!« Da wurde ich stutzig. »Wie?«, fragte ich. »Was glaubt ihr denn, wie ich zu meinem Geld gekommen bin?« – »Na ja, jedenfalls nicht durch Arbeit. Du hast in Aktien investiert und Ahnung davon, aber vermutlich auch Glück gehabt, und so bist du reich geworden.« Ich schüttelte den Kopf: »Das war Arbeit, verdammt harte Arbeit. Ich habe auf vieles verzichtet und mir manches auch gar nicht geleistet. Nur so konnte ich mir das Aktiengeschäft überhaupt erlauben.«

Wer seine Zeit bewusst einteilt, hat auch mehr davon

Die beiden winkten ab. »Red' doch nicht so rum. Du hast doch den ganzen Tag frei, schaust ab und zu mal in den Videotext rein und dann kaufst oder verkaufst du deine Aktien. Solange, bis du wieder mal richtig Reibach gemacht hast.« Noch wahrte ich die Fassung, aber ich konnte mir eine Gegenfrage nicht verkneifen: »Und warum macht ihr das nicht genauso, wenn es so einfach ist?« Da drucksten die beiden nur herum und murmelten dann was von »keine Zeit«.

In diesem Moment ist mir der Kragen geplatzt: »Was wollt ihr eigentlich? Jedes Wochenende geht ihr aus. Meist landet ihr noch in irgendeiner Disco und gebt unheimlich viel Geld für Drinks und Partys aus. Am nächsten Morgen schlaft ihr lange und verplempert den restlichen Tag müde und verkatert vor der Glotze. Und auch während der Woche ist es nicht besser: Nach der Arbeit ist bei euch bloß Feierabend. Vier von fünf Abenden verbringt ihr vor dem Fernseher. Wenn ihr euch eure Zeit besser einteilen würdet, hättet ihr weit mehr davon.«

»Machst du Witze?« Die beiden schauten mich verdattert an. Doch mir war es bitterernst, und ich war noch nicht fertig: »Ihr würdet also Aktien kaufen, wenn ihr Zeit hättet? Welche denn? Wie geht das denn überhaupt?« Sie zuckten mit den Schultern: »Da hilft uns bestimmt unser Bankberater. Und vielleicht gibst du uns ja auch mal einen Tipp.«

Ich schüttelte den Kopf: »Um euer Geld müsst ihr euch selbst kümmern! Niemand sonst kann das tun. Euer Geld ist eure Sache, genau wie eure Zeit eure Sache ist. Jeder ist für sich selbst verantwortlich, für sein Leben, seine Zeit und sein Geld. Das kann euch niemand abnehmen!«

Aber die beiden wollten einfach nicht verstehen. Sie rechneten mir vor, wie aussichtslos es für sie sei, sich Reichtum zu erarbeiten: »Wenn ich eine Million Euro verdienen will, dann müsste ich – selbst bei einem hohen Stundenlohn von 50 Euro – 20 000 Stunden Zeit investieren. Verteilt auf zehn Jahre sind das 2000 Stunden im Jahr, macht 5,5 Stunden – und zwar jeden Tag, auch samstags und sonntags. Man dürfte von dem Verdienst keinen Cent ausgeben. Das ist doch Utopie. Und dann macht das Leben doch überhaupt keinen Spaß mehr!«

Investieren Sie jeden Tag eine Stunde in Ihren Reichtum!

Da musste ich zustimmen: »Wenn ihr es so angeht, werdet ihr vermutlich weder reich noch glücklich. Aber ihr könntet es auch anders versuchen: Ich empfehle jedem, täglich eine Stunde in seinen Reichtum zu investieren.«

Die beiden lachten lauthals, und der eine rief aus: »Eine Stunde am Tag? Das macht ja selbst bei 50 Euro Stundenlohn keine 20 000 Euro im Jahr! Da müsste ich ja 50 Jahre warten, bis die Million zusammen ist.« Er zeigte mir einen Vogel: »Im Altersheim brauche ich keine Million mehr!«

Nun war ich es, der lachte. »Das wäre ja auch schön blöd, wenn du die Stunde, die du jeden Tag in deinen Reichtum investiert, immer nur für einen konkreten Stundenlohn abarbeitest. Nein, das ist nur der Anfang. Aber selbst bei einem Stundenlohn von 25 Euro kommst du schon nach einem Jahr auf 10 000 Euro. Die kannst du in Aktien investieren. Dann solltest du die eine tägliche Geldstunde allerdings nicht mehr in irgendeinen Nebenjob stecken, sondern in dein Wissen. Wer sich über Aktien, Unternehmen und Branchen informiert und daraus die richtigen Schlüsse zieht, kann an der Börse sehr schnell eine Rendite von durchschnittlich 25 Prozent erwirtschaften. Und wer es geschickt anstellt, schafft auch deutlich mehr.«

Die beiden runzelten die Stirn: »Sag bloß, so hast du das gemacht?« Ich nickte: »Ich habe mir zum Ziel gesetzt, jedes Jahr mein Vermögen zu verdoppeln. Und so wurden aus 5000 schnell 10 000, daraus 20 000, daraus 40 000 und daraus bald 80 000.« Die beiden zählten mit den Fingern mit. »Und schon nach neun Jahren hattest du die Millionengrenze überschritten?!« Und wieder nickte ich. »Und das alles nur mit einer Stunde am Tag?« – »Ja«, sagte ich, »denn am Anfang habe ich ja noch in der Bäckerei gearbeitet. Erst später hatte ich mit den Aktien genug Geld verdient, dass ich mich voll darauf konzentrieren konnte. Heute arbeite ich sehr viel mehr als eine Stunde am Tag für mein Geld, und über den Stundenlohn von 50 Euro bin ich schon längst hinaus.«

Eines steht fest: Wer reich werden will, muss sich Zeit dafür nehmen. Und Zeit genug hat jeder – denn über seine Lebenszeit kann niemand bestimmen außer man selbst. Manche allerdings verwechseln Faulenzen mit Lebensglück. Aber die dürfen sich dann auch nicht beschweren, dass sie so wenig Geld haben. Von nichts kommt eben nichts.

»Weniger arbeiten und mehr verdienen – geht das denn?«

Ist man endlich im so genannten dritten Lebensabschnitt angekommen, kann man mit der richtigen finanziellen Intelligenz eventuell früher zur Ruhe und trotzdem zu mehr Geld kommen. So erzählte mir meine frühere Mathematiklehrerin, dass sie bereits mit 62 in den Ruhestand gegangen sei, obwohl sie dadurch etwas kürzer treten muss, weil sie ja schließlich statt eines vollen Gehalts nur noch die Pension bekommt. »Das ist doch schade«, erwiderte ich, » Sie sind doch noch fit! Da hätten Sie locker noch drei Jahre weiterarbeiten können!«

Da zwinkerte sie mir zu und erklärte, dass sie zwar weniger arbeiten würde, aber trotzdem mehr Geld verdienen würde. »Wie das?«, fragte ich erstaunt. »Weniger arbeiten und mehr verdienen – geht das?« Und da rechnete sie mir vor:

»Dadurch, dass ich aufgehört habe zu arbeiten, bekomme ich monatlich 500 Euro weniger auf mein Konto überwiesen. Für die 500 Euro mehr müsste ich also etwa 160 Stunden arbeiten. Jetzt habe ich endlich Zeit für andere Dinge, für alle meine Hobbys, für Freunde, für die Familie. Aber ein wenig arbeite ich immer noch – nämlich vier Stunden in der Woche. So gebe ich einem Nachbarskind Nachhilfeunterricht und an der Volkshochschule einen Bridge-Kurs. Das stresst mich weniger als der harte Schulalltag, macht mir viel Spaß und bringt mir auch noch Geld ein. Ich verdiene mir nämlich auf diese Weise monatlich 300 Euro steuerfrei dazu.«

Zunächst begriff ich nicht: »Aber dann haben Sie ja immer noch 200 Euro weniger. Ich denke, Sie verdienen mehr als vorher?«

Dann schaute sie mich kritisch an, genauso wie sie mich früher auch immer in der Schule angesehen hatte: »Nein, Markus, da hast du nicht richtig aufgepasst! Ich habe gesagt: ich arbeite weniger und verdiene mehr.«

Und da fiel auch bei mir der Groschen. Ich lachte. Sie hatte ja Recht, früher in der Schule habe ich nie aufgepasst. Aber jetzt war ich um einiges schlauer als damals: »Na logisch, ist doch klar! Sie hatten die Wahl: 500 Euro für 150 Stunden harte Schularbeit oder 300 Euro für 16 Stunden Spaß, also entweder 3,33 Euro oder 18,75 Euro pro Stunde. Macht jede Stunde 15,42 Euro Unterschied. Da würde ich auch früher in Rente gehen!«

Tageslohn

Der 28. Tag galt der Frage, was Zeit und Geld miteinander zu tun haben – und hat Ihnen dabei Folgendes gebracht:

- Sie haben erfahren, dass Zeit und Geld zwei Dinge sind, um die man sich sein ganzes Leben lang kümmern muss.

- Sie werden deshalb ab sofort selbst die Verantwortung für Ihre Zeit übernehmen und Ihr Leben aktiv selbst gestalten!
- Sie werden sich ab sofort eine Stunde täglich um Ihr Geld kümmern.

Den Tageslohn für meine Trainingskasse hole ich mir heute von meiner alten Mathelehrerin, die dadurch, dass sie früher in den Ruhestand gegangen ist, jetzt pro Stunde 15,42 Euro mehr verdient.

!

TAGESLOHN EURO 15,42
Aktuelles Sparpotenzial EURO 3803,82

An der Börse ist Information das höchste Gut

TAG 29

Die einen arbeiten für ihr Geld, die anderen
lassen ihr Geld
für sich arbeiten.

Lausitzer Rundschau
(18. März 2000)

Eine Zeit lang haben einige Menschen geglaubt, dass an der Börse nicht nur schnell, sondern auch leicht Geld zu verdienen sei. Die T-Aktie hatte seit 1996 mit erheblicher Breitenwirkung für Wirbel gesorgt und einen regelrechten Run auf die neuerdings so begehrten Papiere ausgelöst. Dennoch: Deutschland ist wahrlich kein Börsenland. Noch sind es erst 9,5 Prozent der deutschen Gesamtbevölkerung, die in Aktien investieren. Zum Vergleich: In Frankreich sind es 12,7 Prozent, in Großbritannien 23 Prozent, in den USA über 25 Prozent, in den Niederlanden 30 Prozent und in Schweden sogar über 35 Prozent der Bevölkerung.

Nach dem Börseneinbruch im Jahr 2000 waren es die Neunmalklugen, die mit ihrem »Ich hab's ja immer gesagt« die allgemeine Skepsis vergrößerten. Doch es ist an der Zeit, dass wir alle unser Börsenverhalten überdenken und dieser Form der Geldanlage mehr Vertrauen entgegenbringen. Denn sie hat es verdient!

Mag ja sein, werden sich manche von Ihnen sagen, aber was soll man denn in schlechten Börsenzeiten tun? Was tun, wenn im n-tv-Videotext alles nur noch eine Farbe hat: rot? Was tun, wenn in den Börsenkursen der Zeitung nur noch ein Zeichen auftaucht: Minus? Was, wenn rein gar nichts an der Börse zu laufen scheint und sich sämtliche Börsen-Index-Werte auf Talfahrt befinden?

Sicher, in diesem Punkt stimme ich allen Skeptikern zu: In echten Krisenzeiten schaffen es selbst die starken Aktien nicht zu bestehen. Ein schlechter Markt zieht auch die guten Werte mit sich in den Sumpf. Wenn alle im Minus sind, nicht nur die Fonds, sondern auch die Musterdepots der Experten, dann befinden wir uns in einer schlechten Börsenzeit.

Wissen ist bares Geld wert

In manchen Zeiten nutzt selbst die beste Strategie nichts! Denn auch vermeintlich sichere Werte können dann eine Gefahr bedeuten. Man denke nur an den Herbst 2001, als selbst traditionell starke DAX-Werte wie DaimlerChrysler, SAP, Deutsche Bank, Schering oder Siemens an der Börse zum Ausverkaufspreis angeboten wurden.

In solchen Zeiten kann man mit Aktien nur sehr schwer Geld verdienen. In schwierigen Börsenzeiten rate ich deshalb ganz klar ab von übereilten Käufen, die man schon nach kurzer Zeit bereuen könnte. Dann lasse sogar ich die Finger von der Börse.

Aber das sind – zum Glück – immer nur recht kurze Zeiträume. Wenn man gut aufpasst, findet man den richtigen Zeitpunkt, um wieder einzusteigen und kann nach einer solchen Krise vor allem mit Qualitätsaktien gutes Geld verdienen.

In den stark schwankenden Märkten ist es wichtiger denn je, sich auf eine Investition in eine Aktie gut vorzubereiten. Und das funktioniert nur durch Information. Besorgen Sie sich also Geschäftsberichte der Unternehmen, Beurteilungen von verschiedenen Experten und Branchennachrichten. Studieren Sie die Wirtschaftsteile der Tageszeitungen ebenso wie die unternehmenseigenen Prognosen. Machen Sie sich so schlau Sie nur können!

Halten Sie sich immer vor Augen: Information ist das A und O an der Börse. Also, halten Sie die Augen offen, hören Sie sich um, fragen Sie Fachleute, nutzen Sie jede Chance, die Ihnen mehr Wissen bringt! Doch bitte informieren Sie sich immer vor und nicht erst nach dem Aktienkauf. Wie oft höre ich von Spontankäufen, weil ein guter Bekannter einen »tollen Geheimtipp« gegeben hat. Und dann kommt das böse Erwachen, denn der angebliche Geheimtipp entpuppt sich als heiße Luft und die Aktie als Windei. Besser ist es, wenn man sich selbst informiert, und erst dann eine Aktie kauft, wenn man wirklich von ihr überzeugt ist.

Übung macht den Meister

Um eine Aktie beurteilen zu können, brauchen Sie etwas Erfahrung. Diese Erfahrung sammeln Sie am besten und schmerzlosesten durch ein fiktives Depot, auch Musterdepot genannt.

Ich rate jedem, der beschließt, an die Börse zu gehen, zunächst ein solches Musterdepot anzulegen. Man sollte sich erst dann an den Aktienmarkt wagen, wenn man in das Börsengeschehen schon ein bisschen Zeit investiert hat und die eine oder andere Erfahrung sammeln konnte.

Wählen Sie für Ihr Musterdepot ein bis drei Aktien aus und informieren Sie sich über die zugehörigen Branchen und Unternehmen. Kaufen sollten Sie diese Aktien aber nur auf dem Papier. Sie tun also nur so, als ob.

Fortan verfolgen Sie den Kursverlauf, informieren sich weiter über Ihre Aktien, und wenn Sie eines Tages beschließen, die Aktie – auf dem Papier – wieder zu verkaufen, dann notieren Sie den Verkaufswert dieses Tages. Vielleicht haben Sie Gewinn gemacht? Dann können Sie erneut in andere oder mehr Aktien investieren. Auf diese Weise werden Sie nach und nach – ohne einen Cent zu riskieren – die ersten Börsenerfahrungen sammeln.

Nach einigen Tagen oder Wochen werden Sie dann wissen, ob die Entscheidung richtig war, eine Aktie abzustoßen oder zu halten. Sie werden herausfinden, was für ein Börsentyp Sie sind, ob Sie eher zum Risiko neigen oder zum Festhalten. Und so werden Sie allmählich aus diesen Erfahrungen lernen.

Natürlich braucht es etwas Zeit, bevor Sie durch Ihr Musterdepot ein gutes Gefühl für den Aktienmarkt entwickeln. Doch wer meint, er kauft sich heute eine Aktie und ist in zwei bis drei Wochen Millionär, der irrt sowieso. Ungeduld ist keine Börsentugend. Selbst in den absoluten Börsenboomzeiten wurden nur ganz wenige über Nacht Aktienmillionäre. In schwachen Börsenzeiten braucht es noch mehr Zeit, bis sich aus einem kleinen Einstiegskapital ein großes Vermögen machen lässt.

Börsenaltmeister Kostolany riet den Börsianern sogar dazu, eine Aktie zu kaufen, danach ein Schlafmittel zu nehmen und sich erst mal hinzulegen. Was den Aspekt »Geduld haben« angeht, bin ich da mit Kostolany einer Meinung. Aber der Altmeister riet zudem, dass man die Aktie die nächsten Monate keines Blickes würdigen sollte. Und da bin ich gänzlich anderer Meinung!

Vorsicht vor blinder Hoffnung!

Ich finde es extrem wichtig, die ausgewählten Aktien täglich im Blick zu behalten. Denn an der Börse geht es häufig sehr rasch bergauf oder bergab. Und davon sollte man schnellstmöglich wissen. Sonst kann es passieren, dass Sie den raketengleichen Anstieg Ihrer Aktie verpassen und erst dann aufwachen, wenn die Aktie wieder gefallen ist.

Ein Aktionär sollte immer wissen, wo seine Aktie gerade steht. Es erschreckt mich, wenn ich Leute über ihre Aktien sprechen höre und wenn sie dann auf Nachfrage mit den Achseln zucken: »Den aktuellen Kurs? Da müsste ich mal meinen Bankberater anrufen!«

Ich kann nicht verstehen, wie man einem wildfremden Menschen so blindlings sein Geld anvertrauen kann. Es geht doch auch niemand zu irgendeinem Passanten auf der Straße, drückt ihm einen Hundert-Euro-Schein in die Hand und sagt: »Hier, nehmen Sie. Ich frage irgendwann mal nach, ob es Ihnen gelungen ist, mehr aus meinem Geld zu machen.« Aber genau so gehen viele mit ihren Aktien um.

»Ja, aber ich kann mich doch nicht um alles kümmern. Ich habe dafür gar keine Zeit«, hat mir darauf mal Richard, ein Seminarteilnehmer aus Wien, geantwortet. Als ich nachfragte, stellte sich heraus, dass er eine Gesamtsumme von 20 000 Euro in neun verschiedene Aktien, zum Teil auch noch aus sehr verschiedenen Branchen, investiert hatte. Klar, dass es ihm zu viel wurde, sich über alle Unternehmen und alle Branchen zu informieren.

Ich riet ihm daher, aus seinem Depot die drei besten Werte auszuwählen, sein Geld auf diese Aktien zu konzentrieren und alle anderen zu verkaufen.

»Aber dann muss ich trotzdem noch Zeit aufbringen, um auf dem Laufenden zu bleiben«, wandte Richard ein. Ich stimmte ihm zu. »Im Schnitt eine Viertelstunde am Tag dürfte aber reichen, um sich über drei Aktien zu informieren. Das macht bei 200 Börsentagen im Jahr also 50 Stunden Zeit. Ist dir das zu viel?«

»Ja, schon, denn das ist ja etwa eine ganze Arbeitswoche!«, fand Richard. Nun weiß ich nicht, was Richard in seinem Beruf als Rechtsanwalt verdient, aber ich konnte mir ausrechnen, wie viel Gewinn er mit seinen 20 000 Euro Aktienvermögen machen könnte. Und das rechnete ich ihm vor: Wenn es ihm gelänge, im Lauf des Jahres sein Vermögen nur um die Hälfte zu vergrößern, hätte er 10 000 Euro Gewinn gemacht. Für 50 Stunden Arbeit bedeutete das einen Stundenlohn von 200 Euro. Und da musste selbst Richard zugeben, dass das kein schlechter Verdienst sei.

Ich rechnete weiter: Wenn er sogar eine halbe Stunde täglich investieren würde, könnte er den Gewinn vermutlich sogar weiter steigern. Denn im Börsengeschäft ist Information mehr als die halbe Rendite. Und da begriff Richard endlich, was ich ihm sagen wollte: Wer sein Geld an der Börse verdienen will, muss dafür auch etwas tun. Das Geld liegt zwar auf der Straße, aber man muss sich eben bücken, um es aufzuheben.

Trennen Sie die Spreu vom Weizen

Bei aller Information ist eines sehr wichtig: Lernen Sie zu unterscheiden, wer Ihnen Banalitäten auftischt und wer wirklich Ahnung hat vom Börsentreiben.

Lassen Sie sich zum Beispiel nicht davon täuschen, wenn irgendwo im Fernsehen ein selbst ernannter Experte sitzt, der angeblich über 1000 Aktien Bescheid weiß. Häufig werden Sie von diesen Herren – in der Regel sind das Fondsmanager – Sätze hören wie diese:

»Die Aktien von xy, die sind jetzt sehr gut. Wir von unserem Haus, wir denken, dass wir hier eine langfristige Aufwärtsbewegung erleben werden. Die Zahlen haben sich sehr gut konsolidiert, und auf Sicht von zwölf bis 18 Monaten sollte man hier auf jeden Fall steigende Kurse sehen.«

Das ist jedoch nichts als eine Leeraussage, die Ihnen wahrscheinlich jeder und das bei fast jedem Wert geben wird. Lassen Sie sich von solchen Leuten nicht täuschen. Sicher haben die Fondsmanager eine Menge Einblick in das Börsengeschehen, schließlich beschäftigen sie sich damit den ganzen Tag. Doch jeder noch so fachkundige Experte kennt immer nur eine begrenzte Auswahl des gesamten Marktes. Und im Zweifelsfall weiß er über eine bestimmte Aktie nicht viel mehr als Sie. Denn auch diese Experten beziehen ihre Informationen aus denselben Quellen, die Ihnen offen stehen.

Und noch etwas sollte Sie gegenüber Experten skeptisch machen: In der Regel sind diese Leute in irgendeinem Bankhaus oder bei einer Fondsgesellschaft angestellt und empfehlen deshalb natürlich häufig die Werte des hauseigenen Fonds.

Auch ich habe schon sehr große Fehler gemacht, indem ich den falschen Leuten geglaubt habe. Menschen, die eigentlich nicht mehr von der Börse wussten als ich. Anfangs hatte ich zu wenig Selbstvertrauen, war zu wenig von meinem eigenen Wissen überzeugt. Ich dachte, alle anderen hätten mehr Ahnung als ich. Und das war schon der erste Fehler.

Andere haben auch nicht immer Recht

Es war damals so, dass ich mir nach reichlicher Überlegung meine erste Aktie am Neuen Markt kaufen wollte, Mobilcom. Als ich in die Bank kam, um das Papier zu zeichnen, traf ich dort den Büroangestellten aus unserer Bäckerei und sprach mit ihm über meinen Plan. Er riet mir von diesem Kauf total ab, die Aktie wäre viel zu teuer und viel zu wenig Erfolg versprechend. Obwohl sich der Mann mit Aktien auch nicht besonders gut auskannte, ließ ich mich verunsichern und schließlich überzeugen. Ich kaufte damals Mobilcom nicht und verpasste damit einen Gewinn von 2000 Prozent! Ich hätte aus 1000 Mark 20 000 machen können!

Ich kann Ihnen also nur raten: Hören Sie nicht auf die Tipps anderer Leute. Sie können sich vielleicht vorstellen, wie viele Tipps ich in meinem Leben schon bekommen habe. Ich nehme nicht jeden Rat ernst, sondern prüfe selbst nach, ob er etwas taugt oder nicht. Letztlich vertraue ich dann immer nur mir selbst und bin damit die letzten Jahre am besten gefahren.

Mittlerweile werde ich nun dauernd nach Tipps gefragt. Ob beim Metzger oder beim Bäcker, am Flughafen oder auf einer Messe, fast überall kommen Menschen auf mich zu oder schreiben mir – selbst und gerade in den Zeiten, in denen der Markt nur noch eine Richtung kannte: die nach unten!

»Soll ich die Aktie A kaufen oder lieber die Aktie B?«, heißt es dann. Und was soll ich Ihnen sagen? Ich weiß es meistens auch nicht. Ich müsste mich erst informieren, um mir ein Urteil erlauben zu können. Deshalb empfehle ich immer, sich ausführlich zu informieren – und dann dem eigenen Urteil zu vertrauen!

Bei alledem sollten Sie natürlich unbedingt trotzdem offen dafür sein, aus den Erfahrungen anderer zu lernen: zum Beispiel, indem Sie Börsenzeitschriften lesen. Wirtschaftssender wie n-tv und vor allem dessen Videotexttafeln halten Sie über Kursverlauf und die neuesten Empfehlungen ganz aktuell auf dem Laufenden. In der Sendung »telebörse« kommen viele praxiserprobte Experten zu Wort, von denen Sie einiges lernen können.

Andere haben auch wertvolle Erfahrungen

Gut ist auch, wenn Sie sich mit Menschen austauschen, die ebenfalls mit Aktien handeln. Eine gute Möglichkeit, auf Gleichgesinnte zu treffen, sind Börsenclubs, die es mittlerweile fast in jeder größeren Stadt gibt. Das kann ein lockerer Stammtisch in kleiner Runde sein oder auch ein regelmäßiger Austausch über die neuesten Entwicklungen per E-Mail oder Telefon. Einige davon haben sich sogar spezialisiert: Es existieren Clubs mit Schwerpunkten zu Biotechnologie oder Informationstechnologie, und es gibt auch eigene Börsenzirkel für Frauen.

Der Vorteil von solchen Börsenstammtischen liegt auf der Hand: Zum einen trifft man dort Menschen, die einem gerade am Anfang weiterhelfen können und zum anderen »schont« man dadurch seine Familie und Freunde, weil man nicht ständig zu Hause über Aktien redet, wo es dort vielleicht keinen so richtig interessiert.

Das Internet leistet bei der Informationsbeschaffung ebenfalls gute Dienste: Hier finden Sie verschiedene Meinungs-Boards, meistens bei den Finanzmagazinen oder auch Finanz-Online-Seiten. Dort können Sie nachsehen, wo sich in Ihrer Nähe der nächste Aktienclub befindet.

Sie werden sehen: Schon sehr bald, wenn Sie beginnen, sich mit Kursverläufen und Firmendaten zu beschäftigen, lernen Sie Aussagen besser einzuschätzen. Doch egal mit wem Sie sprechen und wie sehr jemand behauptet, die Weisheit mit Löffeln gefressen zu haben, vergessen Sie nie: Glauben Sie nur sich selbst!

Tageslohn

Der 29. Tag war der Börse gewidmet:

- Sie wissen, dass es an der Börse vor allem um Wissen und Informationen geht.

- Sie werden sich als Börseneinsteiger zuerst ein Musterdepot anlegen.
- Sie haben erfahren, dass man an der Börse Geduld braucht, aber sich trotzdem nicht schlafen legen sollte.
- Sie werden sich ab sofort so viele Informationen wie möglich über Ihre Aktienfavoriten beschaffen.
- Sie können herausfinden, wo Sie auf andere Börseninteressierte zum Erfahrungsaustausch treffen.

Den Tageslohn für meine Trainingskasse hole ich mir heute von Richard, der mit ein bisschen Geschick fortan durch seine Aktiengeschäfte auf einen Stundenlohn von 200 Euro kommen kann.

TAGESLOHN **EURO 200,00**

Aktuelles Sparpotenzial EURO 4003,82

!

TAG 30

Sparschwein-Schlachtfest

Alle reden nur noch von Geld.
Es gibt aber höhere Werte:
viel Geld.

Henry Wolf
(amerikanischer Schriftsteller)

Haben Sie als Kind Pippi Langstrumpf gelesen? Dann erinnern Sie sich gewiss, wie Pippi aus einem großen Koffer ihr ganzes Geld auf dem Boden ausgeleert hat, um es zu zählen? Und sicher kennen Sie die Comics von Dagobert Duck, der täglich durch seinen Taler-Tresor schwimmt.

Sie werden lachen, aber ich zähle ebenfalls regelmäßig mein Geld. Denn Geldverdienen macht Spaß! Mir macht es eine riesige Freude, mich am Abend hinzusetzen und zusammenzurechnen, was ich an diesem Tag verdient habe. Oder auch am Monats- oder Jahresende einen gründlichen Kassensturz zu machen. Dann addiere ich meine Kontenbeträge, meine Aktienbeträge und alles, was ich verdient habe, zusammen und freue mich, wenn sich mein Vermögen vermehrt hat. Das gibt mir immer wieder die Motivation, weiterzumachen.

Mit dem Geld ist es genau wie mit dem Laufen. Für viele ist es anfangs nur eine Pflicht, zu der sie sich bewusst entschließen. Aber nach und nach wird es zur Freude. Für mich selbst zum Beispiel ist Laufen längst keine Qual mehr, sondern meine liebste Freizeitbeschäftigung: Ich laufe mit großer Begeisterung und kann ohne mein tägliches Laufen gar nicht mehr sein. Vielleicht sind es die Endorphine, die Glückshormone, die mich in die Laufschuhe treiben. Vielleicht ist es das Selbstbewusstsein, das ich durchs Laufen steigere. In jedem Fall mag ich aufs Laufen genauso wenig verzichten wie auf mein Geld.

Je mehr Sie sich kümmern, desto mehr werden Sie haben

Selbst wenn Sie einen goldenen Daumen haben sollten, vergessen Sie bitte nicht: Ein Baum wächst nicht über Nacht!

In den letzten 29 Tagen haben Sie erfahren, wie viel Geld die Menschen verschwenden und vergeuden. Durch Unachtsamkeit, durch Faulheit, durch falsch verstandene Großzügigkeit. Sobald Sie diese undichten Stellen in Ihrem Leben stopfen, werden Sie mehr Geld zur Verfügung haben.

In meiner Trainingskasse, die ich während des 30-Tage-Programms nach und nach gefüllt habe, befinden sich inzwischen 4003,82 Euro! Geld, das auf der Straße liegt und das mit wenig Mühe einfach nur aufgesammelt werden muss.

4003,82 Euro! Überlegen Sie, was Sie davon alles kaufen könnten: Sie könnten drei Wochen in einem Luxushotel verbringen oder eine Kreuzfahrt durchs Mittelmeer machen. Oder Sie könnten sich ein kleines Motorrad oder ein kleines Segelboot leisten und nette Wochenenden damit verbringen. Oder Sie könnten alle Ihre Freunde einladen und eine Riesenparty veranstalten!

Streng genommen könnten Sie auch ins Spielcasino gehen und alles auf die 27 setzen, denn es ist ja nichts anderes als das Geld, an dem Sie früher achtlos vorbeigegangen sind, weil Sie nicht gesehen haben, dass es auf der Straße liegt!

Ich hoffe allerdings, dass Sie genau das jetzt nicht mehr tun werden. Ich würde mir wünschen, dass Sie mit dem Inhalt Ihrer Trainingskasse weiterhin sorgsam umgehen. Dass Sie diesen jungen Baum, der in Ihrem Leben in den letzten Tagen gekeimt und gewachsen ist, nicht sofort zu Brennholz verarbeiten.

Es gibt so viele Möglichkeiten, sein Geld anzulegen. Und obwohl ich selbst mit Aktien reich geworden bin, kenne ich auch viele andere Möglichkeiten, seinen kleinen Reichtum weiter wachsen zu lassen.

Vorsicht ist die Mutter der Porzellankiste

Ich persönlich empfehle in Krisenzeiten, sein Geld lieber in festverzinslichen Wertpapieren anzulegen. Oder – wenn man dann doch etwas mehr Rendite sucht – sein Geld in einen Fonds zu investieren.

Doch auch hier sollten Sie nicht vorschnell agieren. Denn wenn ich jetzt die 4003,82 Euro einfach in einen Aktienfonds stecken würde, könnte es sein, dass das Geld im nächsten Monat nur noch die Hälfte wert ist. Denn auch Aktienfonds sind Aktien.

Wenn Sie direkt Aktien kaufen, müssen Sie selbst die Kurse beobachten und entscheiden, wann Sie kaufen oder verkaufen. Bei einem Aktienfonds haben Sie darauf keinen Einfluss: Sie vertrauen Ihr Geld einem professionellen Fondsverwalter ein, der den Markt stellvertretend für Sie beobachtet.

Anders als eine Einzelperson wird ein Fondsverwalter jedoch nicht nur zwei, drei Aktien in sein Depot nehmen, sondern möglichst viele und möglichst verschiedene, um durch breite Streuung das Risiko etwas abzumildern. Dadurch verringert sich natürlich auch die Rendite. Denn es ist mehr als unwahrscheinlich, dass ein Fondsverwalter ausschließlich Rennpferde in seinem Stall hat.

Fallen die Aktienkurse jedoch in den Keller, und zwar so gut wie ohne Ausnahme – etwa so, wie wir es im Frühjahr 2002 erlebt haben –, dann kann selbst der beste Fondsverwalter nichts dagegen tun: Auch sein Aktienfonds wird fallen. Und damit wird Ihre Geldanlage an Wert verlieren.

Ich empfehle deshalb, das Geld auch nicht unbedingt in einen reinen Aktienfonds zu investieren. Besser ist, wenn der Fonds auch andere Wertpapiere aufnehmen kann, also neben Aktien auch Rentenpapiere oder Ähnliches. So hat man zwar vielleicht nur eine Rendite von sieben oder acht Prozent, aber dafür eben auch kein großes Risiko.

In meinen eigenen Fonds werde ich darum nicht allein Aktien, sondern eine stabile Mischung aus verschiedenen Papieren aufnehmen. So bin ich in Krisenzeiten an der Börse gegen Verluste gewappnet, kann aber während einer Hausse kurzfristig Aktien dazukaufen und damit den Kurs des Aktienfonds stabil nach oben bringen.

Rechnen Sie mal: Wenn Sie die 4003,82 Euro in einen konservativen Anlagefonds investieren und dabei eine Rendite von acht Prozent haben, dann hätten Sie nächstes Jahr schon 4324,12 Euro, das Jahr drauf 4670,05 und nach zehn Jahren 8643,95 Euro, also mehr als doppelt so viel.

Und das alles, ohne dass Sie irgendetwas dafür getan haben. Außer sich zu bücken und aufzuheben, was da auf der Straße vor Ihnen lag!

Danksagung

»Ich mache Sie reich« war der Titel meines ersten Buches. Und ich hatte offenbar nicht zu viel versprochen. Das bewies die große Anzahl an Briefen, E-Mails und Faxen, die ich von Ihnen bekommen habe. Darin konnte ich Ihre Erfolgsgeschichten nachlesen. Ich erfuhr, wie Sie sich durch meine Tipps und Ideen hatten anregen lassen und mehr aus Ihrem Geld gemacht haben.

Für Ihr Interesse, Ihr Vertrauen und Ihre vielen Ergänzungen möchte ich mich bedanken. Ich freue mich, dass ich Sie mit meinen Büchern, Vorträgen und Seminaren auf den richtigen Weg bringen konnte, und ich hoffe, dass Sie alle weiterhin – auch in schweren Zeiten – den Mut nicht verlieren und an Ihrem persönlichen Glück und Reichtum arbeiten.

Danken möchte ich Ihnen auch für die vielen Fragen, die Sie mir stellen. Ihr Vertrauen weiß ich zu schätzen, und ich verspreche Ihnen, dass ich Ihnen auch zukünftig immer so gut ich kann antworten werde.

Ich möchte, dass Sie reich werden. Ich wünsche mir, dass Sie keine finanziellen Sorgen mehr haben. Das ist mein Ziel – das ich aber nur mit Ihnen gemeinsam erreichen kann. Deswegen bitte ich Sie, mir auch zu diesem Buch Ihre Meinung, Ihre Kommentare und Ihre Kritik mitzuteilen. Ich werde jedem von Ihnen antworten.

Und ich danke Ihnen schon im Voraus für die Mühe, die Sie sich machen, um mir Ihre Gedanken zu diesem Buch aufzuschreiben. E-Mail: buch@markus-frick.com.

Danken möchte ich an dieser Stelle aber auch einigen anderen Personen, die an diesem Buch mitgewirkt haben und mich in den verschiedenen Phasen des Buches aktiv unterstützt haben: Besonders erwähnen möchte ich Cornelia Aichele, ohne die es dieses Buch nicht geben würde. Sie stand mir während des gesamten Schreibprozesses jederzeit mit Rat und Tat zur Seite.

Ulrike Schappert, Marc Millenet, Jasmin Haery und Patricia Hummel danke ich für ihre Unterstützung. Mit Stephanie Schwinn und Claudia Cornelsen hatte ich hervorragende Helferinnen bei der Schlussredaktion.

Danken möchte ich vor allem auch meinen Berliner Freunden Rudolf und Lorenz Gründel, die mir immer wieder ehrliches Feedback zu meinen Textentwürfen gaben und die damit einen großen Anteil am Gelingen dieses Buches haben.

Außerdem gilt mein Dank dem Verlagsteam, hier besonders Birgit Krapf, die mich als Lektorin mit großem Engagement unterstützt und betreut hat und die dem Text den letzten Schliff gab.

Zutiefst bedanken möchte ich mich bei meinem Vater. Sein Vertrauen und seine Unterstützung haben mir die Kraft gegeben, mein Leben selbst in die Hand zu nehmen und auch in schwierigen Zeiten nicht den Mut zu verlieren. Alles, was ich erreicht habe und was ich heute bin, hätte ich ohne ihn nicht geschafft.

Markus Frick

Der Markus-Frick-Fonds ist da!

Investieren Sie in die Erfahrung und das Können von Markus Frick. Auf Drängen der Leser seines ersten Buches »Ich mache Sie reich!« hat Markus Frick nun einen eigenen Fonds aufgelegt.

Es ist der »H&A Lux Vermögensaufbaufonds« mit der Wertpapierkennnummer WKN 541 972.

Setzen Sie auf das Wissen eines Profis – eines Mannes, der nicht nur in der Theorie weiß, wie man Geld verdient, sondern der schon bewiesen hat, dass er es kann.
Lassen Sie in Zukunft Markus Frick für Sie Ihre Aktien kaufen und verkaufen. In diesen Fonds hat er auch einen großen Teil seines Privatvermögens investiert.
Wenn er in Zukunft eine Aktie kauft, dann kauft er für Sie gleich mit. Macht er in Zukunft Gewinne und vermehrt so sein Geld, dann vermehrt er Ihres gleich mit.

Infos zu seinem Fonds unter der
Telefonnummer 0 92 21/9 05 13 58 oder
per Mail unter fonds@markus-frick.com.

Erleben Sie Markus Frick einen Tag lang live!

- Hören Sie von Markus Frick persönlich, wie er das Dreißig-Tage-Programm entwickelt und wie er es umgesetzt hat.
- Erfahren Sie, welche Strategien er angewendet hat, um innerhalb von wenigen Jahren zum Millionär zu werden.
- Lernen Sie aus erster Hand, auf was es bei einer klugen Finanzplanung ankommt und wie Sie mehr aus Ihrem Geld machen können.
- Entwickeln Sie gemeinsam mit Markus Frick Ihre eigene Erfolgsstrategie.
- Finden Sie das Geld, das auf der Straße liegt!

DIE Strategie für mehr Erfolg und Gewinn!

Bei einem eintägigem Seminar mit Markus Frick können Sie Ihr Wissen über sichere Geldanlagen und Geldvermehrung über die Lektüre dieses Buches hinaus vertiefen. Durch persönliches Coaching und effizientes Auseinandersetzen mit der Welt des Geldes lernen Sie von Markus Frick persönlich, das Geld auf der Straße auch wirklich zu sehen und zu sammeln.

Melden Sie sich an!

Wir sprechen gerne mit Ihnen über die Möglichkeiten.
Lassen Sie sich unverbindlich von uns über die Tagesseminare von Markus Frick informieren.
Alle Termine der kommenden Seminare finden Sie auf der Homepage www.markus-frick.com. Dort können Sie sich auch ein Anmeldeformular herunterladen.

Kontaktieren Sie mich unter
Finance Communications GmbH & Co. KG
Frick-Seminar
Hauptstraße 45–49
74889 Sinsheim

E-Mail: Seminar@markus-frick.com
Internet: www.markus-frick.com

www.markus-frick.com

Auf der Homepage von Markus Frick **finden Sie**

- alle Informationen über den Markus-Frick-Fonds,
- Termine der kommenden Fernsehauftritte und Vorträge,
- alle Presseartikel über Markus Frick,
- alle Modalitäten für die Seminare,
- alle Telefonnummern der verschiedenen Börsen-Hotlines.

Auf der Homepage von Markus Frick **können Sie**

- kostenlos den Newsletter abonnieren,
- sich über die aktuellen Börsentrends informieren,
- sich für die Seminare anmelden,
- mit Markus Frick direkt in Kontakt treten.

www.markus-frick.com